8 CLAVES
PARA EL CAMBIO CREATIVO

Diseño de tapa
EL OJO DEL HURACÁN

HILDA CAÑEQUE

8 CLAVES
PARA EL CAMBIO CREATIVO

En la empresa y en la vida

GRANICA

ARGENTINA - ESPAÑA - MÉXICO - CHILE - URUGUAY

© 2014 *by* Ediciones Granica S.A.

ARGENTINA
Ediciones Granica S.A.
Lavalle 1634 3° G / C1048AAN Buenos Aires, Argentina
Tel.: +54 (11) 4374-1456 Fax: +54 (11) 4373-0669
granica.ar@granicaeditor.com
atencionaempresas@granicaeditor.com

MÉXICO
Ediciones Granica México S.A. de C.V.
Valle de Bravo N° 21 El Mirador Naucalpan Edo. de Méx.
(53050) Estado de México - México
Tel.: +52 (55) 5360-1010 Fax: +52 (55) 5360-1100
granica.mx@granicaeditor.com

URUGUAY
Ediciones Granica S.A.
Scoseria 2639 Bis
11300 Montevideo, Uruguay
Tel: +59 (82) 712 4857 / +59 (82) 712 4858
granica.uy@granicaeditor.com

CHILE
granica.cl@granicaeditor.com
Tel.: +56 2 8107455

ESPAÑA
granica.es@granicaeditor.com
Tel.: +34 (93) 635 4120

www.granicaeditor.com

GRANICA es una marca registrada
ISBN 978-950-641-815-1

Hecho el depósito que marca la ley 11.723

Impreso en Argentina. *Printed in Argentina*

Cañeque, Hilda
     Ocho claves para el cambio creativo : en la empresa
y en la vida . - 1a ed. - Ciudad Autónoma de Buenos Aires :
Granica, 2014.
     286 p. ; 22x15 cm.

     ISBN 978-950-641-815-1

     1. Coaching. 2. Management. I. Título.
     CDD 158.1

ÍNDICE

PRÓLOGO

Esta obra tiene que ver más con mi alma que con mi oficio. En ella conté lo que me conmovió en el camino de la vida e incluí experiencias de otras personas que me parecieron significativas.

El ámbito que elegí para el desarrollo de los temas es el de las empresas. Llevo muchos años trabajando en ellas y necesitaba expresarles mi reconocimiento. En un país como la Argentina, con un enorme potencial natural y creativo pero muy vulnerado por cambios no planificados, influencias negativas, alta volatilidad en sus decisiones y muy poca formación en liderazgo, las empresas están siempre presentes para resolver necesidades básicas de personas, grupos e instituciones. Actúan muchas veces como tejido de sostén de una sociedad a la que le cuesta salir de una larga adolescencia.

He seleccionado ocho competencias clave para producir la innovación y los cambios que hoy se necesitan. Cada lector elegirá la que crea necesaria para aumentar su potencial creativo, practicando día a día lo aprendido. Muy buenos resultados recogerá, antes de lo esperado.

Agradezco a mis padres, a mis abuelos que llegaron a la Argentina huyendo de la guerra europea y a mis maestros, la forma de enseñarme algunos conocimientos esenciales que he vertido en esta obra. A mis nietos, Sofía y José Ignacio, porque me dieron alegría y entusiasmo mientras la construía. A Héctor Solanas que me estimuló a amar la buena escritura. A Guillermo Carreras por su aporte profesional. A innumerables alumnos, clientes y colegas con los que he compartido importantes recorridos durante largos años. Espero que el material llegue a lectores dispuestos a recibir, analizar y ejecutar las propuestas creativas que presento. Ellas sustentan la idea de que entre todos podemos llegar a construir un mundo más justo y solidario.

Con mi mejor afecto.

HILDA CAÑEQUE

CAPÍTULO 1

CREATIVIDAD PARA TODOS

Lo que hay que saber para ser creativo

La creatividad ha sido un importante motivo de estudio, práctica e investigación a lo largo de muchas generaciones. En un principio, se creía que era un don exclusivo de los genios, luego de los artistas, pero hoy está reconocido que cualquier persona u organización puede desarrollarla con buenos resultados.

Abordaremos el tema desde una experiencia personal y continua durante casi cuarenta años.

La creatividad consiste en transformar, cambiar, diseñar, descubrir, inventar o producir algo nuevo. Es conectar y combinar datos en realidades diferentes. Este recorrido incita a construir y destruir, con el solo objetivo de concretar alguna obra de cualquier índole.

- Crear es un **poder** propio del ser humano.

Después de que un niño nace, como cualquier mamífero, suceden en él cambios profundos. En poco tiempo transforma su modo de vida abruptamente: sale del medio acuoso y respira, incorpora la luz, escucha nuevos sonidos, controla la temperatura, come por la boca, etc. Realiza una verdadera hazaña de transformaciones con elevadas probabilidades de éxito. Pone en acción su potencial frente a la dificultad y desarrolla su capacidad creativa en forma eficaz.

Al crear, se activa y desarrolla el potencial en cualquier edad, en cualquier grupo, en cualquier tiempo y lugar...

- Crear es un **conocimiento** que todos podemos adquirir.

Hay que aprender pasos, reglas, principios, condiciones y alcances de lo que significa el proceso de transformación. Esta base teórica es la que dará sentido, persistencia y conducción al camino hacia la mejora. En primer lugar, nos referimos al conocimiento de sí mismo, en cuanto a debilidades y fortalezas. Luego al de los escenarios en los que esas fortalezas se convertirán en acciones novedosas.

- Crear es una **habilidad** o **destreza** que todos podemos entrenar.

El poder de hacer cambios e invenciones con facilidad se adquiere mediante la práctica continua y la evaluación permanente de los aciertos y errores cometidos.

Una persona puede saber mucho de técnicas y procedimientos para producir cambios, mejoras o inventos, pero si no los prueba y los lleva a la realidad en el campo de la acción, ellos se empobrecen o se olvidan. La acción es lo que más ayuda a completar el conocimiento y seguir probando. Una actriz de primera línea y muy creativa no asegura que ese rendimiento se mantenga si permanece inactiva durante dos años.

El ejercicio continuo y el compromiso personal con un cambio es lo que más estimula el potencial creativo de cualquier persona u organización. Practicar el cambio de un hábito dañino en forma diaria durante tres semanas asegura excelentes resultados.

> Para cambiar es necesario estar atento y analizar la situación que se quiere mejorar. Tener interés en transformarla, saber valorar el potencial propio, no abandonar la acción de prueba y siempre tomar fuerzas para volver a empezar.

Dice José Ortega y Gasset en *Obras Completas* (Vol. V, 1991): "No hay duda de que en todo ser animado el más importante de sus mecanismos es la atención. Estamos allí donde atendemos [...]. Dime lo que atiendes y te diré quién eres [...]. No hay creación sin ensimismamiento [...]".

Los enemigos de la creatividad

Hoy se presentan ciertos obstáculos que impiden el reconocimiento y el uso del potencial creativo:

1. Estamos agotados por una vida con excesivas exigencias. El trabajo está muy complejo. Todo es veloz. Es difícil apoderarnos de nuestra energía creativa y ponerla en acción. Ella arrastra los recuerdos de valiosos saberes acumulados por seis generaciones de antepasados. No podemos perder semejante reserva por falta de tiempo o energía.
2. Nos distraemos fácilmente frente a un bombardeo de estímulos externos que nos atrapan y llevan en alguna dirección. Esto no nos permite ampliar la conciencia de lo ambiguo, incierto o desconocido, que es lo que nos hace más flexibles y valientes para crear.
3. Resulta difícil proteger la creatividad en un mundo repleto de pautas, exigencias, reglas, modas y estereotipos. En ese contexto, lo original muchas veces suele ser mal visto, dar miedo o producir envidia.
4. Hay incertidumbre en el ambiente ante la velocidad de los cambios. Esto genera problemas de todo tipo. Muchas de las soluciones están pautadas de

antemano para lograr un éxito rápido, aunque no originalidad.

5. Otro obstáculo es la pereza. En la actualidad se trata de resolver todo con el mínimo esfuerzo y en la forma más inmediata, sin reconocer los errores, que es lo único que permite corregirlos y seguir avanzando. El fluir creativo necesita disciplina, trabajo y hábitos para florecer.

6. Una dificultad frecuente es no saber concentrarse en la energía creativa. Se producen muchas ideas originales, pero no se logra ordenarlas y direccionarlas.

7. Muchas personas no reconocen su potencial. Consecuentemente, no lo saben accionar. Tienen ideas novedosas, pero no llegan a hacer pruebas y planes para concretarlas.

8. Hoy está muy valorada la acción y poco considerada la reflexión. Desde esta perspectiva poco equilibrada, el flujo generador de ideas creativas no logra un buen nivel de integración.

9. Hay un modelo de pensar que pregona ser creativo en forma rápida. Esto no es así. La mayoría de las mejores ideas innovadoras con mayor frecuencia son producto de largas elaboraciones.

10. El cambio actual arrastra miedos específicos. Por ejemplo, miedo a tomar riesgos, a no ser aceptado, al ridículo, a no pertenecer, a ser abandonado o no ser querido, a la pobreza... Todos ellos impiden la valentía necesaria para la creatividad.

Ideas creativas sustentables

- Formulación de soluciones inéditas frente a situaciones incómodas, inoperantes o reiteradamente conflictivas. Por ejemplo, frente al reclamo de un cliente, pedirle una ayuda.

- Transformación de objetos, bienes, rentas, relaciones, dinero... Modificarlos cuantas veces sea necesario. Cambiarles el contenido, la forma, el lugar. Por ejemplo, elegir un producto que se está vendiendo bien y adaptarlo a otro tipo de clientes.

- Desarrollo de talentos originales en alguna área de interés propio. Siempre hay posibilidades de inventar, proponer, corregir en cualquier edad, ocasión, lugar y tiempo. Por ejemplo, que un empresario de 80 años se comunique por las redes sociales para vender su empresa.

- Improvisación para elegir y combinar unas alternativas y no otras. Considerar diferentes puntos de vista de los hechos y desde allí formular ideas novedosas. Por ejemplo, una empresa no llegó a tiempo para presentar sus productos en una feria internacional. Al encargado de una de sus tiendas se le ocurrió repartir volantes con ofertas en la esquina de la feria. Con esta maniobra, varios clientes, al recibir el volante compararon precios, formas de pago y calidad. Así fue como visitaron su tienda y compraron abundante mercadería.

- Elección de nuevas tácticas y estrategias de venta. Por ejemplo, hacer pruebas piloto con productos inéditos para personas de entre 80 y 105 años de clase media alta.

- Aceptación del fracaso cotidiano. Recibirlo, y tratar de sacar alguna enseñanza. Fracaso no es lo mismo que derrota, como generalmente se cree. Por ejemplo, fracasar en la venta de una colección de ropa y rápidamente planear otra colección teniendo en cuenta los errores cometidos en la anterior.

- Respeto por inspiraciones y sueños de vida, aunque parezcan absurdos, inalcanzables o prohibidos. Son producto de profundas elucubraciones del inconsciente, activadas por datos reales recogidos en estados de conciencia amplificada. Proyectos de viajes a lugares extraños, deseos de hacer contactos especiales, ideas sobre soluciones fantasiosas o inspiraciones para lograr metas hasta ese momento inaccesibles. Por ejemplo, pensar en crear un puesto en su compañía, que terceriza con éxito esas funciones desde hace 20 años.

- Percepción desprejuiciada de datos originales que llamen la atención. Con ellos se pueden lograr combinaciones innovadoras que sirvan para hacer productos, proyectos y planes. Por ejemplo, imágenes de películas, fotos extrañas, sucesos raros, historias sin terminar que pueden ser usadas para promocionar un servicio.

- Soluciones no consideradas o desconocidas frente a conflictos reiterados. Por ejemplo, en discusiones con empleados acerca del uso de recursos, proponerles no utilizar determinado material en un tiempo estipulado para que este sea reemplazado en forma creativa por otros.

- Respuestas ingeniosas surgidas de la intuición, del golpe de vista o del presentimiento. Esto vale tanto para la emergencia, como puede ser un accidente, o el largo plazo, como puede ser la compra de un local de ventas. Esas respuestas intuitivas suelen marcar avances importantes en cualquier camino. Por ejemplo, hacer una compra de ciertos materiales, aprovechando determinado contexto, aunque no sean necesarios en ese momento.

- Creación de productos nuevos para el mercado o redes de comercialización inéditas. Por ejemplo, una organización de atención psicológica a clientes adultos mayores que utilice modalidades terapéuticas on line las 24 horas, a domicilio y también en lugares públicos como plazas, iglesias o clubes.

- Conversión de una cosa en otra. Trasladar, rotar, reemplazar... Por ejemplo, ante el ofrecimiento de un local comercial para hacer la presentación de un producto, transformar un mostrador en escenario.
- Cambio de usos y costumbres. Por ejemplo, brindar servicios de abogados, médicos, veterinarios y psicólogos que atiendan por celular o mail las 24 horas del día durante toda la semana.
- Anulación de falsas modestias y reconocimiento de deseos verdaderos. Por ejemplo, frente al ofrecimiento de una donación o un préstamo por parte de un jefe o de un colega, poder acceder con rapidez, alegría y perspicacia, venciendo prejuicios y timideces.
- Adaptación de procedimientos y modelos de pensar a situaciones nuevas o intempestivas. Por ejemplo, adaptar el mecanismo de una máquina textil a un engranaje preparado para cortar chapa o cambiar de idea en forma rápida ante el ofrecimiento de una persona desconocida.

▶ Para el lector

℮ ¿Dónde fue más creativo este año?
℮ ¿Con quién pensó ideas innovadoras?

Formas de apreciar la creatividad

La creatividad es la aptitud y la actitud de crear o transformar lo que está dado. Poder hacer cambios y estar abierto para ver oportunidades, riesgos y peligros. Reconocer la necesidad de hacer algo para cuestionar y transgredir saludablemente e inventar lo nuevo. Es una acción muy fructífera para aprovechar la vida.

Dice el genial Federico Fellini en *Hacer una película*: "Comencé a hacer un film y todavía sigo haciéndolo [...]. Para un artista es esencial tener restricciones, fronteras, límites [...] para luchar contra ellos".

El proceso creativo propicia en forma continua la generación y puesta en acción de **proyectos de cambio**. Estos se concretan al iniciar, transformar y terminar relaciones, negocios, historias, ideas, objetos y hábitos que ya no resultan eficaces o quieren mejorarse.

> Las opciones más originales para los diferentes problemas que la vida presenta son dadas por aquellas personas y organizaciones que se han arriesgado en muchas rupturas y desafíos. Ellas saben usar de manera intensa y disciplinada tanto sus talentos como los aprendizajes logrados por los errores cometidos.

La creatividad genera el deseo de sortear diferentes obstáculos y cubrir necesidades. La estrategia esencial consiste en vencer las dificultades, atender las necesidades y planificar siempre para el futuro. Presentar un problema en forma mental, imaginándolo, suponiéndolo, reflexionando sobre él para luego inventar una idea, concepto, noción o esquema, según líneas nuevas o no convencionales.

Relato de una profesional exitosa de 35 años

Vino a la consulta una talentosa gerente que trabajaba en Relaciones Humanas de un laboratorio muy importante. Se culpaba porque diferentes miedos le impedían viajar sola fuera del país, lo que limitaba su desarrollo profesional. En ese momento, justamente, tenía una propuesta de trabajar 10 días en Londres y no se animaba a aceptar el desafío.

Después de un breve diagnóstico, y reconocidos con nombres y apellidos sus miedos básicos, le propuse que realizara pequeñas salidas controladas con el objetivo de experimentar, sin compañía alguna, situaciones de viajes y aprender a manejar sus temores. Armamos un programa mínimo de salidas.

En primer lugar viajó un fin de semana, ida y vuelta a Colonia, Uruguay. Para eso, antes tuvo que averiguar: medios de transporte con sus horarios y costos, hotelería, moneda con la que debía manejarse, actividades a realizar, etc. También se comprometió a planificar la solución de necesidades mínimas. Por ejemplo, el cuidado de los dos hijos pequeños, la atención de la casa y otros asuntos importantes que debían ser atendidos durante su ausencia.

Hizo la experiencia. En ella pudo detectar sus insospechadas fortalezas y constatar que eran solo sus miedos los que la llevaban a cometer errores, y luego a culparse por ellos.

Le propuse entonces una segunda salida. Sería de tres días, esta vez a Río de Janeiro, Brasil. Al análisis de los requisitos previos, en esta situación se agregó la dificultad del idioma. Hizo el viaje con alegría.

Cuando regresó, pudo comprobar con gran satisfacción cómo había mejorado su rendimiento. Esta vez, hasta se animó a disfrutar de pequeñas aventuras.

Por fin, partió para Londres, donde su trabajo resultó exitoso y su estadía de lo más placentera. Controló sus miedos: al avión, a dejar los chicos, a la soledad, a perderse, entre otros. Pudo usar fluidamente su potencial al servicio del objetivo laboral.

Relato de un empresario estudioso de 30 años

Recuerdo al dueño de una pequeña empresa, que llegó a la consulta en un año crítico para el país. Tenía importantes dificultades para la venta de sus productos: botones nacionales e importados. Todo su personal opinaba que ellas se debían únicamente a los altibajos de un mercado recesivo. Él disentía con esta opinión y quiso indagar otros puntos de vista del problema.

Estas son algunas de las preguntas que se formuló, para averiguar las razones por las que los antiguos clientes de la empresa habían tenido una retracción tan fuerte en las compras. Todas sus inquietudes fueron contestadas por medio de una pequeña encuesta que encaminó la búsqueda de información adecuada para encarar el problema.

Citaremos solo algunas:

- ¿Cuáles fueron las causas por las que determinados clientes no compraron este año?
- ¿Qué productos se les ofrecieron últimamente? ¿En qué condiciones de compra? ¿Qué opinaban sobre ellos?
- ¿Cuántas veces estos clientes fueron llamados durante el año? ¿Cuándo se les hizo el último llamado? ¿Cuál fue su respuesta a él?
- ¿Qué posibilidades de financiación fueron ofrecidas en las últimas compras?
- ¿Ahora le compra a otro proveedor? ¿A quién? ¿Qué producto? ¿Por qué cree que ocurre eso?
- ¿Detectaron qué necesidades de stock tenían en los últimos llamados?

Estas y otras preguntas condujeron a ver errores y aciertos del equipo vendedor con respecto a algunos clientes. Un buen análisis de los errores llevó inmediatamente a implementar cambios en el proceso para atraerlos y concretar ventas con ellos.

En los dos ejemplos relatados, tanto el de la gerente como el del empresario, se observa cómo esas personas detectaron y analizaron sus problemas. Su percepción se abrió hacia nuevos horizontes. Así fue como pudieron programar en forma creativa las acciones a realizar para mejorar sus rendimientos. Simplemente ampliaron su repertorio de conductas novedosas y eficaces, y estas facilitaron los cambios esperados.

> Para crear es importante desaprender o deconstruir los circuitos de respuestas, percepciones o modelos mentales que fueron eficaces en otros tiempos. Esto no es nada fácil... Pero es lo que permite que se instalen nuevas y exitosas conductas. Concretamente: hablamos de cambios en la forma de ver, sentir y pensar las cosas.

Dice Arthur Schopenhauer en *El mundo como voluntad y representación*: "El genio se parece al tirador que da en un blanco que los demás no pueden ver".

El que está abierto a nuevas experiencias sin duda es quien registra más y mejores datos. Estos son los que generan respuestas inusuales. Esa persona inventa, decide, programa con más originalidad y audacia que otros.

¿Qué es la originalidad? El concepto alude a lo singular, a lo que es único y que se diferencia de lo ya hecho o establecido. Las huellas digitales de las manos son únicas, del mismo modo que todo lo que hacemos, pensamos y decimos. Mostrar lo que es original es lo que conmueve y asombra a los demás. Procede de esa mirada diferente de la realidad, que va más allá de las simples apariencias.

> Después de Van Gogh, los girasoles ya no son como antes...

De cualquier manera, es bueno saber que la originalidad absoluta no existe. Casi todo se construye sobre lo anterior. El proceso creativo parte de una idea, una imagen, un sonido, un recuerdo, que se conectan con la realidad, pero también con la fantasía. Ellos producen la inspiración de hacer o de programar algo distinto de lo ya existente.

G. A. Davis y J. A. Scott dicen en *Estrategias para la creatividad*: "Todo lo que el hombre hace comienza con una idea o una sucesión de ideas. La máquina de vapor fue una idea. El automóvil fue una idea. La máquina de volar fue una idea. Los grandes libros y cuadros [...]. Todo es una idea. Desde el tubo de pasta dentífrica a la envoltura de un caramelo [...]. Los hombres y mujeres se miden en el mundo no por su trabajo sino por sus ideas, especialmente cuando esas ideas se traducen en acciones".

Crear es componer o inventar obras o productos que aporten algo nuevo. Estos tienen que ser reconocidos por otras personas y también responder a valores tradicionalmente aceptados, como son la verdad, la belleza, el bien, la justicia, entre otros. Nadie recomendaría, por ejemplo, como producto original una mentira dañina, un atropello, un desatino o un remedio vencido. Lo creado está inevitablemente ligado a los valores del contexto en determinado tiempo y lugar.

Hubo excelentes creadores que tuvieron que esperar un siglo para que su obra fuera reconocida. Esto demuestra lo difícil que es crear y, más aún, que el producto sea valorado. Más difícil es poder apreciar un cambio que haya hecho otro. Muchas veces resulta incomprensible hasta para el observador.

Este conjunto de rasgos constituye un valor constructivo orientado hacia una forma de vivir más plena. Es el combustible que empuja los cambios que son necesarios. Permite tener una mirada abierta hacia uno mismo, los demás y las circunstancias. Produce un flujo creativo interminable que da alegría y felicidad.

> La persona creativa se caracteriza por tener una serie de rasgos específicos. Atracción por el misterio, disposición para abandonar determinados modelos mentales, posibilidad de detectar problemas, espíritu de aventura, facilidad en los movimientos internos, incluso hasta los más arriesgados. También por tener objetividad, proyección hacia lo probable, conciencia de objetivos, valentía para ser diferente de los demás y capacidad de decisión.

Dice el prestigioso y valiente psicoanalista norteamericano Rollo May en *La valentía de crear*: "Cualquiera sea la esfera en la que podamos actuar, sentimos una profunda alegría al darnos cuenta de que estamos ayudando a formar la estructura de un mundo nuevo. Ese es el coraje creador [...]".

Para crear se necesita libertad

Para crear es necesario ser libre; es decir, poder elegir y tomar decisiones con la menor cantidad de ataduras. La libertad es aquella necesidad casi instintiva de elegir una cosa, la otra o, simplemente, no elegir, y hacernos responsables de tal o cual conducta. Es lo que permite la transgresión. El crear exige también responsabilidad; es decir, hacerse cargo de lo creado.

Dice Johann W. von Goethe: "Los deseos son presentimientos de las facultades que están dentro de nosotros".

Solo es necesario disponer de la libertad necesaria para desarrollar esas facultades. Se trata de pensar y experimentar en forma abierta. Cuando esto sucede, a veces después de un largo proceso interno, los demás no comprenden o se extrañan frente a lo que podemos diseñar, descubrir, proyectar o cambiar.

> No estar ciegamente atado al resultado es lo que básicamente permite elegir las acciones a seguir. Luego se trata de analizar los errores y encaminar los cambios deseados o las ideas innovadoras.

Esto exige sacrificios y una cuota estimable de esfuerzos. Es imprescindible tener disciplina, en el sentido de ser discípulos de nosotros mismos. La etimología de "disciplina", palabra hoy tabú y que casi mueve al espanto, se vincula con el verbo latino *discere*, que significa aprender, y la palabra *discipulus* remite a quien aprende o deja que le enseñen. Disciplina, entonces, se refiere a establecer el orden necesario para poder aprender. Se podría considerar como un conjunto de reglas que mantienen el orden y están subordinadas a ciertos objetivos y valores necesarios para crear.

> Ser libre y ser creativo van de la mano. Generan el pensamiento inteligente. La disciplina resulta una condición indispensable para lograr estas preciosas habilidades.

Dice Rollo May en su libro *El hombre en busca de sí mismo*: "La libertad es la capacidad del hombre para hacerse cargo de su propio desarrollo. Es nuestra posibilidad de formarnos a nosotros mismos. Es la otra cara de la conciencia de sí mismo; si no fuéramos capaces de tomar conciencia de nosotros mismos nos empujarían hacia delante nuestros instintos y la marcha automática de la historia, como a las abejas y los mastodontes. Pero gracias a nuestra posibilidad de tomar conciencia de nosotros mismos podemos recordar cómo actuamos ayer o el mes pasado, y aprendiendo de estas acciones podemos influir, si bien siempre en pequeña medida, en la manera de actuar hoy. Que la conciencia de sí mismo y la libertad van juntas lo demuestra el hecho de que cuanto menos autoconsciente es una persona mayor es su falta de libertad. Es decir, cuanto más controlado está por inhibiciones, represiones y condicionamientos infantiles, de los que no es consciente pero que inconscientemente todavía lo dirigen, tanto más sufre por la compulsión de fuerzas sobre las cuales no tiene control alguno".

> La creatividad es la capacidad de convertir lo siniestro en maravilloso, la desgracia en suerte, la sombra en luz, lo más difícil en accesible, lo imposible en posible. La libertad es la fuerza que motiva y habilita para encarar y enfrentar proyectos y desafíos. Otorga a la persona placer y poder para influenciar.

Podríamos decir que el real analfabetismo es la incapacidad de crear. Algunos no creen en su potencial creativo o no lo reconocen. En consecuencia, no lo usan libremente y menos aún pueden ponerlo al servicio de los demás.

> Si aprendes a crear, a reconocer tus genuinas fortalezas y a amar la libertad, es seguro que en el camino hacia tus metas podrás avanzar con soltura sobre los obstáculos y progresar cada día un poco más.

Las personas y organizaciones creativas se abren diariamente a las múltiples maneras de mirar y escuchar los estímulos que les ofrece la realidad circundante. Esta condición promueve la visualización y el aprovechamiento de opciones no consideradas hasta el momento para el tratamiento de problemas y deseos de cambios...

Todos tenemos necesidades que satisfacer, pero encontramos barreras u obstáculos en nuestro camino. Casi siempre son miedos, orgullo, expectativas muy centradas y recuerdos negativos de historias pasadas. Ellos interfieren en la ruta hacia el objetivo. Impiden que aparezca la apertura necesaria para aceptar y comprender en forma general un problema. Frenan la aparición de infinidad de soluciones creativas o ventajosas que pudieran surgir en los momentos más inesperados de nuestras vidas.

▶ Para el lector

- ¿Qué debe escuchar?
- ¿Qué necesita cambiar?
- ¿Dónde y con quién perdió su libertad?

Una historia con triste final

Había trabajado en consultoría en las dos últimas empresas donde Carlos había sido gerente general. En la tercera también me convocó. Se trataba de una organización internacional de importación y exportación, con 35 empleados, tres gerencias y un director general.

Fui consultada, esencialmente, por problemas de comunicación interna y externa, falta de motivación y creatividad, ausencia de liderazgo y disminución de rendimiento del equipo. Explícitamente Carlos me pidió que no investigara el sector administrativo porque no presentaba dificultades y tenía un excelente líder.

En los primeros pasos del diagnóstico, tanto en las entrevistas como en las encuestas hechas a los empleados, se observaron variadas quejas y descontentos con el sector administrativo. Los principales eran: lentitud, maltrato, autoritarismo y falta de colaboración con las otras áreas.

El director general, con quien tenía excelente relación desde hacía muchos años, insistía en que ese era el departamento
que mejor funcionaba. Por eso no se autorizaron, por ejemplo, encuestas a proveedores y clientes. Guiándonos por esta
opinión, casi todo el trabajo se centró en ventas y producción.
Mientras tanto, el malestar hacia la administración persistía y
era mayor en los empleados. En cada reunión mensual con Carlos, le llevaba los testimonios de las quejas, pero él parecía no
escuchar.

Después de un año de trabajo, perdí un cheque por el pago
de mis honorarios. Por esa cuestión, comenzó una relación directa con la administración, para que me entregara un nuevo
cheque. Varias veces mi secretaria lo pidió a diferentes empleados del sector, sin obtener resultado alguno.

Cansada de insistir, comencé a registrar días y fechas de
los reclamos junto con el nombre de la persona que había
atendido. Con este detalle minucioso, fui a pedir ayuda al director general para resolver el tema. Habían pasado, hasta
ese momento, dos meses desde el primer reclamo. Él actuó
rápidamente. Al día siguiente recibí el cheque, pero al otro
día me avisaron por mail que finalizaba la consultoría, por falta de presupuesto.

Este caso suscita algunas preguntas en relación con el
tema de la libertad:

- ¿Qué libertad real tenía el director general para encarar cambios en su organización?
- ¿Por qué no mostraba interés en revisar un sector que
  causaba problemas?
- ¿Por qué no se analizaba a fondo la relación con proveedores y clientes?
- ¿Cuáles eran los miedos que tenía Carlos de analizar
  un área tan importante como es la administración?
- ¿Qué le provocaba el autoritarismo del jefe de administración?

Modelos básicos de creatividad

Abraham Maslow, en su obra *La personalidad creadora*, distingue dos variantes que generan o dirigen el proceso creativo: **creatividad primaria** y **creatividad secundaria**.

Creatividad primaria

Es la fase de inspiración o irrupción de la idea innovadora, la improvisación, las visiones, las señales, los presentimientos, las metáforas. Son las imágenes de todo tipo, que llegan a la conciencia como ideas originales, corazonadas, intuiciones o señales. Afloran con más facilidad en los sueños diurnos o nocturnos, visiones, fantasías. Por lo general, son productos preconscientes del psiquismo. Su naturaleza es predominantemente simbólica, ya que sus significados van mucho más allá de la realidad externa o manifiesta.

Cada persona o grupo puede llegar a producir, con esas imágenes y símbolos, una elaboración espontánea, original, única. Esta casi siempre surge en momentos de relajación. El proceso de la intuición que promueve la creatividad primaria es tan importante como la razón.

Esta creatividad, tradicionalmente llamada "espontánea", domina la primera fase del proceso creador. Es la más novedosa y excitante. En ella no hay pasado ni futuro, se articula y avanza con la fuerza de ese delicado flujo, donde no hay límite entre realidad y fantasía. Asocia datos libremente, sin considerar causas y efectos. No tiene orden, clasificación ni objetivos a largo plazo. Produce una catarsis elaborativa rápida que aporta placer en forma inmediata

Dice Maslow: "La creatividad primaria es muy probable que sea una herencia de todo ser humano. Es algo común y universal. Desde luego, todos los niños sanos la poseen, y al crecer muchos la pierden. También es universal en el sentido de que [...] si nos adentramos en las capas inconscientes de la persona, allí la encontraremos".

La creatividad primaria es el niño interior que todos tenemos. Haciendo gala de una genuina curiosidad, avanza en forma arrolladora con propuestas y conexiones a veces desopilantes. Hay que respetarlo y cuidarlo mucho.

Los fines de este tipo de creatividad son el entretenimiento y la pura invención. Sus acciones son de recorrido espontáneo, fluido y, algunas veces, ambiguo.

Por ejemplo, un niño de cuatro años que juega libremente puede llegar a usar una mesa pequeña como cama, ropero, mostrador, escritorio y muchas más cosas... Luego, puede romperla, pintarla y abandonarla, como si nunca le hubiera importado.

Un director de empresa puede imaginar que podría tener sucursales de su negocio en tres países, solo porque tiene tres amigos que viven en esos lugares.

Creatividad secundaria

Es la elaboración y el desarrollo racional que se hace con los datos del proceso espontáneo, generado por la inspiración o aparición de la idea creativa. Es el trabajo duro y disciplinado de concretar alguna acción en el tiempo presente. Se trata de ajustar la idea sugerida, considerar los recursos disponibles, proponer alternativas y luego hacer un plan. Analizar, practicar, corregir errores y, por último, crear un producto final.

También señala Maslow: "La diferencia entre inspiración y el producto acabado [...] reside en una enorme dosis de trabajo, disciplina, preparación, ejercicios de digitación, práctica y ensayos, y en desechar primeros borradores. Las virtudes que acompañan la creatividad secundaria, la que tiene por resultado los productos reales, los grandes cuadros, las grandes novelas, los puentes, los nuevos inventos, se apoyan en otras virtudes: obstinación, paciencia, laboriosidad".

La confección de planes y programas es clave para obtener rendimientos en personas y organizaciones. Cualquier problema complejo, para ser resuelto, necesita objetivos claros y un plan. Hacemos planes para viajar, para comer, para divertirnos, para pasar una noche con alguien, para vender, para comprar...

Planificar requiere capacidad de proyección, tanto hacia el futuro como también para prever lo que puede llegar a salir mal.

Para avanzar y generar cambios, es muy importante saber organizar metódicamente el pensamiento y la acción.

Frente a un problema, por ejemplo, sería indispensable preguntar lo siguiente: ¿cuándo comenzó? ¿Dónde lo percibieron por primera vez las personas implicadas? ¿Cuáles son las partes que intervienen en él? ¿Cuál es la forma en que se relacionan estas partes? ¿Cuáles son sus posibles causas? ¿Cuál es la prioridad de las soluciones? ¿Cuánto tiempo hay para resolverlo? ¿Qué daños concretos está causando?

Si el tiempo disponible lo permite, preguntas como estas resultan esenciales para poder producir soluciones originales.

El proceso de creatividad secundaria requiere un buen nivel de información con respecto a la idea creativa y su circunstancia. Es condición esencial para avanzar con menos tropiezos y mejores resultados.

Un escultor, ante la obra por concretar, debe estar informado, por ejemplo, de la maleabilidad del material a utilizar, del tiempo que necesitará para hacerla, de los costos, de los posibles problemas que va a encontrar en el camino, del lugar donde la ubicará cuando la termine, de si su taller reúne las condiciones para desarrollarla.

Luego, propondrá estrategias racionales para poner en marcha y desarrollar la idea. Son directrices que organizan los recursos de que él dispone para lograr el objetivo de concretar la obra imaginada.

La suerte no es más que una delicada conexión entre el grado de apertura personal, la preparación de la que venimos hablando y la infinita cantidad de oportunidades que la vida ofrece a cada instante.

> La suerte es el premio otorgado por trabajar a fondo con prejuicios, enojos, mandatos, modelos de pensamiento rígidos y todas aquellas restricciones que impiden ver y escuchar lo que nos rodea con amplitud y generosidad.

Abajo, en el fondo –a uno y otro lado–, alrededor del fenómeno que se presenta, están las direcciones indispensables para lograr la visión global de cualquier desafío creativo. Aquel que, disciplinadamente, ponga esfuerzos para ver y escuchar, y ordene su sentir con su pensar para cambiar, obtendrá los mejores resultados. Tendrá suerte. Aprovechará las oportunidades y se le harán evidentes los peligros y riesgos.

> Preguntar es el recurso óptimo para encaminar el cambio y la innovación.

Las preguntas guían las operaciones que deben realizarse para lograr propuestas de cambio, reestructurar productos y procedimientos, y armar planes de acción.

> El objetivo y la estrategia orientan la creatividad sin frenarla.

En Argentina, por lo general, vivimos al día y nos adaptamos a lo que se presente. La corriente determina el rumbo. Pero no siempre eso lleva a mejorar los resultados. No ocurre lo mismo en países como Brasil, Chile, Noruega o Japón, donde los planes de acción y los objetivos han definido la posición que hoy ocupan en el ámbito internacional.

El gran desafío para Argentina es empezar a planificar su camino hacia un desarrollo productivo sostenible, usando con creatividad sus incalculables recursos y las fabulosas oportunidades que hoy le ofrecen las circunstancias internacionales.

Un buen plan sostiene todo tipo de ideas novedosas. Permite improvisar y crear, teniendo en cuenta las alternativas que ya estaban previstas, o no. También advierte para desechar las propuestas que no se encuentran en el camino hacia el objetivo. Por ejemplo, una idea puede ser muy original, pero no tener cabida en el plan de negocios o simplemente no resistir las pruebas del mercado.

Lewis Carroll, en su inolvidable obra *Alicia en el país de las maravillas,* dice: "'Gatito Cheshire', comenzó ella tímidamente, '¿me podría decir, por favor, qué camino debo seguir desde aquí?' 'En buena parte eso depende de adónde deseas ir tú', respondió el gato".

El gato Cheshire señaló muy bien el punto crítico de todo plan. El claro sentido del propósito debe estar reconocido en todo programa de acción serio. Esta idea tan elemental, casi siempre no considerada o ignorada, es en realidad una noción clave para progresar en cualquier transformación o mejora. **Trazarse objetivos equivale a encarar y dirigir los cambios.**

▶ Para el lector

     ∞ ¿Qué quiere explorar hoy?
     ∞ ¿Cuál es su principal desafío?

El desafío de cambiar e innovar

Cambio

En una época de cambio tan veloz como la actual es imprescindible "tener la cintura" creativa necesaria para generar diferentes y rápidos movimientos en el espacio y el tiempo. De esa manera, progresivamente se adquiere la disciplina de aprovechar las ventajas que, a mediano plazo, presenta toda desventaja. Lentos o vertiginosos, pacíficos o violentos, deseados o no, los cambios son sin duda los promotores del progreso y la felicidad.

> Muchos cambios necesarios no se hacen o fallan porque las personas o las organizaciones no quieren o no pueden modificar actitudes y comportamientos antiguos. Otras veces, no incorporan el cambio sencillamente porque no saben cómo hacerlo.

Algunas personas vuelven a sus comportamientos anteriores, después de varias tentativas de hacer las cosas en forma diferente, porque no toleran las frustraciones que les provocan y por el temor a la incertidumbre que los envuelve.

Relato de las idas y vueltas ante el cambio

Una joven y talentosa empresaria quería mejorar su rendimiento en la conducción de su equipo. Revisó sus imposibilidades para cambiar en los diferentes rubros que se requerían y reconoció algunos patrones inhibidores, específicamente de complacencia. Eran expresados en contundentes ideas como las siguientes:

- Lo mejor es tener tranquilos a todos los empleados.
- Solo si les doy el triple de lo que merecen, me consideran buena.
- Si no soy buena, siento mucha culpa frente a ellos.
- Lo primero en que siempre pienso es en conservar mis empleados.
- Estoy pendiente de si el equipo me quiere o no.
- No les pregunto demasiado por miedo a que se ofendan.

Trabajar en forma disciplinada con estos preconceptos y reemplazarlos por otros más proactivos hizo que la empresa avanzara. En pocos meses implementó cambios importantes en procedimientos, productos, relación con los clientes y proveedores, ventas, selección del personal y clima organizacional.

Todo parecía estar encaminado, hasta que un día le comunicaron que debía abandonar el espacio que alquilaba para depósito. En ese momento, volvió a operar con las mismas creencias inhibidoras que usaba antes. Decía por ejemplo:

- ¿Cómo les explico a los empleados mi falta de previsión?
- No me creo capaz de poder salir sola de este problema.
- En la mudanza, seguro que perderé algunos empleados.
- No encuentro ningún espacio que esté a la altura del personal que tengo hoy.
- No quiero que nadie se entere de lo que sucede hasta que tenga todo arreglado.
- No encuentro un lugar que quede cerca de las casas de los empleados.

Los reconoció como negativos y efectuó el cambio en forma eficaz. Luego tuvo que trabajar en otro cambio, como la reducción de su personal. Los antiguos patrones le jugaron nuevamente en contra. Pero de inmediato se dio cuenta y recuperó fuerzas para avanzar en el camino del objetivo perseguido. Preparó un plan realista que en poco tiempo pudo realizarse.

> Lo importante es saber que la vida siempre es cambio. La cuestión reside en revisar qué se siente y piensa ante él. Chequear los recursos disponibles y dirigirse hacia las metas propuestas venciendo los obstáculos.

Nadie puede estar seguro de que los bienes o fortalezas con que cuenta son para siempre, en ningún aspecto de la vida. Sobre todo hoy, cuando las cosas cambian vertiginosamente de lugar, de tiempo, de posición, de costo...

La única certeza valedera es el permanente estado de cambio. Es imprescindible entrenarnos para reconocerlo, aprovecharlo y aprender lo que sea necesario.

Para producir cambios es importante desarmar, desarticular o directamente anular percepciones y actitudes preexistentes. El desaliento, la desconfianza y la disconformidad frente a determinados hechos o situaciones habilitan los permisos necesarios para hacer cambios.

En cada cambio se actualiza una reserva inagotable y única de ideas, recuerdos, sentimientos y sensaciones positivas. Verdaderas fortalezas que se presentan para ser utilizadas al servicio de las transformaciones inevitables.

Cuando el propio cambio lo requiere, es indudable que se aumenta el potencial creativo.

Casi siempre lo que uno imagina en cuanto a esfuerzos, angustias y confusiones con respecto al cambio es menor de lo que sucede en la realidad. Por lo general magnificamos hechos y situaciones frente a lo nuevo.

Con respecto a esto suelen escucharse expresiones como:

- No creí que yo fuera tan fuerte, hasta que enfrenté el problema.
- No sabía que podía llegar a juntar todo el dinero en tan poco tiempo.
- No imaginé que mi jefe vendría a ayudarme.
- Dominé la situación desde el principio, y después todo anduvo muy bien.
- ¿Por qué no me decidí antes, si el cambio era tan fácil?

Joseph Campbell, en *Reflexiones sobre la vida*, dice: "Cuando avances en la vida, verás un gran abismo. Salta. No es tan ancho como crees".

- Cambiar es crecer.
- Cambiar es aprovechar mejor los recursos.
- Cambiar es vislumbrar nuevos y positivos horizontes.
- Cambiar es ordenar de otra manera los factores para obtener mejores resultados.
- Cambiar es trabajar para vivir una vida más plena.

Relato de inhibiciones frente al cambio

Un reconocido médico de 70 años, especializado en dolencias articulares y óseas, estaba preocupado porque sus productos (cremas, jarabes, pócimas e inyecciones) no lograban los resultados esperados en ventas a pesar de que eran originales y casi sin competencia.

En los primeros tramos del diagnóstico del problema se detectaron algunas cuestiones:

- El grueso de la publicidad se efectuaba por medios como televisión, radio, revistas o diarios. En ellos, el propio profesional en forma muy clara y amena explicaba a los posibles consumidores los beneficios de su producto.
- Como consecuencia de lo anterior, su consultorio recibía por día una elevada cantidad de llamados que solicitaban turnos para ser atendido. Estos eran respondidos por una secretaria de unos 60 años, con 30 de antigüedad en la organización y un buen concepto.

Le pedimos al médico que informara de manera más precisa sobre el procedimiento telefónico de admisión y venta.

Estos son algunos de los datos que obtuvimos:

- Procedencia de los llamados: ciudad de Buenos Aires y Gran Buenos Aires.
- Horarios pico de llamados: de 11 a 18 horas.
- Problemas más frecuentes de los pacientes: dolores óseos y articulares importantes o recurrentes. Angustias. Urgencias.
- Edad de los pacientes y sexo: fundamentalmente mujeres de 45 años o más.
- Duración de cada llamada: un minuto como máximo.
- La secretaria mencionada atendía el teléfono, además de controlar la entrada y salida de pacientes y la venta de productos (cremas, inyecciones y complejos vitamínicos).
- Experiencia anterior de la secretaria: un año en atención del teléfono de un laboratorio, sin incluir específicamente la venta.

A la semana siguiente de recoger estos datos y tras un breve análisis de la situación, propuse que la secretaria participara de un cuestionario antes de efectuar un mejor diagnóstico del problema y sugerir algunas mejoras.

Así, pudo detectarse que ella:

- No sabía manejar en forma adecuada las demoras en la solicitud de los turnos.
- No escuchaba con atención las necesidades de los posibles pacientes.
- No respondía creativamente las preguntas no estándar.
- No estaba preparada para aceptar quejas y reclamos.
- Se enojaba con facilidad cuando no le entendían.
- No ofrecía ni argumentaba convincentemente sobre los productos de la empresa.

Al informar al médico los resultados obtenidos en esta experiencia e insistirle sobre los cambios que requería la atención telefónica y el personal dedicado a ella, se negó rotundamente a hacerlos.

Dijo frases como: "Ella no va a querer". "No puedo pensar en cambiar la secretaria, menos en insistir en que ella lo hace mal." "Es como una madre para mí, si supiera cómo me cuida..." "Me resuelve todos los temas." "Es una persona muy sensible." "Cualquier cosa la perturba." "Yo ahora no estoy bien de salud y no quiero exigirme más de lo que estoy haciendo." "Hace años, aquí se ganaba muy bien, no creo que ahora este sea el problema." "Voy a tratar de reforzar mi trabajo con los medios, y el año próximo veré si puedo hacer algo con la secretaría."

Por su parte, la secretaria dijo: "Hace diez años que atiendo el teléfono y nadie me objetó nada. No estoy dispuesta a que se metan en mi trabajo. Si usted necesita a alguien, contrátelo".

El caso es bastante frecuente. En pro del mantenimiento, se descuida el crecimiento. La evidencia de los datos de la realidad acerca de un procedimiento errado pierde fuerza ante la sola idea de reconocer falencias y debilidades y poder luego implementar algún cambio. Este proceso sencillamente es vivido como una pérdida irreparable o una amenaza de disolución.

> La zona de comodidad en la que la persona o la organización se instalan ofrece seguridad, a pesar de que no se logren los rendimientos creativos esperados.

Están cobijados por un colchón que, aunque no sea eficaz, evita los trastornos propios de cualquier posible cambio para mejorar el desempeño. Abrirse a lo nuevo no es fácil, se teme perder el equilibrio, muchas veces logrado con esfuerzo y dedicación.

> Al atravesar el cambio, es clave soportar angustias e incomodidades. Para controlar estos estados, es fundamental hacer pruebas piloto sobre mejoras o ideas y evaluarlas.

Lo real es que las verdaderas reservas y fortalezas, individuales u organizacionales, se llegan a constatar en forma fehaciente solo frente a un cambio. A veces, la persona o la organización intentan salir de la zona de comodidad con rumbo desconocido. Son conscientes de que necesitan hacer algún movimiento nuevo. Solo intuyen un punto de llegada, pero, a pesar de todo, van construyendo el cambio.

> El cambio debe crearse forma sistemática.

Fuerzas que actúan en cualquier cambio

El cambio está siempre dominado por dos grupos de fuerzas en conflicto:

- Las de avance, que visualizan la meta y los beneficios por lograr. Empujan hacia ella, ayudando a vencer los obstáculos que se presenten en el camino.
- Las de retroceso, que son estimuladas muchas veces por la comodidad, el éxito obtenido o la seguridad conseguida en otros tiempos. Ellas se adhieren a lo conocido, sin analizar el mejor camino a seguir o el recurso más eficaz a utilizar. Hacen que la persona o el grupo se instalen en un lugar o posición sin demasiada reflexión.

En el encuentro de ambas fuerzas, inevitablemente aparecen ansiedades de pérdida, ambivalencias o confusiones. No se sabe qué hacer, a dónde ir, a quién acudir o lamentar la pérdida. Se produce un verdadero vacío. Es imprescindible poder atravesarlo con la confianza y la valentía que dan las propias fortalezas y el contexto.

Ortega y Gasset, en *Obras completas,* volumen V, dice: "La existencia humana tiene horror al vacío. En torno a ese estado efectivo de negación, de ausencia de convicciones, fermentan gérmenes oscuros y nuevas tendencias positivas".

Para llegar a los resultados deseados es necesario afrontar el vacío. También desaprender conocimientos anteriores, tomar riesgos controlados y abrirse ante lo desconocido. Aprender de los fracasos y aciertos, tanto propios como ajenos: ellos son los mejores maestros para acelerar un cambio eficaz.

Las organizaciones, frente a un cambio, deben tratar de mantener una **comunicación** clara y precisa con sus miembros. Ante la menor dificultad o movimiento de cambio es imprescindible preguntarse:

- ¿Quién necesita estar informado de eso hoy, mañana o la semana próxima?
- ¿Cómo hacerlo?
- ¿Cómo pedir *feedback*?

La información organizada, y si es posible cara a cara, encamina los cambios con mayor seguridad de obtener los resultados deseados.

Crear y mantener **confianza** en la organización garantiza el mejor camino para hacer modificaciones. Por eso es importante, en momentos de turbulencias y desajustes propios de todo cambio, ratificar la visión, la misión, los valores, los puestos, las funciones, las tareas, la cadena de mando, la definición de desempeño y los resultados que espera la organización.

Este recorrido prepara para aprovechar las oportunidades que se van presentando y descubrir los peligros latentes.

Una historia con consecuencias

Consultan los dueños de un instituto de inglés de 500 alumnos. Está ubicado en el centro de una importante ciudad, con población mayoritaria de clase media alta. Tiene 50 años de trayectoria.

La inscripción de alumnos en un año, inesperadamente, aumentó un 35 % más que lo previsto por causa de varios factores. Nuevas necesidades de los clientes, cambios en los usos y costumbres del entorno, nuevas exigencias educativas y un servicio muy diferenciado que ofrecía la organización en ese momento.

El cambio trajo alegría, pero también desconcierto en los dueños. Comenzaba a tambalearse la estructura. El plan de negocios ya no resultaba operativo. Puestos y funciones no conseguían líneas de comunicación tan eficaces como antes. El personal no se sentía reconocido y comenzaron a escucharse quejas, reclamos y amenazas. La incertidumbre crecía tanto como la propia institución…

El cambio fue buenísimo, pero había que diagnosticar y revisar todos los estamentos para modificar la estructura y crear un nuevo plan de negocios, con mayor proyección y adaptado a las nuevas circunstancias.

Encaminar el éxito no fue fácil. Faltó más apertura y capacidad de ejecución para aceptar, analizar, planificar y tomar las mejores decisiones en los tiempos que el cambio exigía.

El exterior imponía modificaciones que debían ser ordenadas en forma rápida desde el interior para lograr resultados.

No siempre son exitosas estas adaptaciones rápidas. El tránsito desde lo que estaba hacia lo nuevo requiere un diagnóstico, un plan de acción y tiempo. No es cuestión de ampliar los recursos, que fue lo que sucedió, sin analizar a fondo la nueva situación.

▶ Para el lector

- ↫ ¿Qué necesita cambiar hoy?
- ↫ ¿Qué debe permanecer?

Innovación

Hacer lo que no se hizo hasta ahora no es tarea fácil. Alterar o mover lo existente, introducir novedades no reconocidas hasta ese momento es innovar. Esta acción requiere visión y entrenamiento.

Cuando logramos esta actitud en forma sistemática nos convertimos en innovadores. Aceptamos la diversidad y la aprovechamos para generar avances diferentes de los ya existentes. Nuestras ideas son reconocidas y valoradas.

Se puede inventar un novedoso método para reciclar el agua, pero si no es aceptado y reconocido no entra en el campo de la innovación. El contacto con la diferencia estimula la innovación y aumenta el uso del potencial creativo.

Innovar es agregar, combinar o cambiar atributos. Mudar, alterar, introducir novedades de cualquier tipo, inventar acerca de objetos y procedimientos. Estos han sido desde siempre los caminos que con mayor frecuencia se han elegido para producir novedades con resultados. Es una actitud que dirige con firmeza hacia adelante, promueve, acompaña o genera modificaciones, tanto en los procesos como en los productos.

Los adultos deben valorar y enseñar esta conducta a los más jóvenes, para introducirlos en importantes desafíos innovadores. El juego y el pensamiento imaginario son caminos eficaces en ese entrenamiento. Estos métodos promueven la aparición de ideas nuevas y también propician su intensa fijación. Son los caminos básicos para que ellos puedan incorporar, luego, el pensamiento racional. Cuando esos jóvenes sean adultos, sabrán seleccionar, ordenar, clasificar, direccionar, evaluar y ejecutar diferentes propuestas que permitan encaminar ideas o inspiraciones novedosas sostenibles.

- ¿Mezclaste las masas?
- ¿Combinaste las tarjetas?
- ¿Creaste un objeto raro?
- ¿Viste algo insólito en el camino?
- ¿Juntaste todos los elementos diferentes?

Para poder vehiculizar la innovación hay que saber tolerar y apreciar el sentido creativo de la incertidumbre. Quienes permanentemente necesitan tener certeza, no son los mejores maestros para enseñar a innovar.

Emprender es un rasgo distintivo de un individuo o de una institución. Infinidad de personas diferentes se han desempeñado muy bien en desafíos innovadores al aprender técnicas y métodos para encararlos.

Eso sí, las personas que necesitan la certeza no tienen condiciones para la innovación.

Pero tampoco es probable que esa gente se desempeñe bien en otras actividades, como la política, puestos de mando en el ejército, capitán de un transatlántico, escultor o jefe de familia... En esos casos, al igual que en muchos otros, hay que tomar decisiones nuevas con rapidez, y la esencia de la decisión es la **incertidumbre**.

> Incertidumbre es la falta de certeza. Es un estado de duda y vacilación que trae desasosiego. En ella se incuban las mejores ideas innovadoras.

Un desafío innovador interesante podría ser tomar decisiones inusuales sin conocer absolutamente todos los factores que están actuando en la situación. Por ejemplo, decidir un viaje de aventura, comprar en un remate una obra de arte sin tener información, tomar un camino desconocido, comprar muestras de ropa para armar una colección sin que estén de moda... También podría llegar a usarse recortes de tela sobrantes de la producción de prendas para hacer artículos de limpieza, tapas de libros, baberos para ancianos, estuches... Pero lo concreto es que las innovaciones, para ser exitosas, siempre han de estar alineadas con grandes escenarios como: empresa, demografía, mercados, sociedad. La oportunidad y la idea a veces parecen tentadoras, pero no siempre triunfan.

> Innovar es avanzar sin miedo, volcar la mente hacia fuera. Cada nuevo invento se origina en algún otro conocimiento. No nos cae del cielo. Utilizamos partes de lo que ya estaba y lo reactivamos.

Una idea innovadora solidaria

Fue llevada a cabo en Buenos Aires por un joven empresario con su equipo de trabajo.

Martín Churba fue el creador y ejecutor del proyecto "Pongamos el trabajo de moda para siempre". Se trataba de un diálogo social productivo entre el diseño de la moda y un grupo de desocupados.

Por medio de la Fundación Poder Ciudadano, Martín entró en contacto con el MTD (Movimiento de Trabajadores Desocupados) y con él se puso a trabajar en la campaña. Utilizó el guardapolvo como símbolo del trabajo en todas sus modalidades. Los miembros de este movimiento lo reconocen hoy como una mano amiga que les dio confianza para intentar cambiar el mundo.

El diseñador, para que llevaran adelante su propio emprendimiento y reimplantaran la cultura del trabajo, alentó a esas personas que estaban en donde se había perdido la esperanza. El guardapolvo, desarrollado en conjunto con Tramando, la empresa de Churba, fue recibido con mucho entusiasmo en Japón, Estados Unidos y otros países.

El propósito era reinstalar la cultura del trabajo y la dignidad, junto a un movimiento que no aceptaba los planes sociales propuestos por el gobierno argentino para paliar sus necesidades inmediatas.

El grupo intentaba instalar una cadena textil que incluía el valor de diseño, en un momento en que, en la Argentina, se habían perdido oficios y habían desaparecido las grandes empresas textiles.

Los desocupados elegidos, gracias a la capacitación recibida, hoy saben fabricar sus propios diseños que se comercializan en el marco del comercio justo. A la alianza entre Tramando y este grupo de desocupados, se unieron otras organizaciones argentinas que hicieron valiosos aportes al proyecto común.

Dijo Martín Churba: "Ayudar a que un emprendimiento como este tenga éxito puede generar un gran cambio en la percepción de los argentinos. La gente tiene que empezar a comprender que capacitarse y asociarse con líderes honestos crea muchas oportunidades".

▶ Para el lector

    ☞ ¿Qué ideas nuevas se le ocurren en su trabajo?
    ☞ ¿Qué quiere cambiar en sus relaciones?

La alta autoestima es el motor del cambio

> Para crear, es imprescindible que cada día uno se reconozca valioso y realice pruebas para confirmarlo.

Dice Ángeles Arrien, en su obra *Las cuatro sendas del chamán*: "Cuando somos capaces de valorar nuestra autoestima en la misma medida en que valoramos nuestra autocrítica, comenzamos a entrar en el camino de la sabiduría [...]. Los patrones de posicionamiento, crítica y control por lo general se basan en el miedo y siempre revelan una falta de confianza".

> La autoestima es la imagen que uno tiene de sí y el valor que le otorga.
> ¿Cómo valoro lo que soy y lo que hago?
> ¿Reconozco mis fortalezas todos los días?
> ¿Me rodeo de personas que valoran mis fortalezas?
> ¿Creo en lo que hago?

Se articula en tres conductas clave:

1. **El amor** hacia uno mismo, que ayuda a enfrentar diferentes miedos.

2. **La confianza** en uno mismo, que ayuda a frenar el deseo de controlar.
3. **El respeto** por uno mismo, que lleva a apreciar las propias fortalezas.

La idea de nuestra estima es aprendida del entorno.

Se interrelaciona la valoración del comportamiento propio con la interiorización de la opinión que los demás tienen de nosotros.

El impulso creativo comienza en nuestra mente. Depende estrechamente del valor y el uso de nuestra imagen. Si en especial está estructurada sobre la base de fortalezas, los avances creativos serán más fáciles, más abundantes y más productivos. Si proyectamos esta energía positiva en nuestra relación con los demás, todo irá mejor…

A propósito, Walt Whitman, en *Hojas de hierba*, dice al respecto: "Convencemos a través de nuestra presencia".

Las personas con alta autoestima se caracterizan por:

- Superar sus problemas.
- Ser resilientes.
- Afianzar su personalidad.
- Favorecer su creatividad.
- Ser independientes.
- Ser proactivos
- Tener facilidad para las relaciones.
- Pensar en metas a mediano y largo plazo.
- Mostrar y compartir sus fortalezas.

Tener autoestima alta es sentirnos bien con nosotros mismos. Estamos al mando de nuestras vidas y logramos ser flexibles, ingeniosos y abiertos. Disfrutamos con los desafíos que se presentan. Nos preparamos para abordar la vida. Nos sentimos fuertes y conseguimos que sucedan hechos con resultados interesantes a nuestro alrededor.

Las personas con baja autoestima se caracterizan por:

- Falta de credibilidad en sí mismos.
- Inseguridad prolongada.
- Tendencia a atribuir las dificultades a causas internas.
- Pobres rendimientos.
- Dificultad para alcanzar las metas propuestas.
- Falta de habilidades sociales para resolver situaciones conflictivas.
- Crítica destructiva o queja permanente.
- Sentimiento de culpabilidad frecuente.
- Incremento de temores, en especial al rechazo social.

Es necesario conocer nuestras fortalezas y cómo funcionan para poder decidir qué aspectos deseamos mejorar. El plan de acción para cambiar determinadas características debe ser realista, alcanzable en el tiempo y medible.

Actitudes básicas para construir la autoestima:

1. Ser capaz de seguir los hechos paso a paso. Diferir su evaluación.
2. Buscar y aprender en ritmo lento.
3. Ser abierto, flexible, elástico frente a las experiencias novedosas.
4. Practicar aquello que tenga sentimiento y significado.
5. Tener una comunicación clara y precisa con los demás.
6. Decir la verdad, sin culpar ni juzgar.
7. Mantener centrado el flujo creativo en intereses y necesidades propios.
8. Promover una mirada apreciativa de los hechos. Observar más lo que funciona que lo que no funciona. Lo que sirve, lo que suma, lo que está bien…
9. No idealizar a los demás.

10. Aceptar los errores, y corregirlos.
11. Inventar productos, procedimientos, planes y proyectos.
12. Asumir riesgos en nuevos contextos.
13. Tener persistencia para pedir.

Propuestas proactivas para aumentar la autoestima

- Exprese espontáneamente opiniones y ocurrencias.
- Proponga soluciones creativas para los problemas, aunque no tenga toda la información.
- Permanezca abierto ante errores y fracasos, propios y ajenos.
- Respete fielmente sus inspiraciones, sueños de vida, señales, intuiciones.

¿De qué depende el concepto que tenemos de nosotros mismos? De la genética, de las experiencias infantiles, del entorno y, fundamentalmente, del ejercicio de la propia libertad.

> Es bueno saber que una mirada positiva sobre uno mismo y sus obras es el factor que más induce a ver oportunidades y aprovecharlas.

Dice Carl Jung: "Solo se volverá clara tu visión cuando puedas mirar en tu propio corazón. Porque quien mira hacia fuera sueña y quien mira hacia adentro despierta".

Cuando existe una tendencia a sobrevalorar las dificultades o los defectos, sin valorar las propias capacidades, la visión de uno mismo hace que nos sintamos insatisfechos. Si esta forma de pensar es general, nuestras actuaciones van a estar sesgadas y actuaremos con temor o pobreza. Habrá más posibilidades de repetir los errores y de que los rendimientos sean muy básicos.

Una parte de nuestra fotografía personal tiende al crecimiento y al disfrute de la vida. Otra, lleva a la queja, la crítica desmedida, la pasividad, el aburrimiento o la agresión descontrolada. Ambas partes forman nuestro mundo interno. Un mundo con el que hay que trabajar constantemente, para que produzca ideas novedosas. Hacerlas florecer o no, depende en gran parte del accionar de las fortalezas propias y su valoración.

Para generar nuevos proyectos y hacer cambios, se necesita entrenar los mecanismos de apertura, ruptura y transgresión. Ellos son los que permiten usar en forma creativa nuestros talentos. En gran parte, eso dependerá del grado de valentía que posean la persona o la organización para enfrentar obstáculos y crear lo que necesita o sueña.

> La valentía es el motor esencial para activar la autoestima alta. Ser valiente, simplemente, es no tenerse miedo a sí mismo.

Dos propuestas para tener en cuenta

1. No dude: en cada momento del día, que su autocrítica sea menor que su autoestima.
2. Ame a la persona que usted es.

▶ Para el lector

Después de leer todas las propuestas y para elevar aún más su autoestima, prepare un plan semanal de acciones positivas. Estas tienen como objetivo aumentar su desempeño en los ítems donde considera que le hace falta mejorar. Luego ejecute las acciones y trate de evaluarlas. De acuerdo con los resultados obtenidos, prepare un nuevo plan de mejora.

Solo se trata de hacer estas prácticas semanalmente, y revisar los logros y errores.

Mantenga la actitud de volver a empezar... una acción, una y otra vez, después otra, cada día, con la conciencia de que siempre queda algo por hacer. Todo consiste en volver a empezar, volver a intentarlo. Estar siempre en movimiento y ahuyentar los pensamientos inhibitorios.

En su *Fausto*, Johann W. von Goethe dice:

*Y así a lo que está eternamente **en movimiento**,*
*a la enérgica **potencia creadora**,*
opones el frío puño del demonio,
¡que en vano pérfidamente se cierra!
*¡Trata de **comenzar otra cosa…**!*

Una experiencia traumática que avaló fortalezas propias

Eran las 9 horas de una mañana lluviosa. Raúl se sacó el abrigo, lo dejó sobre la silla y en ese instante lo llamaron. Su secretaria le dijo que el presidente de la compañía quería hablar con él. Tomó sus anteojos y fue rápidamente. Entró en la sala y saludó a los tres que se encontraban allí, uno por uno. Al terminar, los tres formaron un coro para decirle:

—No perteneces más a la empresa.

—¿Por qué? –preguntó él, desconcertado.

Le contestaron:

—Por muchas razones que no vale la pena detallar. Son órdenes de arriba.

Raúl sintió que solo le quedaba arreglar su salida lo mejor posible. No podía hablar ni pensar rápido. Sentía que en la espalda se había metido un filoso puñal y que su boca no producía ni una gota de saliva. A pesar del intenso dolor, pudo hablar y le concedieron todo lo que pedía. Cuando se levantó de la silla, le pareció que había perdido su identidad, su presencia, su inteligencia. Ahí le avisaron que en ese momento debía desaparecer del escenario, dejar allí su computadora, su auto y todo lo que por tantos años había sido su vida. Lo encontré a la salida, cuando se iba a su casa. Parecía un niño sin ropa que venía acobardado de una guerra sangrienta. Le pregunté si podía acompañarlo. Estaba destruido. No hablaba. Con el mejor amor que pude, soporté su silencio largo rato. Luego contó lo que pudo. De pronto le dije:

—Tu conmoción no es tanto por lo que pasó; sino porque lo que pasó te hizo dudar de tus espectaculares fortalezas. Piensa que hoy ellas están heridas, pero cuando se curen, serán nuevamente tus verdaderos créditos. Nunca te van a fallar. Esta frustración enorme, en poco tiempo, va a ser muy buena para ti. Va a permitir que uses esos créditos en otro contexto, donde vas a florecer mucho más que en el trabajo que dejas.

Hoy, a menos de un año de aquel día, Raúl es un reconocido consultor en una compañía de primer nivel. Lo más importante es que volvió a brillar, a mostrar lo que verdaderamente es. Su propio reconocimiento fue lo que direccionó rápidamente el camino nuevo hacia el éxito. Ahora, Raúl cuenta a todos su agradecimiento por lo que aprendió al atravesar la experiencia más dura de su vida. Tuve la suerte de acompañarlo como coach en la resurrección de sus fortalezas. Brindo por su confianza.

▶ Para el lector

- ∞ ¿Dónde es muy dependiente?
- ∞ ¿Dónde se anima a proponer nuevos modos de hacer las cosas?
- ∞ ¿Qué quiere explorar hoy?
- ∞ ¿Cuándo aparece su "personaje crítico"?
- ∞ ¿Qué lo inspira hoy?

Cómo promover el cambio y la innovación

Presentamos un circuito a seguir para encauzar cambios e ideas nuevas en una organización. También puede ser útil para programar mejoras y realizarlas.

1. Crear la visión: una imagen clara de lo que tendría que llegar a ser el grupo, la organización y sus productos. Se basa en fines y valores.

2. Comunicar a los demás la visión: fundamentalmente a las personas que van a ser conducidas para lograr cambios o innovación.

10. Hacer "pruebas piloto" para evaluar, y ordenar las mejoras.

3. Crear proyectos y planes de mejora para llegar a la visión concentrándose en lo realmente importante.

9. Evaluar y medir los factores clave que producen aciertos y errores. Hacer seguimiento y control de planes.

Acciones básicas para promover y sostener el cambio y la innovación en una organización.

4. Identificar y analizar la brecha existente entre la visión y la situación actual: corroborar mediante datos reales y veraces.

8. Entrenar en las competencias clave que conduzcan hacia la visión estipulada.

5. Habilitar una política de comunicación clara y precisa para comunicar los cambios.

7. Motivar a los demás: delegar, supervisar, informar, comunicar. Tener la autoridad para hacerlo.

6. Desarrollar un grupo o equipo responsable para hacer los cambios que se necesitan.

Inventar y cambiar no son tareas fáciles. Menos aún en organizaciones numerosas. Durante estos procesos, por lo general aumentan los conflictos y se reduce la participación entre los miembros del grupo. Surgen más conflictos y errores que los habituales.

El cambio y la innovación no se presentan como acciones económicas en el corto plazo. Son muchos los esfuerzos de todo tipo que se necesitan para realizar las mejoras, incluir nuevos productos, cambiar procedimientos habituales, trasladar funciones, modificar el liderazgo, anular productos que en otros tiempos han sido exitosos, suprimir personal, intentar abarcar mercados, fusionar equipos, etcétera.

Solo cuando después de algún tiempo la confusión se aclara, llega la calma y se comienzan a ver los resultados positivos de las transformaciones implementadas. Vuelve la seguridad y nuevamente se instala el bienestar y se disfruta de los buenos resultados.

Excesos que inhiben el flujo creativo

Los impulsos espontáneos de transformación, cambio o innovación son inhibidos por el uso excesivo e incontrolado de algunos patrones de pensamiento. Son cuatro adicciones que están presentes en todas las culturas.

Las personas y las organizaciones se paralizan cuando practican demasiado el **perfeccionismo**, la **crítica**, la **ambición desmedida de claridad** o **sentimientos demasiado intensos** de considerar valores negativos como positivos.

> Los excesos inhiben la valentía para avanzar y atravesar diferentes momentos del proceso de cambio. Obstruyen los deseos y las necesidades. No dejan ver las metas. Anulan el impulso de volver a empezar. Castigan o sancionan, hasta con crueldad, los errores cometidos en las nuevas experiencias. No permiten que los "sueños de vida" guíen hacia lo nuevo.

Constituyen verdaderas barreras que entorpecen o lentifican la llegada a los destinos más deseados. Generalmente provienen de imágenes superyoicas o parentales instaladas en los primeros estadios del desarrollo. Son verdaderos patrones morales que restringen el flujo creativo.

Dice Arthur Schopenhauer en *Los dos problemas fundamentales de la ética*: "Aun cuando no exista un motivo preciso, soy presa permanente de una inquietud violenta que me hace ver y sospechar peligros donde no existen, pues magnifica el menor contratiempo y dificulta al extremo las relaciones con la gente [...]".

Muchas veces se observa exceso de perfeccionismo en personas que son primeros hijos en la constelación familiar. Parece que hubieran instalado en su infancia patrones como: "Serás premiado si cuidas muy bien a tu hermanito", o "Debes ser el mejor porque eres más grande, tu hermano puede equivocarse pero tú no, porque eres grande". Estas y otras apreciaciones quedan grabadas en forma rígida y el adulto las sigue usando para ordenar su mundo, como lo hacía cuando tenía solo seis o siete años de vida.

Lo que puede suceder con los excesos que inhiben el flujo creativo

- Obstaculizan la visión de la oportunidad y el peligro.
- Llevan a desintegrar o parcializar la realidad.
- Impiden flexibilidad y fluidez en los avances.
- No promueven cambios, o simplemente los detienen.
- Hacen pensar demasiado sobre lo que "los otros" van a opinar de nuestro desempeño.
- No incitan a la reflexión, la observación, el cálculo o la consideración real "del otro".
- Obstaculizan la visión global de problemas y soluciones.
- Provocan inquietud no proactiva frente a los problemas.
- Generan expectativas elevadas sobre uno mismo que paralizan los intentos de innovación o cambio.

EXCESOS INHIBITORIOS

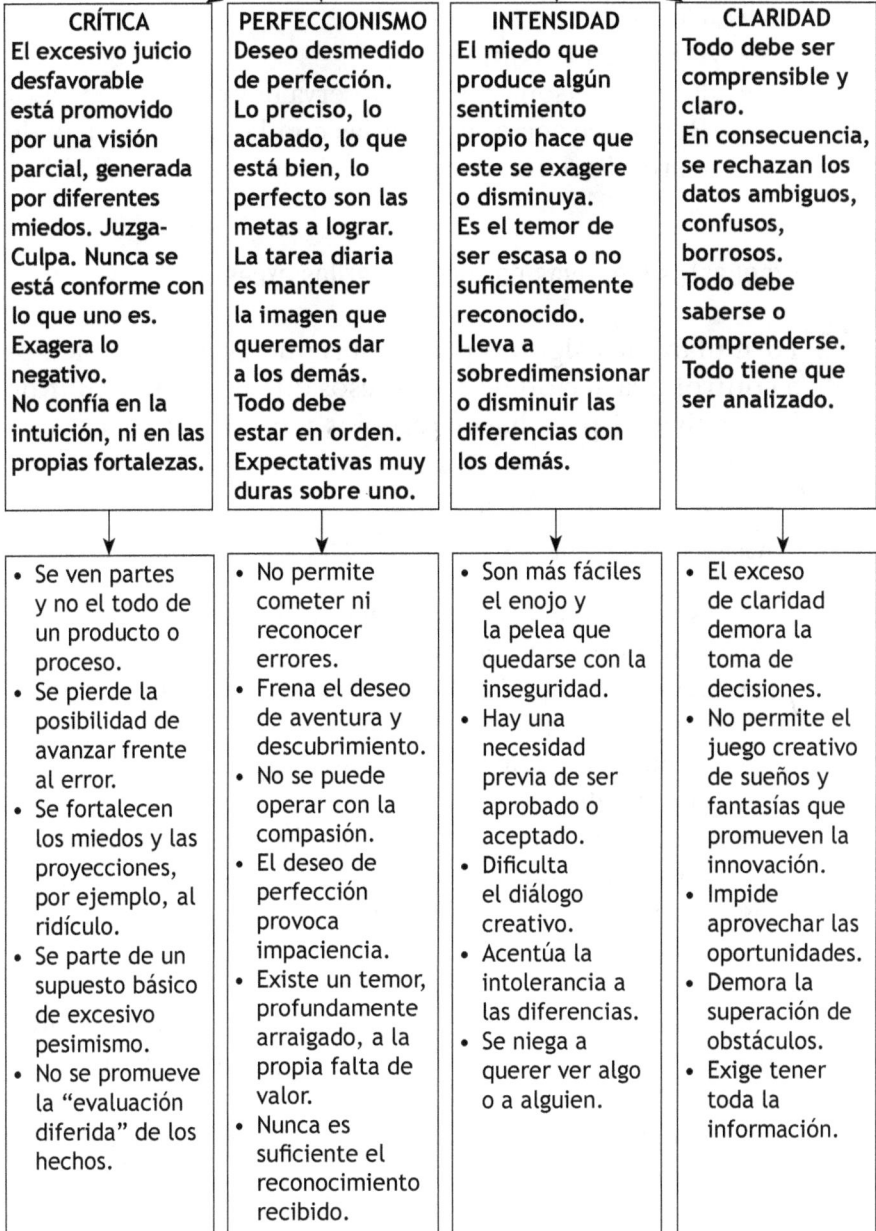

CRÍTICA	PERFECCIONISMO	INTENSIDAD	CLARIDAD
El excesivo juicio desfavorable está promovido por una visión parcial, generada por diferentes miedos. Juzga-Culpa. Nunca se está conforme con lo que uno es. Exagera lo negativo. No confía en la intuición, ni en las propias fortalezas.	Deseo desmedido de perfección. Lo preciso, lo acabado, lo que está bien, lo perfecto son las metas a lograr. La tarea diaria es mantener la imagen que queremos dar a los demás. Todo debe estar en orden. Expectativas muy duras sobre uno.	El miedo que produce algún sentimiento propio hace que este se exagere o disminuya. Es el temor de ser escasa o no suficientemente reconocido. Lleva a sobredimensionar o disminuir las diferencias con los demás.	Todo debe ser comprensible y claro. En consecuencia, se rechazan los datos ambiguos, confusos, borrosos. Todo debe saberse o comprenderse. Todo tiene que ser analizado.
• Se ven partes y no el todo de un producto o proceso. • Se pierde la posibilidad de avanzar frente al error. • Se fortalecen los miedos y las proyecciones, por ejemplo, al ridículo. • Se parte de un supuesto básico de excesivo pesimismo. • No se promueve la "evaluación diferida" de los hechos.	• No permite cometer ni reconocer errores. • Frena el deseo de aventura y descubrimiento. • No se puede operar con la compasión. • El deseo de perfección provoca impaciencia. • Existe un temor, profundamente arraigado, a la propia falta de valor. • Nunca es suficiente el reconocimiento recibido.	• Son más fáciles el enojo y la pelea que quedarse con la inseguridad. • Hay una necesidad previa de ser aprobado o aceptado. • Dificulta el diálogo creativo. • Acentúa la intolerancia a las diferencias. • Se niega a querer ver algo o a alguien.	• El exceso de claridad demora la toma de decisiones. • No permite el juego creativo de sueños y fantasías que promueven la innovación. • Impide aprovechar las oportunidades. • Demora la superación de obstáculos. • Exige tener toda la información.

▶ Para el lector

- ¿Cuál es su exceso preferido?
- ¿De quién lo copió?
- ¿En qué persona cercana observa hoy el mismo exceso?
- ¿Reconoce acciones propias con las que haya bajado sus rendimientos por causa de su exceso preferido?

Propuestas creativas para controlar los excesos

Formularemos algunas propuestas que ayudarán al lector a controlar la acción de los excesos que inhiben el fluir de la creatividad para hacer cambios y producir ideas novedosas.

1. Reflexione y conteste la siguiente pregunta: ¿quién soy yo?

- Escriba siete respuestas distintas para esta pregunta en diferentes papeles.
- Ordene luego las respuestas según la importancia que tengan para usted.
- Tome la que considera menos importante y despréndase de ella.
- Luego, siga haciendo lo mismo con las otras hasta quedarse con una.
- Después, reflexione sobre cómo llegó a sus cualidades esenciales.

Basado en los resultados, organice un plan de mejora para una semana, respetando solo lo que dice el papel elegido.

La pregunta apunta a sanear las imágenes equivocadas que cada uno tiene de sí mismo. En consecuencia, podrá buscar posiciones más realistas y esenciales de su propio yo en la actualidad. Esto será muy importante para poder visualizar el punto de partida del proceso de cambio que anhela.

2. Practique la frase: "No culpar ni juzgar"

Todos los días renuncie a la tendencia ineludible de "juzgar a los demás". Por lo general, ella proviene de modelos rígidos de pensar y también de la falta de experiencias de vida. Esta conducta impide quedarse en uno mismo y reconocer las propias y verdaderas fortalezas y debilidades.

Dice Anselm Grün en *Si aceptas perdonar, te perdonarás*: "Quien no sea capaz de enfrentarse decididamente con sus sombras, las proyecta sobre los demás".

Tendemos a estar atentos a lo que los otros hacen, dicen o piensan. Nos distraemos con eso en lugar de conectarnos con nuestro interior.

Trate de controlar, solo tres veces durante el día, **su tendencia a culpar y juzgar a los demás en forma irracional**. Usted comprobará rápidamente cómo amplía su manera de percibir el entorno y aprovechar mejor lo que este le ofrece con abundancia.

3. Busque todos los días la soledad y el silencio

Son estados óptimos para generar ideas innovadoras valiosas. Su práctica diaria es muy importante para crear disponibilidad y apertura hacia lo nuevo, lo difícil o lo que hasta ahora parece imposible. En el silencio la mente se aclara y aumenta la potencia creativa. Produce verdaderas transformaciones a partir de la real toma de conciencia de uno mismo.

Dijo Pascal, en el siglo XVII: "Todo el infortunio del hombre procede de una sola cosa: no saber estar tranquilamente en su habitación".

- Planifique breves momentos de soledad, durante la jornada laboral de todos los días. Diez minutos son muy importantes.
- Viaje solo a lugares desconocidos.
- Elija y compre sin compañía.
- Viva solo, aunque sea por un período breve.
- Antes de dormir, recuerde todo lo que le sucedió durante el día, comenzando por lo último.
- Maneje su dinero con libertad.
- Analice situaciones conflictivas y decida sin consultar.
- Respete sus intuiciones.

Es importante conectarse con el **aquí y ahora** y avanzar con una **fuerte presencia** sobre la realidad. Estará bien recordar esto cada día para conducir los propios cambios. Resulta transformador también para quienes nos rodean.

Aconsejamos comprender y enseñar el siguiente texto milenario.

Practique sus enseñanzas, frente a las dificultades y las bondades que la vida le ofrece.

Téngalo bien a mano, en la mesa de luz, el baño, la cocina. Léalo algunas veces seguidas.

Todo tiene su momento y todo cuanto se hace bajo el sol tiene su tiempo.
Hay un tiempo de nacer y un tiempo de morir,
un tiempo de plantar y un tiempo de arrancar lo plantado.
Un tiempo de matar y un tiempo de sanar.
Un tiempo de destruir y un tiempo de edificar.
Un tiempo de llorar y un tiempo de reír.
Un tiempo de lamentarse y un tiempo de danzar.
Un tiempo de lanzar piedras y un tiempo de amontonarlas.
Un tiempo de abrazarse y un tiempo de separarse.
Un tiempo de buscar y otro de perder.
Un tiempo de guardar y un tiempo de tirar.

Un tiempo de rasgar y un tiempo de coser.
Un tiempo de callar y un tiempo de hablar.
Un tiempo de amar y un tiempo de aborrecer.
Un tiempo de guerra y un tiempo de paz.

Eclesiastés 3,1-8

Son muchos quienes creen que los cambios y las mejoras se producen en poco tiempo. No es así. Se necesita tiempo y discernimiento para instalar las bases de un cambio verdadero y eficaz.

CAPÍTULO 2

ACTITUDES CREATIVAS BÁSICAS

Lo que hay que entrenar para ser creativo

Existen ciertas **actitudes básicas** que promueven el desempeño creativo. Son disposiciones, creencias, estados de ánimo o ideas que generan talento para la innovación y el cambio. Estimulan la proactividad. Empujan los avances. Son previas a la acción y llevan a percibir la realidad de manera más global y completa. Generan gran apertura mental para aceptar y evaluar diferentes tipos de experiencias. Crean promociones, encuentran negocios, toman decisiones, publicitan productos, transforman relaciones, cambian posiciones.

Todas las actitudes del ser humano conducen a una forma especial de acción, ya sea visible o invisible. Ellas dirigen las necesidades e intereses y actúan como verdaderas guías de conducta. Al entrenarlas mejoran el desempeño creativo con rapidez.

Dice William James en *Principios de psicología*: "La mayor evolución de nuestros tiempos es haber descubierto que al cambiar las actitudes internas de sus mentes, los seres humanos pueden cambiar los aspectos externos de sus vidas".

Estas actitudes específicas generan espontaneidad y flexibilidad. Controlan la tendencia natural hacia el encasillamiento y la crítica excesiva. Permiten detectar y aceptar los problemas con mayor amplitud, y proponer alternativas más originales para resolverlos. Ayudan a desarrollar ideas nuevas, alientan a reconsiderar los errores y a rediseñar o mejorar procedimientos y objetivos. Permiten percibir más gestálticamente los estímulos que la vida propone y aprovecharlos mejor.

Se observan muy fácilmente en personas o grupos que, mediante un entrenamiento disciplinado, han logrado un buen nivel en el manejo de cambios productivos.

Se relacionan entre sí y construyen una estructura psíquica muy dinámica que permite la generación de cambios e ideas innovadoras sustentables.

Construir y destruir es un proceso único

Es clave valorar y aceptar simultáneamente la acción de construir y la de destruir para alcanzar ideas y soluciones creativas con éxito. Lo más indicado es poder desarmar, desarticular, cambiar o directamente anular tanto percepciones como objetos, recuerdos, bienes o pensamientos. Tal como el escultor que hace un boceto, luego amasa, corta, tira, une, mientras va de la propuesta original hacia otras que le aparecen en el camino.

Abandonar el ayer es muy importante para el desarrollo, tal como metafóricamente lo dice Peter Drucker.

Tomar la decisión de cambiar o transformar no es nada fácil. Aumenta el estrés y produce desasosiego. Hay que atravesar un vacío ineludible; lo viejo ya no es útil y lo nuevo no se ve con claridad, aunque se vislumbren los beneficios que puede brindar. Coexisten sentimientos desencontrados, difíciles de tolerar.

La destrucción puede llegar a confundirse con la construcción. Ambos procesos se complementan y se unen. Describen durante su desarrollo una elipse y en algún punto se tocan. Desarmar una empresa mientras se está pensando en construir otra; poner en funcionamiento un equipo de trabajo en forma eficiente cuando más de la mitad de sus integrantes tienen problemas; tratar de llegar a un objetivo mientras intuimos que ya debemos cambiarlo por otro; tener una relación amorosa cuando aún no ha terminado la anterior; hacer la mudanza de un depósito cuando al mismo tiempo se está entregando mercadería.

La vida y la muerte son dos maneras de contemplar la misma situación. Ambas visiones ponen en juego una serie de fuerzas básicas para destruir lo viejo y construir lo nuevo en forma simultánea.

Muchas empresas exitosas del mundo tuvieron que hacer numerosas maniobras destructivas para crecer o sobrevivir.

El desaliento, la disconformidad y la desconfianza son sensaciones importantes que anuncian o indican cambios. Permiten poner en funcionamiento mecanismos como destruir, dejar, apartar, romper, olvidar. Esto produce miedo, ansiedad o culpa. Conecta con el caos, el desorden, la falta de equilibrio y la inseguridad. En esos momentos es importante vislumbrar una meta proactiva, creer en ella y hacer acciones en esa dirección.

También es muy común que durante el proceso destructivo aparezcan intensos deseos de reparar o recomponer, y esto es algo muy positivo. En *La valentía de crear*, Rollo May dice: "Siempre que se produce la irrupción de una idea significativa en las ciencias o el arte, la nueva idea ha de destruir lo que muchos creen que es esencial para la supervivencia de su mundo espiritual e intelectual. Este es el origen de la culpa en el trabajo creativo genuino. Como observó Picasso: 'Todo acto de creación es, en principio, un acto de destrucción".

La irrupción de una idea novedosa siempre trae una fuerte dosis de ansiedad, excitación y desasosiego.

Un empresario que quiere vender su negocio de ropa y piensa en comprar uno de comida dice textualmente: "Con la idea nueva no solo se desbarató mi trabajo anterior, sino que al mismo tiempo hizo estremecer mi relación con el trabajo en general. Me encuentro en un momento en el cual tengo que buscar nuevos argumentos sobre algo que hasta ahora no conozco".

No hay posibilidades de hacer innovaciones significativas sin destruir ideas, imágenes o sensaciones anteriores. Esto crea una fuerte impresión de incertidumbre. A veces, ante nuevas ideas para el desarrollo de algún producto, los empresarios anteponen el peso de un presupuesto inamovible, que no les permite ni siquiera escuchar la idea sugerida. Esto impide la posibilidad de trabajar en el camino de la innovación o la mejora. Hasta los propios responsables de dichas ideas no quieren hacerse cargo de ellas y, en forma consciente o inconsciente, buscan boicotearlas. Otro ejemplo frecuente son las dificultades que se presentan cuando deben hacerse cambios en productos que todavía pueden llegar a tener buenos años de vida útil.

Frente a una propuesta innovadora, suelen escucharse frases como estas:

- Nuestros productos fueron los primeros en venta. Aunque hoy no se vendan tanto continúan siendo los primeros en calidad.
- Mi abuelo construyó todo esto con lo que dio el negocio, y jamás pidió un crédito para sacar un nuevo producto.
- Nunca encontraré un hombre con las cualidades de mi marido. Mi compañero de hoy no es generoso. El anterior tampoco y además, cuando podía, mentía.

Cuando el rendimiento tuvo éxito, aunque sea en épocas o circunstancias pasadas, resulta difícil modificar la posición mental lograda. Parece que todo se hubiera perdido. La nostalgia de tiempos gloriosos impide ver la realidad y cambiar efectivamente lo que es necesario modificar.

Relato que muestra la resistencia al cambio

María es una mujer muy inteligente, de 45 años, que se resiste a los cambios. Tuvo mucho éxito durante diez años como socia en una empresa de colectivos. La abandonó por reiterados problemas en la relación con su socio.

Después, tuvo varios años de fracasos comerciales en diferentes emprendimientos. Quería abrir una nueva empresa, similar a la anterior. No pensaba, ni quería, hacer el mínimo análisis de la situación comercial del rubro en la actualidad ni sobre los recursos disponibles. Por ejemplo, se resistía a evaluar:

- Estudios de mercado.
- Recursos actuales, reales o probables.
- Posibilidad de conseguir proveedores, oficina, empleados.
- Visión de la nueva organización.

No podía desprenderse del éxito laboral anterior. Sencillamente quería trasladar sus buenos recuerdos al próximo emprendimiento. Era como si en el tiempo transcurrido no hubiera pasado nada en el país, en el mercado, en ella misma y en los recursos disponibles. Dejar ir el pasado constituye un proceso que requiere reflexión, tiempo, energía y voluntad.

> La actitud proactiva implica estar preparado tanto para destruir como para construir. La idea original y su posterior desarrollo exigen la presencia de una actitud de avance. Esto hace escuchar y ver en forma selectiva los estímulos del mundo externo actual a fin de escoger los que sean útiles para el desarrollo de la nueva idea.

▶ Para el lector

☞ ¿Dónde fue más creativo este año?

Respetar y sostener la idea innovadora

Lo distinto, lo singular, lo único, lo especial son verdaderos regalos para los sentidos en medio de tanto consumismo y la abrumadora especialización del conocimiento que nos rodea. Cuando aumentan el conocimiento y la pericia, disminuye la capacidad de producir ideas innovadoras.

Reunir personas que tengan capacidades e intereses diferentes, que practiquen la libertad de ideas y se permitan inventar, resulta muy conveniente para fomentar la innovación.

> No crear aquello que vislumbramos es una traición a la autoestima.

Dice Rollo May, en su obra *La valentía de crear*: "Si no expresas tus propias ideas originales, si no encuentras tu propio ser, te habrás traicionado a ti mismo".

Cuando damos una respuesta inusual a otro, tal vez estemos destruyendo arraigados esquemas y rutinas. Seguro que la va a criticar. El estímulo diferente es lo que desestabiliza.

Si verbalizamos un miedo no común, algunos pensarán rápidamente que somos muy temerosos. Si expresamos sinceras debilidades, opinarán que somos frágiles. Si proponemos una idea transgresora, dirán que somos raros, y así podríamos continuar al recordar historias personales en las que las opiniones de los demás, acerca de alguna idea novedosa propia, afectaron nuestra seguridad. El otro siempre tiene a mano su faceta crítica.

> Para que los demás respeten lo que pensamos o deseamos, es necesario tener firmeza en lo que hacemos y decimos. Al crear lo nuevo, a veces no contamos con dicha fortaleza. Es una debilidad que hay que reconocer y combatir lo más rápido posible si se quiere innovar.

No es fácil que la idea original logre un alto grado de reconocimiento o éxito en forma inmediata. Y esa es una de las razones por las que se pierden muchas ideas realmente geniales.

El afán de juzgar o calificar de los demás es lo que suele llevarnos a tomar decisiones, sin dar aviso previo o participación alguna.

> Respetar las ideas originales propias nace de la posibilidad de consi-
> derarnos únicos y de tener la valentía de sostener esta actitud frente
> a la vida.

Relato de una experiencia inolvidable

Hace unos años me encontraba con una colega en Sausalito, California, Estados Unidos, camino a Steell Heard para realizar una convivencia con Ángeles Arrien. El vehículo que tenía que recogernos en el aeropuerto no llegó. Entonces resolvimos tomar un taxi para llegar al destino por cuenta propia. La noche cerrada nos sorprendió en medio de un bosque y el taxista que nos conducía no quiso continuar el viaje. Divisamos un modesto hotel y allí nos alojamos. A la mañana siguiente nos dimos cuenta de que no teníamos posibilidades de continuar, ya que allí no habían taxis, ni buses, ni bicicletas. Intentamos que alguien nos llevara, pero nadie paró. Después de casi dos horas, por fin se detuvo una camioneta. Su conductor aceptó llevarnos siempre y cuando lo ayudáramos a doblar y repartir diarios por las casas de los clientes de su recorrido. Aceptamos el desafío, pero nos llevó tres horas llegar a nuestro destino cuando el trayecto era de solo 30 minutos.

Es probable que de haber rechazado esa opción, absolutamente desconocida para nosotras, todavía estaríamos esperando en aquel frondoso bosque de San Francisco.

¿Se preguntó usted, por ejemplo, cómo organizaría una reunión familiar sin recurrir a las diversiones habituales que ofrece el modelo consumista?

Las respuestas podrían ser desde jugar a los fantasmas, sembrar maíz, caminar por la vereda recién mojada por la lluvia, hasta volar en helicóptero, amasar panes, contar historias personales, jugar al ping pong o visitar a un pariente lejano. Absolutamente todo podría entrar en el campo de lo posible si se permitiera valorar su imaginación. Ella es quien, en definitiva, enseña a vivir en libertad y amplía las

fronteras del repertorio de respuestas habituales. Invente...
Sueñe... Imagine...

La resolución original de un problema surge de la relación entre la aceptación del desafío y la puesta en acción de los propios talentos imaginativos o racionales.

El ejercicio y el respeto por la originalidad exigen tener coraje, lo que en última instancia es **perder los miedos**. Ellos son, básicamente:

- A nosotros mismos
- A ser criticados
- A perder a alguien o algo
- A no ser reconocidos
- A perder el tiempo
- A dañar a alguien

- A no ser el mejor
- A perder el lugar
- A ser abandonados
- A perder la cabeza
- Al ridículo
- A ser culpados

Todos entorpecen la aparición de la respuesta original, la demoran, o directamente la inhiben.

Imaginemos que acampamos en medio del desierto, tenemos muchísima sed pero no contamos con ningún recipiente para beber el líquido. La opción puede ser una escupidera aún sin usar. Es difícil realmente deshacerse del efecto que connota la imagen, pero también es imperiosa la necesidad de beber. Por fin, esta vence y logra transformar la escupidera en un recipiente para el líquido.

Es importante estar preparado para producir una idea original y desarrollarla. Al principio parece confusa, borrosa, difícil de explicar, débil ante la crítica de los demás. A veces hasta es necesario ocultar esta protoidea, para que no muera antes de que se encuentre una manera de plasmarla.

> El éxito creativo depende de la capacidad para atender las necesidades, respetar los talentos y tener apertura óptima frente a los infinitos estímulos que la vida ofrece a cada instante. Se trata de ser auténticamente libre.

Un relato difícil de contar

Era invierno. Hacía mucho frío. Estaba coordinando con mi equipo una experiencia en la Sala Audiovisual del Museo Nacional de Bellas Artes, en Buenos Aires.

Estábamos con unos cien participantes. Luego de un momento de caldeamiento, dimos la consigna de que, sin hablar, se dividieran en grupos para jugar. El juego consistía en hacer, con telas de 20 y 30 metros de largo, movimientos creativos que tuvieran sentido.

En el momento de mayor excitación, comenzó a sonar una chicharra. Intempestivamente y sin que nadie se diera cuenta, seis bomberos entraron a la sala y me comunicaron que había un incendio. Debían apagarlo. Efectivamente, miré hacia arriba y pude ver que algunas luces estaban en llamas.

Era imposible sacar bruscamente a las personas del clima en que se encontraban sin que se produjese un verdadero desastre. Entonces, les pedí a los bomberos que esperaran unos minutos para evacuar el lugar. Accedieron con bastante desconfianza.

Asumiendo varios riesgos, tomé una decisión. Con diferentes consignas, fui disminuyendo rápidamente la intensidad de la actividad. Luego pedí a cada grupo que se desplazara al pasillo contiguo en silencio y sin perder el estado de concentración en que se encontraban. Allí había una muestra retrospectiva de Raquel Forner, reconocida artista plástica argentina.

Una vez allí, propuse que, por grupos, se ubicaran frente a cada óleo y lo observaran. Luego pedí que conversaran entre ellos para encontrar alguna relación entre lo que habían estado creando antes de abandonar la otra sala y la obra. Después, cada grupo expresaría verbalmente las principales ideas surgidas.

Los participantes llegaron a obtener una producción creativa de altísimo nivel, gracias a los estímulos aportados por Forner y la táctica implementada ante la emergencia.

Los bomberos apagaron el incendio sin dificultad. Nadie se enteró de lo ocurrido. Por suerte, pudimos pasar de un siniestro a algo maravilloso, abriéndonos a una realidad que se impuso autoritariamente sin dar explicaciones ni tiempo.

Estar abierto para recibir

Ser sensible a las necesidades, los problemas y sentimientos de los demás, a la naturaleza y a las circunstancias es estar preparado para recibir.

Una persona es como una computadora. Ingresa datos por sus órganos sensoriales: oídos, ojos, piel, boca, nariz. Luego los procesa en el cerebro, de acuerdo con la fidelidad de sus percepciones.

> La sensibilidad es el punto de partida y de llegada del camino que hacemos desde nosotros hacia la realidad que nos rodea. Ella brinda un estado óptimo de alerta que permite tanto concentrarse como trasladar la atención cuando sea necesario.

El proceso está relacionado tanto con los estímulos como con nuestra propia historia personal que los recibe. Esto lleva a descubrir diferentes situaciones, objetos, relaciones y problemas, tras despojarlos de su cubierta aparente.

El célebre pintor Paul Gauguin decía: "Cierro los ojos para ver".

La sensibilidad es una sólida garantía para comprender y percibir en forma global los problemas, las soluciones y las ideas novedosas. Con esa aptitud pueden hacerse reconocimientos inteligentes de movimientos, olores, posiciones, ruidos y desplazamientos de todo tipo en el momento preciso en que ocurre determinado acontecimiento. Hacer un registro racional y emocional de cualquier suceso así como de su verdadero significado. Para lograrlo, es necesario mantener una actitud perceptiva abierta, en lugar de una actitud irracionalmente crítica.

Dice Alexander Lowen en su obra *La experiencia del placer*: "La sensibilidad está determinada por la respiración y el movimiento [...]. Estar vivo es respirar profundo, moverse con libertad y sentir plenamente".

Este estado promueve la aparición de diferentes visiones útiles para producir cambios y avanzar con seriedad hacia los objetivos propuestos, y generar ideas novedosas.

> Las personas que practican diferentes formas de sentir, percibir, intuir y visionar son verdaderos capitanes en momentos de crisis. Ven claramente el escenario, sin obstrucciones.

Distinguen con acierto el contenido del continente, el envase de lo que está en su interior, un desarrollo aparente de uno verdadero. Siempre están interesados en ampliar informaciones y recibir datos para luego utilizarlos en hacer elaboraciones novedosas e inteligentes.

> Abrir la puerta a todo es lo opuesto a tener todo bajo control.

Esta actitud permite descubrir la realidad y pensar en transformarla. Todo puede servir alguna vez para algo... Este es un punto de vista que proporciona flexibilidad y refuerza la capacidad de indagar. Al estar abierto, pueden recibirse diversas influencias y aprovechar las mejores oportunidades.

Si empezamos a trazar límites rígidos, excluir o disociar, estamos dando la espalda a una realidad que generosamente se ofrece como una totalidad y nos invita a aprender un poco más cada día.

Muy bien lo expresa Joseph Jaworski en su obra *Sincronicidad*: "En lugar de controlar mi vida, aprendí lo que significa dejar que la vida fluya a través de mí. Cuando no se controla, las subidas y bajadas son más intensas y se corren más riesgos".

Estar abierto es poder dominar todo tipo de miedos y prejuicios frente a lo nuevo o lo diferente. Pueden aparecer contenidos buenos, malos, sombríos o luminosos. Otorga la posibilidad de seleccionar y elegir lo mejor. El término "sabiduría" viene de "saborear", tanto lo bueno como lo malo. Estar abierto implica recuperar la mirada limpia de nuestro niño interior, que se maravilla o asombra ante lo desconocido o misterioso.

Relato breve de Sofía con la araña

Era una tarde fría de agosto. Iba por la calle con mi nieta Sofía, que acababa de cumplir siete años. De pronto, encontró una araña sobre la vereda. Era tan pequeña como la uña de un dedo de su mano. Se propuso jugar con ella y la empujaba con su pie; la araña respondía a sus movimientos de muy diferentes maneras. Se escondía, se quedaba quieta, se daba vuelta, se encogía o escapaba velozmente.

Así pasamos más de una hora, hasta que Sofía dijo: "Nunca pensé que un animalito tan pequeño pudiera luchar tanto para vivir. Hizo de todo y no se cansó de intentar, tampoco se murió.

Al escucharla me sorprendí y pensé: "¡Cuánta atención puso Sofía en la araña! ¡Qué presencia en lo que hacía! ¡Qué aprendizaje importante para su vida!".

Era nada más que el resultado de estar abierta para ver los recorridos de la araña, concentrarse en ella, investigar sus conductas y valorar los resultados.

Los niños tienen la noble actitud de la apertura. Lástima que la escuela, en cuanto puede, la combate con gran determinación.

> La apertura hacia nuevos puntos de vista surge de una real inmersión en la situación presente. Esto lleva a conocer diferentes formas de vivir y de ver el mundo. Provoca miradas nuevas y anula la aparición de las miedosas o prejuiciosas, que fragmentan y califican la realidad.

Para ser creativo hay que alejarse de los prejuicios, las certezas o los planes rígidos. Acercarse a lo que se presenta en el aquí y ahora, sin proyectar visiones personales críticas y rigurosas sobre lo nuevo o diferente.

Podemos visitar por primera vez una ciudad de dos maneras: en una excursión o en forma libre. En la primera estamos programados y dirigidos, seguramente que no hay lugar para tener iniciativas, cambiar o realizar algo inesperado, salir del orden o simplemente hacer la experiencia de perderse para luego volver a encontrar el rumbo.

Con la segunda opción somos más libres, cambiamos metas durante la travesía, exploramos las novedades, valoramos más lo insólito. Sin duda que así mantenemos el entusiasmo por conocer y aprender. Crece el potencial creativo a causa de la apertura ante los desafíos.

La verdadera apertura personal se logra mediante el desapego, que debemos practicar sobre lo conocido. Se trata de desaprender lo aprendido, que es mucho más difícil que aprender algo nuevo.

> Estar abierto significa percibir ampliamente. Sin conceptos previos, ni juicios o temores.

Percibir, seleccionar y tomar decisiones sobre los estímulos externos es nuestra tarea diaria.

> Para hacerla, tenemos que perder un poco nuestras identidades como hija, padre, filósofo, empleado, marido o líder. Se trata de lograr una identidad múltiple y móvil, que permita el traslado con comodidad de una experiencia a otra, de un punto de vista a otro, de una sensación a otra...

Entonces estaremos preparados para enfrentar nuevas realidades, nuevos problemas y metas, así como para descubrir un potencial creativo que a veces ni sospechábamos que poseíamos.

La apertura es una actitud importante para poder lograr nuevos mapas, si es que en realidad queremos descubrir nuevas tierras. Esto es válido tanto para una persona, como para un grupo o una organización. Hoy, a causa de la globalización, el avance de la tecnología y la velocidad de las comunicaciones, todos estamos forzados a abrirnos a la diferencia, a lo inusual y a lo ambiguo en forma rápida e intempestiva.

En la actualidad, para estar en la vanguardia, es imprescindible que los empresarios:

1. Se permitan miradas libres de prejuicios sobre productos, servicios o tendencias.
2. Conozcan y evalúen el mercado con frecuencia y sin críticas subjetivas.
3. Acepten las enormes diferencias que ofrece el personal en su desempeño diario.
4. Consideren los más diversos puntos de vista de los problemas que se presentan.
5. Amplíen en forma creativa el uso de los recursos disponibles.
6. Generen productos y procedimientos diferenciados.
7. Promuevan la constante formulación de nuevas ideas.
8. Ofrezcan variadas soluciones para un mismo problema.

Estar abierto amplía el horizonte del conocimiento, las relaciones humanas, el futuro, el propio crecimiento y el de los que nos rodean. Para lograrlo es imprescindible olvidar el apego a sí mismo y tolerar el vacío de ideas que se produce como consecuencia.

Paul Auster, en su novela *Mr. Vértigo,* dice: "Todo ser humano es capaz de duplicar las hazañas que yo realicé [...]. Tienes que aprender a dejar de ser tú mismo. Ahí es donde empieza y todo lo demás viene de ahí. Debes dejarte evaporar. Dejar que tus músculos se relajen, respirar hasta que sientas que tu alma sale de ti, y luego cerrar los ojos. Así es como se hace. El vacío dentro de tu cuerpo se vuelve más ligero [...]".

▶ Para el lector

  ❧ ¿Dónde ha estado más abierto este año?
  ❧ ¿Qué debe dejar ir?

Dejar fluir la reserva personal

Las personas y las instituciones, a lo largo de su historia, van acumulando gran cantidad de ideas, éxitos, sueños, experiencias, frustraciones, sensaciones, imágenes e intuiciones. Pueden llegar a relacionarse o combinar de las más diversas formas, y producir conexiones creativas interesantes. Se reacomodan recuerdos y se usan de múltiples maneras o con nuevos propósitos.

Muchas veces, las ideas creativas valiosas no se usan para prever o resolver los problemas. Generalmente estamos apurados, cerrados o simplemente deseamos obtener resultados rápidos y fáciles. Entonces, no generamos las condiciones ni los terrenos propicios para hacer asociaciones. Esta acción exige serenidad, posibilidad de espera, quietud y concentración. Al no hacerlo, desperdiciamos la memoria cultural heredada de varias generaciones.

Cuando permanecemos abiertos frente a cada suceso o estímulo, vamos almacenando cada vez más y mejores datos. Luego, nuestra computadora interna los procesará ante cada nueva experiencia de cambio.

Es muy frecuente oír frases como estas: "No sé de dónde me surgió la idea". "No me explico cómo pude hacerlo." "Apareció un ángel." "Simplemente recordé."

Cada uno lleva un maletín de plomero, puede sacar de él y usar la herramienta que necesite para hacer un arreglo o aprovecharla según lo que se presente.

> La conexión creativa liga datos pasados y presentes, reales e imaginarios, claros y confusos para producir una nueva idea original, un nuevo plan, una mejora o un producto genial.

Un relato de trabajo

Una artista plástica no se arriesgaba a presentar una muestra ni a dar clases de pintura. Logró concretar esas metas en solo seis meses de entrenamiento. A pesar de que contaba con una experiencia laboral muy completa, no se sentía capacitada para enfrentar los nuevos desafíos. La situación le ocasionaba gran angustia. Luego de entender su conflicto básico, le propuse ordenar un plan de trabajo con los recursos de que disponía y los que podía llegar a obtener.

Le faltaba conectar aprendizajes anteriores, abrirse a nuevas realidades y arriesgarse. Reconocer mejor el perfil de las necesidades de los futuros clientes y, sobre todo, valorar sus recursos personales. Así podría llegar a ofrecer buenos productos en las áreas deseadas.

Por fin logró hacer la muestra de pintura y también vender sus clases. La experiencia resultó exitosa en ambos rubros. Había aprendido a usar y mostrar sus poderosas fortalezas al enfrentar todo tipo de obstáculos.

Lo que sucedía era que estaba limitada en su capacidad de recordar, reconocer, asociar, ligar y transferir sus aprendizajes a la demanda de los clientes, ya fueran alumnos o compradores de obras.

> Las reservas que están adormecidas esperan en forma paciente los tiempos y espacios adecuados para actuar. Se combinan de las más variadas formas y producen soluciones, efectos y productos novedosos.

El mismo Paul Auster reflexiona en su obra *Experimentos con la verdad*: "Si uno piensa en una cosa el tiempo suficiente y con la suficiente profundidad, comenzará a repercutir en uno. Una vez que eso ocurre, se emiten ondas que viajan en el espacio y chocan con otras cosas, que a su vez emiten sus propias ondas. Es un proceso de asociación, y si uno lo mantiene en el plano de la conciencia acabará tocando con sus pensamientos grandes fracciones del mundo. Simplemente ocurre, pero uno tiene que estar alerta para que continúe ocurriendo".

Para asociar libremente datos es conveniente recibir y despedir la jornada diaria con un momento de relajación. Es importante respetar y profundizar los momentos de dolor y tristeza, donde se producen ricas combinaciones de datos que producen interesantes inspiraciones. Se debe estar atento para registrarlas, porque a veces estas inspiraciones son demasiado fugaces. ¡Anótelas! ¡No confíe en su memoria! Desaparecen muy rápidamente y es difícil que vuelvan...

Las culturas primitivas hacen diariamente un prolijo registro de relatos de historias. El hablador, charlatán o juglar recorre las aldeas contando sucesos que servirán a los pobladores para hacer ricas conexiones frente a oportunidades, dificultades o riesgos cotidianos.

En reuniones de gerentes, es notable ver cómo se encuentran diferentes caminos para la resolución de problemas cuando se asocian trabajos anteriores, se aportan datos sobre formas de superar obstáculos en empresas similares o diferentes, se buscan informaciones en otros países o se compara la resolución de un problema empresarial con uno de la vida familiar.

También observamos a diario que los mecanismos de cualquier negociación comercial son similares a los que se necesitan para conquistar con éxito a una mujer o un hombre. Ambas se encaminan mediante mecanismos esenciales: persuadir, ofrecer, persistir, manipular, seducir, pedir, etc. Se trata solo de recordar experiencias anteriores y luego generar las opciones creativas que sugiera el caso.

Terapeutas, conductores de grupo, religiosos o padres utilizan inteligentemente el relato de experiencias puntuales para provocar aperturas y conexiones creativas en sus seguidores.

El director de una empresa textil le dice a su equipo de gerentes: "Vengo de España. Estuve visitando Zara, una conocida y exitosa empresa que fabrica ropa de hombre, de mujer y de niño. Ahí, los ejecutivos visten mucho más juveniles que nosotros. Me gustó. Da una imagen más dinámica. Vamos a probarlo en nuestra empresa. La semana próxima, todos los que quieran usen jean, camisas de manga corta o remeras. Vamos a hacer la experiencia. Observen la reacción de los clientes".

▶ Para el lector

∽ ¿Qué lo inspira hoy?
∽ ¿A quién desea preguntarle por lo sucedido?

Reconocer fortalezas propias y ajenas

Reconocer fortalezas propias es el comienzo de todas las transformaciones. Cuando uno toma conciencia de que es apto, recién se decide a cambiar.

Dice Ralph Meztner en su obra *Las grandes metáforas de la tradición sagrada*: "1) La transformación evolutiva de la sociedad debe suceder primero en el individuo. 2) La transformación del individuo requiere una mirada hacia el interior, hacia uno mismo, una autotransformación [...]".

Conocer los activos y los pasivos indica el mejor camino para un avance exitoso. Casi todos tenemos un potencial importante. Pero algunos talentos no están desarrollados, por lo tanto, no disponemos de ellos.

Por lo general, nos estancamos al creernos menos de lo que somos, y dejamos que las oportunidades pasen, incapaces de alcanzar nuestras metas o sueños de vida.

> ¿Quién conoce sus fortalezas? Muy pocos... y casi nadie las usa a fondo. ¿Quién conoce sus debilidades? Muchos... y casi todos las sobredimensionan.

Estas son algunas maneras habituales de restringir el talento creativo. El desafío es tener confianza en las fortalezas propias y entrenarlas en forma disciplinada. Cuando perdemos conciencia de nuestras fortalezas, usamos los viejos patrones mentales restrictivos.

Relato original

Tuve la enorme suerte de entrevistar a Miguel Najdorf, el gran maestro argentino de ajedrez. Tenía por entonces 85 años y una memoria prodigiosa. Diariamente hacía el ejercicio de recordar los nombres de 250 personas de la guía telefónica, con sus respectivas direcciones y números. Para corroborarlo, me invitó a tomar la guía y pedirle los datos de alguna de esas personas. La sorpresa fue importante, porque al mencionarle más de treinta abonados, él respondió con sus teléfonos y direcciones en forma rápida y correcta.

Practicaba la memorización de datos como uno de los mecanismos imprescindibles para jugar al ajedrez. Sobre todo en sus famosas partidas simultáneas a ciegas, una reconocida especialidad por la que había logrado prestigio internacional.

¿Podría recordar otra persona lo mismo? La respuesta es sí. Él, de acuerdo con sus intereses, desarrolló una cantidad determinada de habilidades para conseguir tan importante desempeño. A otros, tal vez, no les interesará tanto esa meta. El maestro soñaba con ganar cada partida y a la vez ofrecer maniobras verdaderamente originales, que quedaran grabadas en la mente de sus seguidores durante años. Por eso se entrenaba tanto en mecanismos que luego usaba con gran éxito en el ámbito del juego que lo hizo merecedor de un reconocimiento unánime por su gran talento.

Para saber en qué queremos convertirnos, o en qué queremos convertir nuestro trabajo, primero debemos saber quiénes somos y cómo es nuestro trabajo.

La mayoría de las personas tiene una idea parcial de lo que son y de lo que podrían llegar a ser. Lo mismo ocurre con sus trabajos.

El vendedor coloca su producto en el mercado cuando los argumentos de venta son convincentes y veraces. Si se limita a relatar las cualidades del producto o engaña a su cliente, es probable que fracase la venta. Es imprescindible tener clara conciencia de las fortalezas y debilidades del producto. Después de este análisis, posicionar el producto y resistir la indagación del cliente es menos costoso. Las frases utilizadas por culturas milenarias sirven como mantras para hacer una "puesta a punto" de la autoestima, con respecto a los poderes desarrollados o paralizados. Aprenda el saludable hábito de traerlas a su memoria todos los días. Úselas en especial frente a las dificultades que se le presenten, y podrá constatar cómo lo conectan inmediatamente con sus auténticas fortalezas. Al pronunciar o recordar esas afirmaciones, automáticamente se convierten en motores de una valoración creciente.

Yo soy   Yo quiero   Yo merezco   Yo puedo

Dijo Henry Ford: "Están quienes creen que pueden hacer algo y quienes creen que no lo pueden hacer. Ambos están en lo cierto".

> Creer y crear: estos verbos tienen la misma raíz.
> También se relacionan en sus significados: sin creer no hay crear.

La imagen que tenemos de nosotros mismos es lo que proyectamos o espejamos a los otros. Según la situación, usamos lentes transparentes; otras, oscuras, y otras, quebradas. Para mirar las oportunidades que se presentan, deberíamos llevar siempre las lentes transparentes.

Las inhibiciones son como candados que interrumpen el fluir natural del talento y no permiten centrarse con éxito en el objetivo a conseguir.

Parábola de los talentos

Antes de salir de viaje, un hombre llamó a sus servidores y les confió sus bienes. A uno le dio cinco talentos, a otro dos, y uno solo a un tercero; a cada uno según su capacidad, y después partió. En seguida, el que había recibido cinco talentos hizo un negocio con ellos y ganó otros cinco. Lo mismo hizo el que había recibido dos, ganó otros dos. Pero el que tenía uno solo, hizo un pozo y lo enterró.

Después de un largo tiempo, llegó el señor y arregló las cuentas con sus servidores. El que había recibido los cinco talentos se adelantó, le mostró los otros cinco y le dijo: "Señor, me has confiado cinco talentos; aquí están junto con los otros cinco que he ganado". "Está bien, servidor bueno y fiel", le respondió su señor, "ya que respondiste fielmente en lo poco, te encargaré mucho más".

Llegó luego el que había recibido dos talentos, y le dijo: "Señor, me has confiado dos talentos; aquí están junto con los otros dos que he ganado". Y también a él, le dijo: "Está bien, servidor bueno y fiel, ya que respondiste fielmente en lo poco te encargaré mucho más".

Finalmente, se acercó el que había recibido un solo talento, y dijo: "Señor, sé que eres un hombre exigente, cosechas donde no has sembrado y recoges donde no has esparcido. Por eso tuve miedo y fui a enterrar el talento: ¡aquí tienes lo tuyo!". Pero el señor le respondió: "Servidor malo y perezoso, si sabías que cosecho donde no he sembrado y recojo donde no he esparcido, tendrías que haber colocado el dinero en el banco, y a mi regreso, lo habrías recuperado con intereses. Quítenle el talento y dénselo al que tiene diez. Echen afuera a este servidor". Mateo 25, 14-30.

Tanto el primer servidor como el segundo devolvieron el doble de lo recibido. El tercero, en cambio, tuvo miedo de usar su talento y del posible juicio de su señor. Sencillamente, no arriesgó. No reconoció, ni confió en sus fortalezas. Por lo tanto, no las usó y fue castigado.

Tanto a una persona como a una organización, le llevan años de trabajo y experiencia construir sus fortalezas. Reconocerlas, usarlas y mostrarlas son los pasos indispensables para obtener resultados.

Es muy frecuente que esos pasos no se cumplan y que, por lo tanto, las fortalezas no sean bien aprovechadas.

Las ideas bastante comunes que obstruyen el talento creativo son:

- No debería
- No puedo
- No tengo habilidad
- No soy capaz de...
- No soy bueno para eso
- No me animo
- No es el momento oportuno
- No me interesa

Reconocer las fortalezas y usarlas es abrir un puente para el ejercicio de la libertad y el logro continuado de un mejor desempeño.

> Con frecuencia, no obtenemos lo que deseamos, sino lo que creemos merecer.
> Es una ley fundamental del funcionamiento de la persona, el grupo o la organización.

Conocer fortalezas propias es la clave para reconocer fortalezas en los demás. En el ámbito de la empresa, cuando un directivo tiene una imagen formada de su colaborador y lo trata según ella, el colaborador lo percibe. Cuando es positiva, todo va bien; pero cuando es negativa, ocurre todo lo contrario.

Desafortunadamente, tenemos la costumbre de formarnos ideas negativas de las personas que nos rodean porque nos fijamos más en sus debilidades y en sus errores que en sus talentos y virtudes. Proyectamos imágenes negativas que dificultan la comunicación y provocan en el otro resistencias, inseguridades y temores. Cuando alguien proyecta una imagen negativa, afecta la capacidad para hacer una comunicación abierta. Existen dudas, bloqueos, engaños, etcétera.

Cuando esto aparece, podemos hacernos preguntas que permitan un cambio de visión. Por ejemplo: ¿qué ha hecho bien esta persona en el último año? ¿Cuáles son sus fortalezas? ¿Cuándo recibí su ayuda? Recuerde un momento en que la persona consiguió algo, o piense en lo mejor de ella. Si se centra en ese potencial, la comunicación volverá a fluir.

▶ Para el lector

   ↫ ¿Qué quiere para usted hoy?
   ↫ ¿A quiénes les reconoce importantes fortalezas?

Valorar el error

Para ser flexible en cada situación, y poder aprovechar sus ventajas, es importante respetar el principio que algunos especialistas llaman el undécimo mandamiento: **no culpar ni juzgar**. De esta manera se vive fuera del circuito inhibitorio: error - culpa - crítica, que entre otras cosas impide comprender las debilidades y las fortalezas propias y ajenas.

Una frase de la sabiduría popular dice: "¿Por qué miras la paja en el ojo de tu hermano y no adviertes la viga que está en el tuyo?".

Todos tendemos a juzgar a lo que desafía la estabilidad, el orden, la continuidad... También a los que están un paso más adelante, en el conocimiento, la experiencia, la información, las ideas o el ejercicio de la libertad.

Con frecuencia se escucha: "Esa no es la manera que yo tengo de resolver las cosas". "Las nuevas ideas no tienen cabida en el presupuesto". "Ya probamos eso y fue un desastre".

"No los sigo porque ellos ahora están en una posición que no me interesa".

Criticar en forma precipitada y prematura anula o hace perder la conexión con niveles más elevados de desarrollo. Los conocimientos enjuiciados podrían ayudar a completar áreas insospechadas del trabajo o de las relaciones.

Frente a la mayoría de nuestras propuestas novedosas nos sentimos asustados. Tal vez, de cometer equivocaciones que sean juzgadas. ¡Qué difícil es tolerar las diferencias y permitirnos los errores!

> Los errores son simplemente actos originales que indican nuevos caminos.

Casi todas las ideas novedosas en su nacimiento presentan bordes ásperos o borrosos. Solamente una actitud generosa y permisiva puede contenerlas y conservarlas, para luego comprenderlas y desarrollarlas con éxito.

Es más doloroso e incompleto no tener ideas originales, que recibir críticas por haberlas presentado.

Al producir ideas innovadoras, automáticamente comienza a funcionar un comité interno. Está formado por dos grandes grupos de personajes en conflicto. Unos son los que se alinean dentro de las fuerzas expansivas y ordenan avanzar, empujar, abrir, mostrar... Otros, pertenecen al grupo de los críticos: siempre están listos para frenar, retener, cerrar, ocultar, cortar, liquidar...

Frente a nuevas experiencias, se cometen muchos errores. Simplemente deben ser considerados como meros intentos o pruebas. El problema es que los personajes internos pocas veces tienen términos medios: intentan llevarnos a la producción de una obra gloriosa o provocan su muerte antes de que nazca.

Los **excesos** de **perfeccionismo, claridad, crítica** e **intensidad** atentan seriamente contra los errores. Inhiben de manera poco saludable las más genuinas intenciones y deseos. Dirigen para que el error sea considerado un fracaso, a veces irreversible.

Asusta fracasar y se opta por la duda. Muchas veces se decide por no hacer y anular la posibilidad de empezar, y más aún, la de volver a intentarlo.

> Aprender de los errores propios y de los ajenos reduce el temor a repetir experiencias negativas. Comprender y evaluar los errores lleva a aciertos y ganancias. Aumenta el potencial creativo y la pasión por aprender.

Tolerar el error estimula la prueba piloto de cualquier mejora o idea deseada. La prueba continua es la que lleva al verdadero cambio, tanto en productos como en servicios o planes de acción.

Los errores suelen aparecer porque no conocemos la respuesta adecuada de un problema o la forma correcta de hacer algo. Son equivocaciones, faltas o desaciertos que lleva algún tiempo resolver correctamente.

Los juicios y culpas derivados de los errores retardan los aprendizajes deseados o el logro de los objetivos.

Crecimos sobre la base de las aprobaciones y desaprobaciones de nuestros padres, maestros o figuras sustitutas. Algunas de esas opiniones inconscientemente se convirtieron en verdaderos mandatos que persisten a través del tiempo. Cuando niños, al cumplir con esos preceptos podíamos llegar a conseguir amor, reconocimiento y diferentes tipos de premios. Nos calificaban como buenos o malos, lentos o rápidos, según los errores cometidos. Esta solo es una forma más de enseñar que quedó grabada en forma rígida en el adulto.

Cualquier desarrollo creativo óptimo se basa en la posibilidad de aprender de los errores cometidos y de cómo pudimos repararlos.

> Errar es humano. Perdonar es divino.

Las personas emprendedoras aseguran haber cometido no menos de cuatro errores, antes de lograr un éxito. Tienen la fuerza necesaria y el entrenamiento para hacer, observar, evaluar, corregir y volver a empezar. Este aprendizaje esencial es transmitido ancestralmente en cualquier juego de naipes. Para cada nueva jugada, la consigna es simplemente: barajar y dar de nuevo.

> En un mundo tan incierto como el de hoy, efectuar pruebas resulta la maniobra más segura para avanzar. Poner a prueba ideas, comportamientos, productos o precios es una habilidad importante en los negocios y en la propia vida. Luego hay que evaluar la prueba, para no repetir los mismos errores.

Reincidimos en el mismo error por falta de información correcta, veraz o pertinente. También por no haber aprendido la enseñanza de errores similares ya cometidos antes. Preguntarse: ¿por qué sucedió cada error? ¿Cuál es el camino correcto?

¡Todos hemos tenido que pagar por nuestras ignorancias en el duro trabajo de crecer! Frente al error se trata de observar y pedir la información pertinente para luego realizar los cambios que sean necesarios ¡Nada más!

Pero eso no es tan fácil. Tras los errores se esconden mandatos que llevan a la aparición de culpas o críticas. A veces es difícil detectarlos e impedir que actúen.

Algunos gerentes de empresa, sobre todo en tiempos pasados, pedían a sus supervisores mano dura frente a los errores de sus empleados. En la actualidad, las organizaciones más innovadoras han cambiado ese trato. Usado en exceso, atenta contra la creatividad, demora el rendimiento de los equipos y dificulta las relaciones. Es utilizado solo como un modelo más de liderar. Hoy se inclinan más por resolver los errores en conjunto, revisándolos a partir de sus causas y hasta en las consecuencias.

> El error es un gran maestro. Lleva a reconocer debilidades y empuja a corregirlas o resolverlas para obtener mejores rendimientos. Los que aprenden con él utilizan más sus fortalezas y desarrollan mayor habilidad para reconocer las oportunidades que se presenten.

Relato con errores para revisar

Se trata de una fábrica argentina de ropa femenina, con 16 bocas de expendio en la ciudad de Buenos Aires y en el interior. Está conducida por un gerente general y dos directores de área: Producción y Ventas-Comercialización. Lleva 13 años en el mercado y cuenta con dos plantas y 20 trabajadores.

Desde hace cuatro meses el encargado de producción observa que algunos empleados, en el receso de 12:30 a 14 horas, durante el almuerzo comienzan a discutir, toman bebidas alcohólicas, difunden rumores alarmantes sobre el posible futuro de la empresa y surgen las críticas. Por lo tanto desatienden a los proveedores y clientes.

Enterada la directora del área de producción de la situación, designa al encargado de producción para que permanezca en el lugar durante el horario conflictivo y controle la situación. Para que realice dicha tarea, se le aumenta el sueldo.

El clima se calmó, parecía que con la presencia del encargado todo estaba bien. Habían transcurrido dos meses de su designación cuando, a las 11 horas de un día lunes, la directora de producción avisó por celular al encargado que un camión retiraría ese mismo día unos paquetes con mercadería alrededor de las 13 horas.

A las 13:30 horas llega el camión, que solía contratarse para hacer los repartos, con la correspondiente orden para retirar 2.800 prendas. La entrega debía hacerse en el tiempo y la forma convenidos, entre otras razones porque la empresa de transporte programa un único recorrido para diferentes clientes. Y en este caso, las prendas eran para un cliente nuevo, de reconocida solvencia en el mercado.

En ese momento, el encargado no estaba en la planta, tampoco había ningún responsable para autorizar el despacho previsto. Algunos empleados intentaron comunicarse con el encargado por celular, pero no contestaba. El gerente general estaba afuera. Los dos directores estaban reunidos con una importante cadena holandesa que solicitaba catálogos y precios, por lo que habían indicado a la secretaria que no se los interrumpiera por ninguna razón. El encargado se había ausentado alrededor de las 12:45 horas después de haber recibido un llamado telefónico de su esposa avisándole que su hijo de 3 años estaba con alta fiebre y tenía fuertes vómitos. Él solo había comentado a la vigilancia que salía por unos minutos. Cuando regresó a su trabajo, a las 14:30 horas, se encontró con el problema. El camión ya se había retirado porque no podía esperar más. La mercadería en cuestión seguía estacionada en la planta.

A las 14:45 horas llegó la directora de área y se enteró de la cuestión. Inmediatamente llamó al encargado y lo increpó en forma violenta, acusándolo de falta de responsabilidad y autor de los daños ocasionados. El encargado le explicó que había tenido que ir al hospital con su hijo enfermo y que cuando salió creía que podría volver en el horario previsto para el embarque. Y agregó: "Jamás pensé que no podría volver en hora, además nadie me dijo que el envío era tan importante".

Después de un diálogo con acusaciones recíprocas, la directora de área decidió contratar un camión particular para que hiciera la entrega, lo que aumentó considerablemente los costos.

Las prendas salieron, pero llegaron tarde a destino. El cliente se sintió molesto y le surgieron dudas sobre la seriedad de la empresa.

Lo que se imponía era revisar los procedimientos, ver los errores y hacer las correcciones necesarias. La tarea final seguramente consistiría en modificar las pautas acerca de los embarques de mercadería, las formas de delegación y el control de la conducta del personal durante los almuerzos.

Reflexione sobre este texto

"Intenta siempre. Falla siempre. No importa. Inténtalo de nuevo. Falla de nuevo. Falla mejor."

Estimular la indagación

Los deseos de saber, averiguar y descubrir se generan en los primerísimos estadios de la vida. Luego, la escuela y la propia vida se encargan de conducirlos hacia el camino de lo que "debería importar". Con esta desviación, se empobrece el talento creativo.

Los deseos de quitar el velo, destapar e indagar se activan al servicio de la creación. El asombro y la curiosidad activan los avances.

> Frente a los misterios, aparece genuinamente el deseo de buscar respuestas para los interrogantes que ellos plantean. El misterio transforma, moviliza, incita, promueve...

Los niños gozan de una curiosidad sin restricciones, y su talento creativo crece y se desborda. Constantemente hacen preguntas y formulan respuestas. El adulto, por el contrario, debe pasar por una ardua preparación para lograr rendimientos similares. Se trata de tener la pregunta siempre en la punta de la lengua y formularla cuando la ocasión lo merezca.

Preguntas para averiguar, para confirmar, para desviar, para abrir, para cerrar... para obstruir. Con ellas exploramos los hechos y sus significados.

Hablamos de **preguntas abiertas**, que no se respondan con un sí o un no:

- ¿Cuál es su diagnóstico del problema?
- ¿Qué sucesos ocurrieron antes?
- ¿Cómo se llegó a esa situación?
- ¿Dónde se ubicó la competencia?
- ¿Hacia dónde podrían ir?
- ¿Cómo comenzó la relación?
- ¿Cuándo disminuyó la facturación?
- ¿Por qué cree que ese producto es mejor?
- ¿Qué opiniones tiene del viaje?
- ¿Cuáles pueden ser los objetivos?
- ¿Cuál cree que es el próximo plan?
- ¿Qué opinan los vendedores?

Las preguntas estimulan la curiosidad y aumentan la producción de ideas originales, tanto en quien pregunta como en quien contesta. Hay preguntas que los buenos negociadores conocen y usan con maestría. Son las inusuales, provocativas, ridículas, irracionales, ofensivas, obsesivas. Preguntas cuyo objetivo es llevar por el camino de modificar ideas, percepciones y reacciones, para generar innovación y cambio.

La tendencia general es interrogar con preguntas cerradas. Aquellas que permiten un sí o un no como respuesta:

- ¿Trajiste los recibos?
- ¿El producto fue un fracaso?
- ¿Fuiste a ese lugar?
- ¿Tenemos *stock*?
- ¿Llegó el cadete suspendido?
- ¿Está preparado el pedido?

Muchas veces usamos estas preguntas porque construimos la comunicación sobre la base de supuestos. Con las preguntas abiertas exploramos supuestos y puntos de vista, no solo en el otro, sino también en nosotros mismos.

> Para habilitar un sistema de comunicación creativo y eficiente, es necesario manejarse fundamentalmente con preguntas abiertas.

Conocer y controlar los miedos

Los miedos son ideas que construimos acerca de la realidad y también sobre nosotros mismos. Pueden ser útiles para organizar las acciones. Protegen, orientan, previenen... Solo si son circunstanciales.

Si toca ese enchufe, puede quedarse electrocutado. Si consigue la licencia de ese producto, debe saber que no encontrará vendedores capacitados en el país. Si acepta participación en las ganancias de su empresa, primero infórmese. Son advertencias que nacen de los miedos. Hay que verificarlas para constatar que sean ciertas y válidas. Luego, podrán tenerse en cuenta o no. Generalmente suelen ir acompañadas de una emoción que sensibiliza y avisa de un peligro inminente.

Existen otros miedos que a veces resultan un verdadero freno a la acción.

Son verdaderos obstáculos que hay que atravesar para producir ideas innovadoras.

Estos miedos inhibidores se repiten y están escondidos en el diálogo que mantenemos con los otros y con nosotros mismos. Es bueno hablar con ellos, conversar y ponerles nombre y apellido.

Si un gerente tiene miedo a sus colaboradores, sería bueno que discrimine concretamente a quienes y en qué situación. Detectar si esas personas le recuerdan algo o a alguien. Al ocuparse del asunto seguro que descubrirá alguna cuestión interna que debe aceptar, aclarar o integrar en su vida. Esto lo llevará a tomar mejores decisiones.

Detrás de frases que construimos o copiamos se encuentran los miedos. Por ejemplo:

- Esto no es para nosotros...
- Me resulta difícil...
- Me cuesta decidir...
- Esto es mucho para mí...
- No voy a poder...
- Me van a decir que no...
- No tengo fuerzas...
- No me atrevo...
- No entiendo...
- Lo dejo para después...
- No voy a lograrlo...
- Estoy cansado de intentar...
- Las circunstancias no permiten...
- No tengo tiempo...
- Mejor pienso más...
- No me puedo comprometer...
- No es claro...
- Es mucha exigencia para mí...

Si pensamos dónde habitan los miedos, veremos que se ocultan en algunas creencias que vivimos como verdaderas y valiosas.

Partimos de la idea de que el pasado es una buena fuente de información sobre lo que va a ocurrir en el presente o en el futuro. Entonces, progresivamente les otorgamos a esos juicios, ya instalados, una validez tan grande como si fueran hechos reales. No nos damos cuenta de que son solo explicaciones que creamos en determinado momento. Luego el momento cambió, nosotros cambiamos, pero esos juicios siguen aún vigentes dentro de un sistema de creencias del que dependemos a rajatabla para organizar la realidad.

Se trata de esquemas mentales rígidos donde se encuentran alojados los miedos. A veces nos dirigen en forma bastante autoritaria e inhiben el potencial creativo.

Hay miedos que son comunes a casi todas las culturas:

- Miedo al éxito
- Miedo al engaño
- Miedo a la pobreza o escasez
- Miedo a no ser querido o considerado
- Miedo a la opinión de los otros
- Miedo a lo desconocido y a la muerte
- Miedo al abandono
- Miedo a la soledad
- Miedo al fracaso
- Miedo a la equivocación

Dice Sam Keen en *El lenguaje de las emociones*: "Nuestros temores suelen crear eso que tememos. Lo que evitas, invitas".

¿Cómo funcionan los miedos? Dijimos que en algunas circunstancias actúan para proteger, avisar o advertir posibles amenazas o peligros. Algo real existe y nos conmueve. Pero hay momentos en que no hay amenazas o peligros en nuestro horizonte y sin embargo aparecen como mecanismos ilusorios que presionan.

Aprendemos a tener miedo cuando somos niños. Los adultos, para adaptarnos a la realidad, nos enseñan a temer las cosas nuevas o las que aparentemente no tienen explicación. En ese estadio no sabemos diferenciar lo peligroso de lo excitante. Por lo tanto, incorporamos la conducta temerosa sin discriminación suficiente. Algunos de estos recuerdos subsisten en la edad adulta, aunque se cuente con muchos más recursos que antes. Pero esos miedos están alojados en el inconsciente. Funcionan en forma automática e irracional.

¿Cómo podríamos entonces cambiar esos preceptos internos inhibidores por otros más positivos? Busquemos ideas que nos apoyen o nos animen a lograr los objetivos deseados.

- Voy a pedir un descuento mayor, ¿qué puedo perder?
- Negocio con alguien que tiene una cultura empresarial diferente, pero no es mi enemigo.
- Quiero animarme un poco más cada día. ¿Qué he logrado hoy?
- Estoy frente a una persona diferente, pero debo avanzar igual.
- Me atraen los desafíos.
- Estoy aprendiendo algo nuevo. Debo permitirme errores y pruebas.
- Este es un momento único. Debo aprovecharlo sin condicionamientos.
- Soy rico si me conecto con lo que soy y tengo.
- Si acepto las actitudes del otro, podría llegar a conocerlo mejor.

Con textos como los sugeridos, podríamos cambiar la realidad que nos rodea y también satisfacer nuestro deseo de aprovechar las oportunidades que ella nos presenta.

Afrontar peligros de un modo real es una experiencia necesaria para aprender a asumir riesgos. Esto es muy importante para hacer cualquier cambio significativo. Toda acción innovadora implica un reconocimiento y una ruptura con los miedos ancestrales, básicamente los referidos a uno mismo.

Ser valiente es no tenerse miedo.

Los juicios que formulamos movidos por los miedos hablan más de nosotros mismos que de lo que está ocurriendo alrededor.

▶ Para el lector

- ✎ ¿Puede controlar alguna de sus fantasías negativas y hacerla más proactiva?
- ✎ Pruebe con una experiencia nueva y hágala por lo menos tres veces: una para sobreponerse al miedo que le va a causar, otra para averiguar cómo puede hacerla mejor y la tercera para ver si lo que hizo está bien o no.
- ✎ Recuerde que lo que teme hacer le indicará la próxima acción a emprender, entonces... ¡Debe hacerlo ya! ¡Sin demoras!

Un caso para recordar

En ese entonces Rafael G. tenía 40 años. Era el encargado de ventas de una empresa textil. Trabajó en esa organización durante cinco años y logró muy buenos resultados. Esto lo impulsaba a compensar los errores de los otros, superar objetivos casi imposibles y trabajar sin descanso.

Con el tiempo, los argumentos que utilizaba para vender comenzaron a no ser tan eficaces en determinados círculos de clientes. Venía observando que en la empresa había un cierto clima de alianzas explícitas e implícitas que armaban un tejido difícil de transitar. Sentía un malestar creciente, que cada día lo preocupaba un poco más. Intuía que había perdido objetivos de calidad en el producto y en las relaciones internas. En una oportunidad, le pidieron que vendiera un producto que no pasaba las pruebas de calidad.

Un día, a Rafael G. se le presentó la ocasión de exponer sus puntos de vista en una evaluación de desempeño con otros gerentes. Allí dijo absolutamente todo lo que pensaba. Este fue el principio de su final. Aproximadamente al mes de la evaluación de desempeño fue citado a la oficina del gerente general. Lo esperaban allí un abogado laboral y un escribano. Le pasaron un video grabado con una cámara oculta, donde un actor especialmente contratado se hacía pasar por un cliente que le proponía a Rafael G. que fuera cómplice en una estafa a la empresa. Él se sorprendió y quedó paralizado al verse en una situación que no revelaba lo sucedido con el posible comprador.

Luego de mostrarle el video, amenazadoramente le solicitaron que presentara la renuncia a su puesto de trabajo y a cualquier otro derecho de reclamo posterior, y le presentaron un escrito donde también expresaba el agradecimiento a la compañía.

Le advirtieron que en caso de negarse a firmar, al día siguiente se iniciarían acciones que podrían comprometer su acceso a otras empresas, restringiéndole otras oportunidades.

Firmó de inmediato. El video fragmentado, arreglado y editado en forma conveniente lo incriminaba, sin que él hubiera participado en un delito.

Hasta el día de hoy Rafael G. se pregunta por qué lo despidieron de la empresa de esa manera. Se pregunta si fue por el clima que detectó, por su rebeldía ante las condiciones de trabajo o por la doble indemnización que podía corresponderle en el caso de despido sin causa justificada.

Desde mucho tiempo atrás, había señales del problema que luego se desencadenó. ¿Cómo pudo no considerarlas? Tampoco pudo pedir información sobre ellas y menos aún analizar qué sucedía.

Seguro que habló demasiado, tocó puntos sensibles de la empresa sin prever en ningún momento posibles represalias u otro tipo de consecuencias.

Todo eso, sin duda, actuó para que frente al factor sorpresa, usado por sus superiores como amenaza y apremio, Rafael G. perdiera su control emocional sobre la situación. No razonó, se asustó, obedeció ciegamente, no usó en forma adecuada el tiempo de que disponía, no pidió ayuda. Actuaron los miedos que lo llevaron a renunciar, a perder todos sus derechos. Fueron los miedos no considerados los que inhibieron su potencial creativo para dar una respuesta adecuada.

No hay que darles de comer a los miedos. Hay que salir rápido a buscar la información que corresponde y tratar de ir siempre para adelante.

Llevar ideas nuevas a la acción

El verdadero creador es quien se atreve a llevar la idea nueva a la acción. Si estamos frente a un problema y hay tiempo disponible, siempre habrá caminos ineludibles para producir con éxito alguna solución creativa:

1. Pedir información del hecho y sus circunstancias. Luego analizarla.
2. Formular posibles alternativas de solución.
3. Llevar alguna alternativa a la acción.

Este último paso es clave para avanzar. Implica conocer y chequear la realidad en donde la solución puede prosperar o no. La acción creativa utiliza la realidad como banco de prueba para medir tanto los efectos, como los aciertos y errores cometidos. Probar es avanzar más seguro hacia los resultados.

Frase para recordar: si no empiezas, no sabrás lo que es jugar; si no juegas, nunca sabrás si podrías haber ganado.

No siempre la razón conoce el camino concreto para la acción. A veces se debe estar dispuesto a perder. Otras, a no poder identificar algo que sea significativo para una decisión.

Hay algunos momentos en los que solo se sabe cómo actuar.

Con la intuición, que abarca un radio mayor de la realidad, conseguimos construir un mapa más amplio de lo que queremos hacer, tener o ser. El pensamiento racional es el que permite evaluar costos y beneficios. Pero no siempre las cosas se presentan como para intervenir en forma eficaz y empujar a la acción con racionalidad.

A veces parece que solo en la emergencia surge lo genial. En ese momento, mucho tiene que ver con que la inspiración sea plasmada súbitamente. No hay tiempo disponible.

> El contacto con la acción aumenta la valentía de crear.

▶ Para el lector

- ∽ Realice una acción que le parezca arriesgada en el campo de las relaciones personales.
- ∽ Pida algo a quien normalmente no tiene el valor de pedirle: una caricia, una ropa, un préstamo de dinero, alimentos, una garantía comercial, un tiempo de escucha.
- ∽ Dé algún paso para recuperar una relación perdida, ya sea con un cliente, gerente, empleado, proveedor, familiar, enamorado, hijo.

Para llevar a cabo estas acciones es necesario desprenderse de la idea previa de obtener con ellas determinados resultados. Al hacerlas, podrá comprobar que recupera una fuerza expansiva importante. Generará una energía revitalizante que le hará emprender acciones donde no se animaba.

> Atravesar la zona de los miedos para concretar algo novedoso es el gran desafío del hombre. El paso del conocimiento a la acción aporta vitalidad, sabiduría y dinamismo.

Con la práctica tomamos más conciencia de nuestras fortalezas y debilidades.

Por lo general buscamos excusas para hacer algo. Estamos atascados o paralizados por los miedos. El **no quiero**, el **no puedo** y el **debería** articulan una zona borrosa de influencias inhibitorias que hay que atravesar con valentía para poder cambiar o innovar.

▶ Para el lector

☞ ¿Cuáles son sus más frecuentes **no puedo, debería** y **tengo miedo**?

Trate de abandonar esos pensamientos. Son un gran impedimento para posibles pruebas e intentos creativos.

¡Olvídelos! Prepárese para llevar a cabo una acción con resultados seguros.

La estructura mental básica para vivir bien proviene de una práctica continuada y evaluada.

Si somos realmente libres, a cada paso encontraremos una oportunidad para practicar.

Así vamos aprendiendo a usar las mejores herramientas para nuestra realización.

El contacto con la acción es lo que nos convierte en dueños de nosotros mismos.

CAPÍTULO 3

PROCESOS ESENCIALES PARA CREAR

Lo que hay que instalar para innovar y cambiar

Los mecanismos básicos que promueven la innovación operan como un sistema de piezas elásticas que se conectan entre sí. Transmiten el movimiento y la fuerza necesarios para avanzar en la producción de ideas novedosas. Se graban en el cerebro hasta convertirse en verdaderos esquemas mentales casi automáticos, que favorecen la marcha hacia cualquier situación dudosa, difícil o deseada. Se instalan a partir de una profunda valoración de las actitudes que describimos en el capítulo anterior. Funcionan de manera interdependiente; es decir que el ejercicio o no de cada uno pone en acción o inacción a los demás.

Un hombre debe apoyarse en sus propios recursos. Quien los entrene está listo para cualquier emergencia.

El acto de crear es un proceso que no finaliza en el producto creado. Casi siempre es posible cambiar o innovar, mientras se entrenen esos mecanismos en forma permanente.

Ha dicho el gran maestro argentino de ajedrez Miguel Najdorf: "Todo tiene su reglamento. Ser viejo es muy difícil, pero es la ley de la vida. Antes me daban el registro y manejaba cuando quería, ahora me lo hacen renovar cada año.

Además puedo manejar solo de día y no de noche. Después no tendré ni siquiera auto. Es un reglamento nuevo que tengo que aprender. Hay gente que no sabe ser vieja. Para sobrevivir a la vejez hay que entrenarse toda la vida. Los mecanismos para el desafío son siempre los mismos, pero hay que practicarlos intensamente para estar preparado en cualquier momento. Se trata de programar, hacer, evaluar, reorganizar, tolerar, aceptar [...]".

La ejercitación continua lleva a tener una mirada amplia y permisiva, tanto frente a los problemas y las soluciones, como a los fracasos y las oportunidades. Habilita para considerar la existencia humana como una **travesía creativa**, en la que hay que tomar decisiones, riesgos y responsabilidades en cada tramo. Produce la **apertura** y la fuerza necesarias para generar innovación, tanto en procesos como en productos.

Los mecanismos son los siguientes:

1. Promover la fluidez.
2. Ejercitar la flexibilidad.
3. Tolerar lo incierto, imprevisto o borroso.
4. Aplicar la racionalidad.

Si se ejercitan estos cuatro mecanismos diariamente, cualquier persona estará lista para dar saltos creativos importantes.

Hoy, frente a un mercado de movimientos verdaderamente veloces, inusitados y sensibles, solo aquellos que los tienen entrenados pueden percibir, aprovechar o sortear la gran cantidad de tendencias, peligros, nichos, riesgos y oportunidades que se presentan, y que también desaparecen.

Promover la fluidez

Fluir es dejarse ir. Abandonarse y divagar en la vida, pero con un tono alerta: dejar pasar en medio de un estado de atención flotante. Navegar...

Se trata de reproducir el devenir del río, que un día arrastra hojas y flores, otro se muestra límpido y cristalino, y al siguiente despliega olores fétidos de origen incierto, pero siempre es el mismo río. Su transcurrir se muestra inevitable. Así debieran fluir los acontecimientos de nuestra vida, sean tristezas o alegrías, frustraciones o éxitos, premios o sanciones.

En *Gracia y coraje* de Ken Wilber, Treya Wilber comenta, refiriéndose concretamente a su delicado estado de salud: "El hecho de haberme visto tan zarandeada por noticias primero buenas que luego eran malas, para finalmente resultar ser inciertas, me ha enseñado a dejarme llevar por la corriente, a no resistirme, a permitir que las cosas sean tal como son, a observar simplemente el origen y el desarrollo de los acontecimientos con cierta serenidad y desapego sin intentar forzarlos, sin desear que fueran de una forma, o a manipular su resultado, observando simplemente lo que es y participar solamente cuando proceda, en la medida en que el ser de la vida se despliega".

Ella expresa el proceso con veracidad, claridad y convicción. La fluidez ayuda a desplegar fortalezas adormecidas.

El grado de fluidez con que las personas van poniendo orden en su crecimiento es esencial para generar actitudes mucho más completas sobre diferentes situaciones. Estas miradas producen gran cantidad de ideas o apreciaciones de los hechos en relativamente poco tiempo. Estimulan el ejercicio de seleccionar aquello que les resulta más efectivo y abandonar lo que no lo sea.

Las personas van logrando entrenamiento en alejarse de lo conocido, lo cercano, lo convencional, lo habitual, para abrirse a lo imprevisto, a lo que podría venir, a lo que es.

Para el ejercicio de este mecanismo es imprescindible **no culpar ni juzgar** a los otros ni a sí mismo. Esa actitud impulsa a la acción reactiva, controlada, rígida...

Parece oportuno citar un conocido texto que es apropiado para momentos de crisis o cambio. Aconseja con sabiduría el estado de serenidad para navegar en forma creativa en ellos y así aprovecharlos para crecer.

Decálogo de la serenidad

1. Solo por hoy trataré de vivir exclusivamente el día, sin querer resolver el problema de mi vida todo de una vez.

2. Solo por hoy tendré el máximo de cuidado con mi aspecto: trataré de ser cortés en mis maneras, no criticaré y no pretenderé mejorar o disciplinar a nadie, sino a mí mismo.

3. Solo por hoy seré feliz en la certeza de que he sido creado para la felicidad, no solo en el otro mundo, sino en este también.

4. Solo por hoy me adaptaré a las circunstancias, sin pretender que las circunstancias se adapten a mis deseos.

5. Solo por hoy dedicaré diez minutos de mi tiempo a una buena lectura, recordando que, así como el alimento es necesario para la vida del cuerpo, la buena lectura es necesaria para la vida del alma.

6. Solo por hoy haré una buena acción y no se lo diré a nadie.

7. Solo por hoy haré por lo menos una cosa que no deseo hacer, y si me sintiera ofendido en mis sentimientos, procuraré que nadie se entere.

8. Solo por hoy me haré un programa detallado. Quizá no lo cumpla cabalmente, pero lo redactaré. Y me guardaré de dos calamidades: la prisa y la indecisión.

9. Solo por hoy creeré firmemente que la providencia de Dios se ocupa de mí, como si nadie existiera en el mundo.

10. Solo por hoy no tendré temores. De manera particular no tendré miedo de gozar de lo bello y de creer en la bondad.

Puedo hacer bien durante doce horas lo que me descorazonaría si pensase tener que hacerlo durante toda mi vida.

Juan XXIII

El desafío de promover el estado de fluidez es útil para respetar el gran valor del aprendizaje que brindan los procesos. Hay que tolerar las esperas que parecen inútiles y tediosas, pero que son necesarias y efectivas para avanzar con más seguridad. Se trata de esperas constructivas, en las que se están construyendo las nuevas ideas.

La palabra esperar, que en griego es *elpis*, significa que se está a la expectativa de acontecimientos futuros, sean estos positivos o negativos. Cuanto más miedo o ansiedad tenemos, más se instala el hábito de resolver problemas en forma rápida. Rapidez no siempre significa éxito. Tampoco camino de aprendizaje eficaz.

Esperar es una ilusión que activa, excita, rejuvenece, mantiene y abre hacia lo que pudiera venir. La esperanza no focalizada despliega hacia lo desconocido. Impulsa a encontrar... Promueve las iniciativas... Incita a la transformación...

A propósito, dice Joseph Campbell en *Reflexiones sobre la vida*: "El acto creativo no es posponer, sino entregarse al nuevo movimiento creativo".

Entregarse es dejarse ir.

Hoy el cambio es tan vertiginoso como la incertidumbre que produce. No se tolera el tiempo de espera y la tendencia es pasar en forma inmediata a la acción incontrolada. El modelo de la sociedad de consumo, que se venía afianzando desde largo tiempo atrás, ayudó para impedir la instalación del hábito de fluir. Todo debe ser ya, sea como sea.

Relato con impaciencia

Una mujer exitosa, hoy de casi 60 años, frente a cada cambio de gobierno en la Argentina transformaba su dinero a diferentes monedas extranjeras. Se adelantaba a mover su capital más rápido que los cambios que proponía el propio mercado. Sus pérdidas fueron cuantiosas. Para esta persona, el logro de la tranquilidad momentánea era más fuerte que cualquier razonamiento acerca de los vaivenes del dinero. No se permitía fluir frente a lo que estaba sucediendo y esperar hasta que aclarara el horizonte. Lo importante para ella era recoger informaciones diarias de las fluctuaciones del dólar y el peso argentino. Luego las usaba para contrarrestar sus miedos y actuaba en consecuencia.

No podía, metafóricamente hablando, percibir cada momento del río. Actuaba sobre la base de lo que le decían en determinado momento. Su capacidad de espera era pobre y su manera de reflexionar sobre el obstáculo aún más.

> El flujo creativo facilita la aparición de ideas. El tiempo luego ayudará para hacer la selección entre las más adecuadas. Progresivamente, la persona recolecta opciones que le servirán frente a las dificultades y oportunidades.

En las empresas, a veces, quien selecciona al personal para cubrir un puesto elige en forma acotada al empleado que reúna, por ejemplo: las mejores notas en los estudios secundarios y la universidad, un máster en Harvard o algo similar, estado civil casado con hijos, muy buena salud, práctica diaria de deportes y una casa confortable en un barrio con prestigio.

El candidato elegido, una vez que está frente al jefe, escucha de él: "Aquí tiene los problemas, ¡hágase cargo y cambie todo lo que pueda en su sector!".

Ahora bien, un sujeto con un perfil tan acotado, ¿cómo puede hacer algo nuevo, y dejar repentinamente de lado lo anterior? La persona elegida no tiene idea de lo que es la transgresión necesaria para el cambio. Sin embargo se le pide que transgreda. Para un fiel cumplidor de normas, no importa cuántos cursos haya hecho, sino si ha atravesado por variadas situaciones de cambio y las navegó. Nadie toma riesgos más allá de lo que considera prudente para sí, y eso depende de las experiencias que haya realizado.

En algunas empresas con gran tendencia verticalista, ciertos gerentes piden a sus empleados que sean verdaderos robots en cuanto al cumplimiento de los objetivos y planes de acción. Luego, los mismos gerentes se quejarán de la pobre producción de ideas creativas en su equipo o de la falta de iniciativa, o simplemente de la ausencia de respuestas rápidas ante la emergencia.

Si a los empleados no se les presentan momentos y situaciones concretas que los inciten a reflexionar y divagar sobre diferentes problemas y propuestas, es muy difícil que estén preparados para inventar un producto o una idea, innovar sobre algún procedimiento o salir en forma creativa ante lo imprevisto.

Reglas especiales para respetar el estado de fluidez

- Si la mayoría de sus ideas nuevas funcionan la primera vez, es porque no son muy ingeniosas o los problemas no son muy graves.
- Si todo lo que usted hace funciona, no está encarando ningún riesgo. No se deja tentar por nuevos recorridos. Está viviendo en una zona cómoda pero improductiva.

- Si aquello que inventa falla a menudo, no está aprendiendo de sus errores o no está suficientemente motivado o ha perdido la visión global del asunto en cuestión.

▶ Para el lector

co ¿Puede tolerar las esperas?
co ¿Se abre frente a los problemas?

Ejercitar la flexibilidad

La flexibilidad consiste en poder alejarse o acercarse a una realidad sin quedar ligado a ninguna cuestión perceptiva, emotiva o intelectual. Permite considerar y analizar cualquier situación desde distintos puntos de vista.

Muchos autores usan la imagen del junco que nace en las lagunas como ejemplo de flexibilidad. Esta planta soporta casi todo. Continuamente cambia de posiciones sin perder consistencia y elegancia. Se adapta a los desafíos cotidianos que le plantea la naturaleza, esperando, resistiendo, transformándose...

Este mecanismo permite adaptarse a lo nuevo, lo absurdo, lo inesperado, lo insólito, lo positivo, lo negativo o los problemas simultáneos. Desde esta perspectiva, las ideas más descabelladas, extravagantes o chocantes han de ser bien recibidas.

Implica tolerar lo inusual, lo que no estaba previsto y hasta exactamente lo contrario de lo que se había anticipado. Prepara para poder encontrar opciones y recursos.

Si quieres avanzar, debes olvidarte de las ideas fijas.

Sabemos que para lograr un mejor desempeño creativo hay que tener más deseos de **encontrar** que de **buscar**. El encontrar supone una actitud abierta. El buscar implica dirección y guía. El encontrar ayuda a promover una visión más general. Estar dispuesto a encontrar hace más flexible a la persona, agiliza la intuición y ayuda a "tener olfato".

Ser flexible es reconocer las diferencias con los demás en las formas de pensar, de hacer y de sentir. Esto colabora de modo eficaz al enriquecimiento de la reserva de datos que cada uno posee para disfrutar de la vida y avanzar.

Para lograr flexibilidad, una vez más aconsejamos **no culpar ni juzgar**. Esto impide tener visiones globales de hechos o situaciones.

Los indios sioux, con gran sabiduría, afirman: "No juzgues a una persona si durante dos semanas no has llevado puestos sus zapatos".

> Que las personas y las organizaciones estén abiertas a las opciones no consideradas, los obstáculos y las oportunidades es condición *sine qua non* para promover mejoras en los desempeños y lograr más altos resultados.

Relato donde puede apreciarse la falta de flexibilidad

En un laboratorio internacional tenían en depósito cierto cargamento importante de una droga específica para curar un tipo de hepatitis. Lo habían enviado desde Europa a pedido de la filial local hacía más o menos un mes. Pero sucedía que esa enfermedad no presentaba una casuística significativa en el país. Por lo tanto, no estaba previsto que la droga fuera utilizada en los próximos tiempos. Desde su llegada, las cajas estaban apiladas y sin uso alguno. Los responsables seguían buscando las causas del error y culpándose. No observaron que la fecha de vencimiento del medicamento era inminente. La posibilidad de usarlo seguía sin ser atendida.

El concentrarse solo en algunas variables, en este caso encontrar las causas del error, era más importante que el deseo de ubicar el producto sin perder tiempo ni dinero.

No existía en el equipo la flexibilidad necesaria como para ver el problema desde diferentes puntos de vista, por ejemplo: fecha de vencimiento, costos, venta, ubicación, mercados, otras fechas.

Después de corroborar el vencimiento, todo el equipo rápidamente se dedicó a colocar el producto en otros mercados, asumiendo altísimos costos.

> Frente a diferentes problemas, si hay tiempo, hay que usarlo. Solo se requiere la flexibilidad necesaria para considerar distintos puntos de vista. De ahí a la formulación de soluciones exitosas hay solo un paso.

Existe un dicho popular que dice: "Si un carterista encuentra a un hombre herido, lo único que ve son sus bolsillos".

Relato donde puede apreciarse la flexibilidad

Eran las 15 horas de un día lluvioso. Estaba regresando a casa con mi madre de 90 años. Su andar era muy dificultoso. Cuando llegamos, encontramos sentado en el banco del porche a un joven de unos 25 años. Cuando le pedí que se fuera, me intimó para que abriera la puerta de casa, advirtiéndome que era un asalto.

Rápidamente senté a mi madre en el banco de calle y le dije al ladrón: "Ella está muy descompuesta, ¿puede cuidarla un minuto?". Sin esperar respuesta, corrí hasta la clínica de enfrente a pedir ayuda. De inmediato volví a la casa con un enfermero. Todo duró breves minutos. El joven, al verme acompañada, salió corriendo.

Fue tan contundente y rápida la propuesta, que el frustrado ladrón entró en otro carril de comunicación. De asaltar a una viejita indefensa pasó a tener que pensar en cuidarla, con el resultado relatado. Un cambio rápido del punto de vista y asumir un bajo riesgo fueron los factores que ayudaron a resolver el problema en forma eficaz.

Insistimos en que **escuchar** y **ver** son los procesos indicados para recabar datos y modificar posiciones sobre las personas, conflictos y oportunidades. No es lo mismo que **oír** y **mirar**. Estas son acciones menos profundas y poco beneficiosas para la creatividad.

Es bueno recordar que cada dos ojos y dos oídos tenemos una sola boca. Esta sirve para hablar, pero también para callar y así poder escuchar mejor.

Es muy conveniente que los datos de un problema, si el tiempo lo permite, sean recogidos y evaluados por varias personas, antes de emitir algún juicio personal.

Las opiniones de otros receptores confiables pueden ser novedosas y eficaces.

Recordemos un breve texto proveniente de *Recuerdos de infancia de un indio sioux,* de Charles A. Eastman: "Mi tío siempre me decía: 'Debes seguir el ejemplo del lobo. Aunque lo tomen de sorpresa, corre para salvar su vida, pero siempre da una pausa para mirar una vez más antes de emprender su retirada final. Por eso, siempre debes echar una segunda mirada a todo lo que ves'".

El hombre y las organizaciones tienen el cambio como único recurso seguro para su supervivencia. Para echar mano a esta posibilidad deben reconocer y dar significado a las opciones no consideradas hasta el momento sobre los problemas que se les presentan. Ellas surgen de las miradas profundas, diferentes y oportunas que se puedan hacer de los hechos sucedidos.

> Ser flexible es poder mirar o escuchar varias veces lo mismo.

Anselm Grün, en su obra *Dirigir con valores,* lo expresa así: "El sabio es el que ha visto mucho, el que ha mirado en los abismos de la vida, el que entiende, el que contempla la esencia de las cosas [...] conoce las cosas en su mutua relación, penetra en las conexiones y en el modo en que todo está profunda e íntimamente unido".

Un conocimiento para recordar: existen varios lados en una controversia. Pueden, tanto el tuyo como el del otro, estar en lo cierto, o tal vez ambos.

Cabe también la posibilidad de que ninguno de los dos esté en lo cierto.

▶ **Para el lector**

☞ ¿Cuál es su opinión sobre determinado conflicto? ¿Lo ha consultado con otros?

Tolerar lo incierto, imprevisto o borroso

Se trata de aceptar, sin emitir juicios u opiniones, las percepciones borrosas, confusas y raras que presenta la realidad.

La ambigüedad es una sensación difícil de tolerar. Aparece generalmente frente a un conflicto propio, alguna propuesta de cambio o una situación intempestiva.

Aceptar la ambigüedad con frases como **no sé** o **no entiendo** está mal visto o desvalorizado. Lo cierto es que, por lo general, detrás de cada dato confuso existe un mensaje tal vez valioso que no logramos descifrar. Simplemente hay que darles tiempo a los datos para que aclaren su presentación.

Esto provoca inseguridad y no estamos habituados a tolerarla. Suele faltar entrenamiento para andar **entre brumas**. Nuestro poderoso ego no lo puede permitir. De inmediato busca claridad, precisión y resultados. Habitualmente es porque responde de acuerdo con entrenamientos automatizados para enfrentar la ambivalencia.

Muchas veces, para conocer la verdad de las cosas es necesario librarse de un conocimiento claro y preciso. Para eso es importante saber esperar y confiar. Lo opuesto a confiar es controlar.

Muchos dichos populares expresan bien este concepto: "Deja que ande el carro que en el camino los zapallos se acomodan solos." "Desensilla hasta que aclare." "A río revuelto, ganancia de pescadores." "No hay mal que dure cien años." "Siempre que llovió, paró."

> En realidad, no hay nada más creativo y productivo que el vacío. Es esa sensación dura y tormentosa de estar abandonando viejos modelos y no saber qué hacer, ni qué pensar y menos aún qué decir. No se encuentra el lugar para las cosas y tampoco el propio lugar. Se ha perdido el orden establecido. Está instalándose un nuevo orden que aún no conocemos.

Relato donde puede apreciarse tolerancia a la ambigüedad

Yo tenía 35 años y una familia. Estábamos viviendo en un departamento prestado. Ese préstamo tenía un alto precio afectivo. Necesitábamos abandonarlo. Nuestros ahorros no eran muchos, así que el objetivo se veía muy lejano.

Un día como tantos, mirando carteles de venta de departamentos, encontré uno que me llamó la atención. Anoté sus datos en un papel, que luego no encontré. Tal vez porque enfrente de él estaba la cervecería Palermo, una manzana totalmente abandonada desde hacía muchos años. Me dio miedo y desconfianza. Desde ese día pasaron cinco meses. De pronto, el papel apareció en un cajón. Era una señal borrosa. Llamé por teléfono al dueño, quien me atendió muy bien. Indagué lo que pude, pero lo concreto es que nadie sabía qué pasaría con la cervecería. Realmente la propiedad era invendible. De noche y de día el lugar era peligroso. Por eso estaba tasada en la mitad de su valor.

Con un poco más de nuestros recursos llegábamos al objetivo propuesto. Así fue como compramos el departamento afrontando todo riesgo.

En menos de un año demolieron la cervecería y construyeron un importante centro comercial. El departamento pasó a valer más del doble.

Solo se trató de respetar una señal confusa que, por supuesto, sufrió las más severas críticas de familiares y amigos.

Las **señales**, los **no sé**, los **tonos grises**, los **presentimientos** son el comienzo de un camino en cuyo recorrido descubrimos lo que había y no lo sabíamos. Esto activa fortalezas y capacidades propias que seguramente estaban adormecidas. Metafóricamente hablando, es muy probable que en el propio cruce de algún océano nos salgan alas para volarlo.

El **tal vez** es el que abre el camino al **no sé**, y esta es la puerta obligada para lograr algún conocimiento. A veces no todas las soluciones a un problema pasan por entender el problema. Es bueno, en ciertas condiciones brumosas, ni intentar pensar el problema, sino esperar hasta que él aclare su presentación.

La palabra **entendimiento** parece como que quisiera decir: si lo **entendí, miento**. Gracioso, ¿no?

Somos vulnerables porque todo lo que nos sucede tiene infinitas causas que jamás llegaremos a percibir o conocer. Ellas están en ese terreno sin fronteras al que llamamos con humildad: **no sé**.

La intuición abre un sabio camino de conocimiento a largo y mediano plazo. Tolerar los **no sé** es una vía regia para aprender por revelación o hallazgo.

Almacenar datos claros y confusos es parte de la tarea de conocer. Esos datos, con el tiempo, harán sus propias ligaciones y combinatorias según los infinitos estímulos que ofrece la vida y el grado de apertura para recibirlos.

> En la bruma, la desazón o la inseguridad se encuentran los cimientos profundos de las mejores ideas creativas. A veces, estas necesitan espera o quietud para expresarse con claridad.

Todo cambio implica abandonos. Esto trae ambigüedades y, consecuentemente, fuertes angustias. A veces está más claro el **qué** abandonar que el **cómo** hacerlo.

La inseguridad es un estado clave que hay que tolerar, para transformarnos y cambiar trabajos, relaciones y pertenencias. El primer contacto con lo nuevo suele resultar chocante, ambiguo o confuso.

Es importante acceder a la sabiduría practicando el aprendizaje de tolerar los estados de ignorancia y desconocimiento. Ellos, sin duda, traen inseguridad. Poder sostenerlos es parte de todo desafío creativo importante.

Para crear respuestas y soluciones novedosas es necesario estar abierto a todo tipo de estímulos y experiencias. Hay que dejarse ir, respetar otros puntos de vista y tolerar la confusión que ellos provocan.

Son muy buenos los resultados que se obtienen al entrenar este mecanismo en forma sistemática. Se trata de practicar con disciplina.

> Cuando la oportunidad, el peligro o la amenaza aparecen, hay que estar atento para tolerar la confusión que estos hechos producen.

▶ Para el lector

- ∞ Trate de formular un solo NO por cada diez SÍ durante por lo menos dos días. En ese tiempo comprobará cómo mejora su desempeño creativo.
- ∞ El tercer día pruebe decir NO SÉ y verá lo que pasa. ¡Se sorprenderá del resultado!

Practicar la racionalidad

Este mecanismo lleva a pensar y decidir mediante la lógica. Implica razonar de acuerdo con determinados criterios. La racionalidad es el camino básico para encauzar el proceso que hemos llamado **creatividad secundaria** (ver Capítulo 1).

Constituye la ruta que asegura al talento creativo llegar a buen puerto.

Desde la irrupción de una idea innovadora hasta que ella es plasmada en un producto original, el pensamiento racional organiza recursos, tácticas, metas intermedias, planes, plazos y esfuerzos en el camino hacia el logro de la meta final. Resulta esencial, tanto para evaluar cada instante, como para la totalidad del proceso creativo y sus resultados.

Después de observar, discurrir y reflexionar puede compararse un producto con otro, un procedimiento viejo con uno nuevo, un resultado obtenido hasta la fecha con otros a lograr. Razonar es la forma de perfilar objetivos a mediano, corto o largo plazo. Es clave para armar o ejecutar cualquier plan, programa o acción importante.

Indagar causas y consecuencias de situaciones insatisfactorias o dudosas, sugerir usos poco habituales de un procedimiento, mejorar un producto o plantear preguntas, son maniobras lógicas para usar todos los días en cualquier gestión efectiva. Por ejemplo: un equipo que debate sobre si la calidad de un nuevo producto la define el producto o el cliente, o sobre si es conveniente concentrar todos los esfuerzos en exportar a un país o a varios.

Ideas y proyectos innovadores son el resultado de un largo proceso organizado sobre la base de un plan pensado estratégicamente.

Para obtener resultados interesantes se requieren ideas creativas, pruebas piloto de ellas, evaluaciones de aciertos y errores, modificaciones de todo tipo y buenas dosis de juicio crítico.

> El objetivo del viaje por la vida es volverse consciente de lo que uno hace y dice.

El pensamiento racional es clave para diagnosticar problemas, ordenar la relación causa-efecto y esclarecer riesgos, amenazas o peligros. También para explotar los éxitos y analizar los fracasos. Basándose en ellos, pueden programarse los pasos que siguen. Con entrenamiento se prepara cualquier cambio en armonía con la realidad, considerando recursos, esfuerzos y tiempo. El cambio debe crearse en forma sistémica y esto exige racionalidad.

Diagnosticar oportunamente las áreas que requieren mejoramiento en una empresa y proponer los planes estratégicos de acción generan altas dosis de innovación productiva.

> Estos procedimientos: observar, revisar, analizar, plantear y replantear la tarea diaria impiden la caída recurrente en la rutina y el estancamiento. Posibilitan en forma inmediata efectuar los cambios necesarios para lograr mejores rendimientos y aprovechar oportunidades y ventajas.

Herramientas del pensamiento racional al servicio del cambio y la innovación

- Observar y constatar
- Diagnosticar y analizar
- Seleccionar y elegir
- Evaluar
- Estructurar
- Sintetizar
- Argumentar y negociar
- Planificar
- Calcular
- Comparar
- Programar
- Clasificar

El pensamiento racional utiliza la llave maestra del conocimiento: las preguntas clave que llevan a indagar y descubrir las bases reales y concretas de cualquier problema e idea creativa.

> ¿Cómo? ¿Con quién? ¿Cuándo? ¿Dónde? ¿Para qué? ¿Por qué? ¿Quién?

Un relato con poca racionalidad

Luis es arquitecto. Tiene 50 años. Vive en un departamento amplio y cómodo con Laura, su mujer, una médica muy exitosa. Tienen dos hijos, Carlos de 18 años y Manuel de 20.

Durante toda la vida trabajó como arquitecto en la empresa de construcción donde estaba su padre como director. Tenía un sueldo estable y ascensos anuales más o menos fijos. Pensó que esta situación duraría toda la vida, pero no fue así. Hace 14 meses que fue despedido y no encuentra trabajo.

Envió su currículum a más de diez consultoras y aproximadamente a veinte avisos aparecidos en diarios importantes de la ciudad e Internet en busca de empleo. Varias veces llegó a la primera entrevista, pero no más. También pidió trabajo a amigos, con la idea de que lo ubicaran en cualquier rubro de la construcción sin recibir respuesta alguna.

Piensa que otros arquitectos con sus antecedentes tampoco tienen trabajo.

Tiene ideas fijas como que ya no sirve, o que es viejo, o que nadie valora los metros construidos que tiene, ni los cuatro posgrados cursados. Por ejemplo, dice: "Parece que se murió la arquitectura en el país".

La relación con Laura es cada día peor. Todo son reproches, miradas furtivas o rechazos. Las facturas por pagar sirven para promover discusiones fuertes entre ellos.

Piensa en posibles emprendimientos personales, pero le da miedo que en el intento pueda perder lo poco que le queda. Empezó un posgrado en Sanidad Ambiental. Le aseguran que esa especialidad camina, pero nada pasó.

Pedro, un amigo de la infancia, le propone poner una panchería. Le dice que la tendencia hoy es la comida rápida.

Luis tiene un pequeño local heredado que se encuentra alquilado por 5.000 pesos mensuales. El inquilino no tiene intención de renovar el contrato. Podría ser adecuado para el negocio, por el tamaño y la zona. Pedro le aclara que podría aportar su trabajo diario pero no capital. Serían necesarios unos 50.000 pesos, que Luis los tiene, pero dice que ese negocio es muy sacrificado. Tampoco dará ganancias pronto.

No tiene ganas de analizarlo, ni de pedir información pertinente. No se imagina en la panchería o en un negocio similar de comida rápida.

Cree que es caer demasiado y que eso aumentaría su depresión. Exclama: "¡Tanto título y experiencia acumulada para terminar vendiendo panchos! Además, ¡habría que ponerlo donde su abuelo tuvo su estudio de abogado exitoso!".

Frente a la situación planteada, lo que a simple vista se observa es que Luis no puede analizar lógicamente su difícil situación. Y menos aún mejorarla.

Está dirigido por una actitud prejuiciosa y miedosa, de neto corte irracional. Se inhibe y no acepta la ayuda que otros le quieren acercar. Tampoco ve las oportunidades que se le presentan, como para, al menos, poder analizarlas y tratar de proyectar algún mínimo plan de acción. No puede tomar los hechos como en realidad son y menos aún razonar sobre ellos. Tiene frente a sí una oportunidad para resolver su problema, pero carece de visión global y de juicio crítico.

El mecanismo de la racionalidad no ha operado en él como para posibilitar un cambio. No quiere ni hablar del negocio propuesto, cuando bastaría hacer algunas averiguaciones y concretar una pequeña prueba piloto. Así podría empezar a caminar hacia la solución de sus problemas laborales, pero no puede.

▶ Para el lector

∽ ¿Qué necesita cambiar hoy?
∽ ¿Qué lo preocupa?

CAPÍTULO 4

CÓMO RESOLVER PROBLEMAS

Lo que hay que practicar para resolver problemas

Resolver problemas es una competencia clave para producir innovación y cambio.

¿Qué es un problema? Una dificultad que se presenta en el camino hacia cualquier meta. Una necesidad no cubierta, un inconveniente que se interpone, un suceso inesperado o un obstáculo que desvía de la ruta deseada o programada. Existe una situación que perturba o conmueve. Hay que atenderla lo antes posible.

Parte del producto creativo de una sociedad es el resultado de prevenir o enfrentar problemas. La historia relata situaciones importantes y difíciles de resolver, que fueron solucionadas y beneficiaron a muchas personas. Las muertes producidas por infecciones llevaron al descubrimiento de la penicilina. El aumento de los accidentes automovilísticos promovió la aparición de completas tecnologías de rehabilitación para el accidentado. Los trastornos por excesivo estrés trajeron un gran avance en la detección y el abordaje de patologías cardiovasculares, digestivas y tumorales.

La palabra "problema" proviene de la raíz griega *pro* (adelante) y *bállo* (lanzamiento), lo que sugiere una visión positiva acerca de la dificultad presentada. Problema y solución aparecen como una unidad que invita a la acción con resultados positivos. Solo hay que aceptar y resolver. Estas son dos habilidades esenciales para mejorar cualquier desempeño.

> Cuando la dificultad se presenta y es aceptada como tal, inmediatamente aparece un desafío que activa importantes reservas humanas para producir soluciones creativas.

A medida que reconocemos **fortalezas y debilidades** propias ante cada obstáculo, vamos proyectando posibles maneras de encararlo. Nunca sabríamos lo que somos y tenemos si no hubiéramos pasado por el desafío cotidiano de resolver las dificultades que la vida nos impone a cada rato.

Resolver problemas es la competencia clave para mejorar la salud, las relaciones, los trabajos, los negocios y el propio ejercicio del liderazgo. Es una actividad entretenida, estimulante y productiva que promueve el talento específico para generar innovación y cambio. Esta noble habilidad, para ser adquirida, requiere de un tiempo de entrenamiento. Se trata de saber hacer búsquedas de información, pruebas, ensayos, análisis de errores, y también de tener visiones bien amplias y sin prejuicios. Nuestra sociedad ofrece, hoy, pocas oportunidades para promover este aprendizaje.

Desde pequeños, todos tenemos problemas y vamos aprendiendo diferentes maneras de resolverlos. De lo contrario, no habríamos conseguido sobrevivir. Sin ir muy lejos, para poder caminar, necesitamos vencer los obstáculos que se presentaron en cada caída, en cada ascenso, en cada golpe... Continuamos en una evolución donde superar barreras y frustraciones es la manera de progresar en cualquier desarrollo con resultados. Cada grupo, relación y trabajo nos enseñan muy buenas estrategias para evitar, postergar, enfrentar, resolver o abandonar problemas.

> Es saludable recordar cómo resolvimos los problemas pasados para constatar la fuerza creativa que generaron en nuestras vidas las soluciones logradas.

Con solo evocar los problemas ya resueltos, reaparece en la conciencia la fuerte energía disponible y dispuesta a ponerse en acción ante la nueva circunstancia. Así, podrían arrastrarse a la memoria soluciones similares propuestas por antepasados de hasta seis generaciones atrás.

Una catástrofe de la naturaleza, un accidente, la disminución en la facturación de un negocio, un examen, una fusión de empresas, una enfermedad, sin duda son todos problemas que, una vez aceptados, se convirtieron en verdaderos motores para reconocer, analizar, replantear, corregir y proponer soluciones creativas.

Hoy, el ritmo vertiginoso en que vivimos no permite la evocación y reflexión de los problemas pasados. Esto hace que vuelvan a aparecer los mismos o similares problemas sin soluciones a la vista y con la sensación profunda de que es la primera vez que se presentan.

La urgencia se instaló como estado permanente. Por lo general optamos por la primera solución que se nos ocurre sin saber si realmente es la mejor.

Para la mayoría de los problemas siempre hay una gran cantidad de soluciones, aunque la tendencia general es creer que cada problema tiene solo una solución.

Es frecuente ver que en las fusiones de empresas despiden gente para bajar costos, sin hacer un exhaustivo análisis de la situación planteada. Lo mismo ocurre frente a una crisis económica, cuando no dudan en anular las capacitaciones del personal en forma rápida, aunque más las necesitan.

La experiencia, tanto propia como ajena con respecto a los problemas, muestra que hay problemas que se solucionan solos, otros que no tienen solución posible y que la mayoría se arreglan con talento creativo mediante cambios o mejoras.

Para adaptarnos a la velocidad del mundo actual debemos saber efectivamente que existen problemas que se pueden diagnosticar y enfrentar. Y otros que es mejor abandonarlos.

Frente a algunos problemas es bueno aprovechar oportunidades; ante otros, evitar riesgos o prevenir peligros potenciales.

Para enfrentar un problema, es imprescindible contar con algunas herramientas básicas: saber buscar información veraz, mantener la visión global en los diagnósticos, tener buen nivel de conocimientos sobre los objetos o personas implicados y saber manejar diferentes opciones creativas. Estas son las habilidades necesarias para resolver dificultades en forma eficaz. Con ellas se crea valor. Es muy importante hacer que los niños las practiquen desde pequeños, para que adquieran confianza en resolver los problemas y encontrar las soluciones.

Un problema es un desafío

Los problemas a veces parecen puertas cerradas para nuestro conocimiento. Cuando se presentan, pensamos que es imposible abrirlas. Con coraje, humildad y entrenamiento estas puertas se abren exitosamente.

El ejercicio de esta acción permite recoger más datos de la vida. Con ellos en la mano, es seguro que se la puede disfrutar más y mejor.

¿Qué podemos encontrar al atravesar esas puertas? Un dato inexacto, una información no veraz, un peligro cercano, acaso falta de consideración del tiempo disponible para resolver el problema o simplemente una visión limitada de alguna arista de la situación planteada. ¡Hay que comenzar a trabajar!

> Casi siempre el problema es un desafío que activa recursos insospechados y deja la ganancia de imborrables aprendizajes.

Relato de la sabiduría popular

Una mañana, un monje le dijo a su maestro que tenía un problema y que deseaba comentárselo. El maestro le respondió que esperase hasta la noche.

Llegado ese momento, el maestro se dirigió a todos los discípulos y les preguntó:

—¿Dónde está el monje que tenía un problema? ¡Que venga aquí ahora!

El joven, lleno de vergüenza, dio un paso al frente. Al verlo, el maestro dijo:

—Aquí hay un monje que ha soportado un problema desde la mañana hasta la noche y no se ha preocupado por resolverlo. Si tu problema hubiese consistido en que tenías la cabeza debajo del agua, no habrías aguantado más de un minuto. ¿Qué clase de problema es ese, que eres capaz de soportarlo durante tantas horas?

Este relato muestra un dilema bastante común, que aparece frente a los problemas: ¿lo soporto o lo enfrento?

Aquello que se moviliza y actúa frente a un obstáculo, tanto en una persona como en una organización, está relacionado con las limitaciones propias o del entorno más próximo. Estas generalmente son las cuestiones principales que impiden resolver un problema.

Dice Arthur Schopenhauer en *El mundo como voluntad y representación*: "Los grandes dolores nos impiden sentir los pequeños y a la inversa, en ausencia de grandes sufrimientos, hasta las menores tribulaciones y contratiempos nos atormentan".

Es notable la diferencia que se observa entre las personas y las instituciones que han recibido entrenamiento para resolver problemas y las que no lo han recibido. Lo que puede ser un problema para uno, en la misma circunstancia, para otro significa poco o nada.

En la solución de diferentes problemas es muy importante la apertura con que se los reciba y la preparación estratégica que se posea para resolverlos.

Si quiere tener éxito en la solución de sus problemas, lea el texto siguiente

1. **Acepte** su problema. Sepa que está frente a un desafío, que le propone desarrollar capacidades desconocidas, adquirir mayores conocimientos, mejorar rendimientos y prevenir dificultades.
2. **Enfrente** el problema con información veraz, concreta, actualizada y no generalizada.
3. **Considere** el problema como un desafío para su imaginación, racionalidad y perspicacia.
4. **Véalo** en forma objetiva. Trate de no calificar ni juzgar, para apreciarlo en su verdadera dimensión y así poder proponer alternativas y soluciones eficaces.
5. **Evalúe** permanentemente el tiempo real de que dispone para resolverlo.
6. **Dedíquele** una energía y un tiempo adecuados, para plantearlo y replantearlo cuantas veces sea necesario.
7. **No olvide** tener en cuenta que usted es parte del problema.
8. **Recuerde** que un problema no atendido o no solucionado crece.
9. **Acérquese y aléjese** del problema, una y otra vez. Trate de resolverlo paso por paso. En cada uno de ellos, puede encontrar soluciones inesperadas.
10. **Cuente** su problema. Recoja los puntos de vista de los demás. Reflexione antes de actuar.

▶ **Para el lector**

∘ Piense en qué ámbito se perturba con más facilidad frente a los problemas: en el liderazgo, el trabajo, las relaciones, el cuerpo y la salud, o el uso del dinero.

∘ ¿Cuál es el desafío que se plantea hoy?

La práctica efectiva de la visión global

A veces no escuchamos correctamente, no vemos lo que está a la vista, no transmitimos con exactitud, no damos importancia a un hecho, no entendemos algo, no pedimos suficiente información, o simplemente usamos un punto de vista inamovible para evaluar un problema. Cuando eso ocurre es porque hemos perdido la visión global del problema.

La habilidad consiste en mirar el problema desde distintos lugares, tiempos o puntos de vista. Al centrarnos en cada uno de ellos se producen percepciones diferentes que permiten análisis más acertados. Estos, a su vez, propician la formulación de variadas y novedosas opciones para resolver el problema.

La visión global evita la aparición de una tendencia común, que es la de analizar el problema centrados en nosotros mismos. Es muy fácil que esto suceda. Resulta empobrecedor. Se encara el problema de acuerdo con la proyección personal de afectos, necesidades, limitaciones, intereses, etcétera.

Decía una persona durante la consulta: "El hogar infantil que recordamos mi hermano y yo apenas si tiene puntos en común. Sus padres se llamaban como los míos, habitaban la misma casa, pero indudablemente eran otras personas. Mi padre, para mí, era una persona extraordinaria; para mi hermano, un autoritario desalmado".

Hacía referencia a la visión distinta de la misma escena familiar que en ese momento tenían su hermano y ella, a pesar de haber estado ambos presentes en el mismo lugar, al mismo tiempo y acompañados por los mismos personajes. Es de calcular lo diferente que también podrían ser los recuerdos que cada uno registró de los problemas presentados en la familia en aquellos tiempos.

¡Parece hasta absurda la disociación que producen las miradas diferentes! Seguramente que ninguna de las dos miradas refleja fielmente la realidad tal cual era.

Los hechos son realidades complejas y a veces misteriosas. Se expresan en movimientos continuos, difíciles de abarcar en su totalidad.

Immanuel Kant revolucionó la filosofía de su tiempo con la idea de que es imposible experimentar la realidad en un sentido verdadero, porque nuestras percepciones y los datos que obtenemos por medio de los sentidos son inevitablemente filtrados y procesados por nuestro aparato neuroanatómico. Casi todos los datos percibidos resultan conceptualizados a través de construcciones arbitrarias.

Dice Paul Watzlawick en *¿Es real la realidad?*: "Creer que la propia visión de la realidad es la realidad misma, es una peligrosa ilusión. Pero se hace más peligrosa [...] si se la vincula a la obligación mesiánica de sentirse en la obligación de explicar y organizar el mundo de acuerdo con ella".

Para comprender un problema, es imprescindible mirarlo desde diferentes perspectivas. Al contestar una serie de preguntas se llega a la visión global. Desde tiempos muy remotos ellas han orientado la comprensión de las dificultades provenientes de los más diversos ámbitos:

¿Quién? ¿Por qué? ¿Cómo? ¿Cuándo? ¿Dónde? ¿Para qué?

Las respuestas a estos interrogantes orientan para que el problema sea analizado desde diferentes puntos de vista. Ayudan a conocer sus alcances, a percibir los peligros o riesgos inminentes que el problema está provocando o que puede llegar a provocar en el futuro.

La visión global genera mayor flexibilidad en los análisis. Asegura la producción de mejores alternativas creativas. Ayuda a comprender en forma amplia la situación. Lleva a solucionar y ejecutar efectivamente.

Si pregunta, recibirá.

El término *paralaxi*, muy utilizado en los primeros tiempos de la filosofía, significa que cambia el espectáculo al cambiar el espectador. El espectáculo empieza a cambiar, pero la modificación no será completa si no se altera la perspectiva del espectador. El hombre, así, se prepara para una nueva lectura de la realidad.

Ramón de Campoamor dice en su poema "Las dos linternas": "En este mundo traidor / nada es verdad ni mentira / todo es según el color / del cristal con que se mira".

Relato milenario

En un monasterio de Oriente existe un lugar para meditar. En el centro hay enclavadas nueve piedras y varios bancos a su alrededor para sentarse y reflexionar.

Las nueve piedras están ubicadas de tal manera que desde cualquier lugar donde uno se coloque verá solo ocho piedras. Siempre una quedará escondida detrás de otra.

Si uno cambia de sitio, verá alguna que no veía antes, pero desde allí también solo podrá ver ocho, y será otra la que quede oculta. ¿Cómo podría conocerse la totalidad? Solo si otra persona se sienta en un sitio distinto y cuenta cómo es la piedra que no vemos.

El lugar se construyó para mostrarle al visitante que nunca puede verse toda la realidad en forma completa y directa, sino a través de nuestra representación y de la de los demás. Es una invitación para reflexionar.

Los diferentes puntos de vista acerca de la presentación de determinado obstáculo, como podrían ser el de los actores, el de los observadores, el de las personas que antes pasaron por ese problema, hacen reflexionar sobre esa realidad humana. Esta consideración es aplicable a nivel individual y organizacional. La historia personal, los prejuicios, la competencia, la urgencia o la falta de entrenamiento tornan difícil la **visión global** de una situación problemática. Pero esa es la herramienta fundamental para producir mejoras y cambios. Vale la pena entrenarse en ella. Sus ventajas son considerables a la hora de tomar decisiones y avanzar.

Sugerencias para practicar la visión global de un problema

1. Cambiar de lugar al observador. Ubicarlo en distintos ángulos.
2. Tratar de ver todo el plano en el que actúa el problema.
3. Apartar las emociones y evitar juicios.
4. Pedir opiniones objetivas.
5. Replantear el problema cuantas veces sea necesario.
6. Estudiar todas las posibles causas y consecuencias del problema.

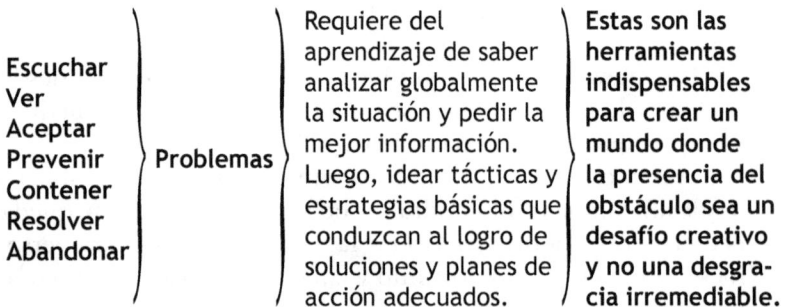

Escuchar
Ver
Aceptar
Prevenir } Problemas { Requiere del aprendizaje de saber analizar globalmente la situación y pedir la mejor información. Luego, idear tácticas y estrategias básicas que conduzcan al logro de soluciones y planes de acción adecuados.
Contener
Resolver
Abandonar

Estas son las herramientas indispensables para crear un mundo donde la presencia del obstáculo sea un desafío creativo y no una desgracia irremediable.

Si bien es cierto que la **visión global** de un problema es el marco apropiado para tratarlo, no es menos cierto que la **visión lineal** de él también juega un papel muy importante.

La visión lineal consiste en una mirada puntual, donde el foco se pone sobre una parte del problema. Podría ser que en una empresa, frente al análisis de la incorporación de un nuevo producto, el estudio se centrara en los traslados necesarios para su venta o las dificultades en la importación de la materia prima y sus costos o, simplemente, en la posible aceptación o no del mercado.

Metafóricamente hablando, la visión global es como la mirada del águila, que abarca un ángulo de 180°, mientras que la lineal es como la de la gallina, con una pobre percepción en profundidad que se circunscribe solo a su posición respecto de la tierra y según sus necesidades del momento.

Ambas visiones constituyen posiciones clave para diagnosticar un problema y pensar en planes de acción eficientes para resolverlo.

Guía para resolver problemas

Un problema bien definido significa tener ya varias soluciones. Es decir que si vemos, **aceptamos** y **diagnosticamos** un problema estamos en el camino de su solución. El recorrido comienza por **identificarlo** y **analizarlo en sus partes**, detectar los hechos, sus efectos y causas. También es importante considerar el **contexto**.

Anthony de Mello, en *Un minuto para el absurdo*, dice: "¿Cuánto tiempo me llevará resolver mi problema? Ni un minuto más de lo que trates en comprenderlo".

Cuando dos personas se enfrentan por algún motivo es sumamente difícil entender las diferencias culturales desde las cuales disparan ideas, juicios y opiniones. Esto es lo primero que hay que revisar. Si, a partir de allí, las partes logran comprender el problema, solo les queda proponer **alternativas** para resolver los obstáculos planteados. De acuerdo con los objetivos deseados, esas alternativas deberán ser **evaluadas** según las relaciones pertinentes, por ejemplo: **costo-beneficio, peligros y riesgos**. Calificadas y comparadas las propuestas, el paso siguiente es **elegir** alguna que puede ser la posible: la mejor, la más segura, la más económica y la menos peligrosa. Luego se trata de construir un **plan de acción**. Por último, hay que realizar la **acción** y **evaluar los resultados**. Según Albert Einstein: "Los problemas significativos que enfrentamos no pueden resolverse con el mismo nivel de pensamiento en que estábamos cuando los creamos".

Para encarar un problema que nos involucra, empecemos por cambiar la forma habitual de pensar sobre él.

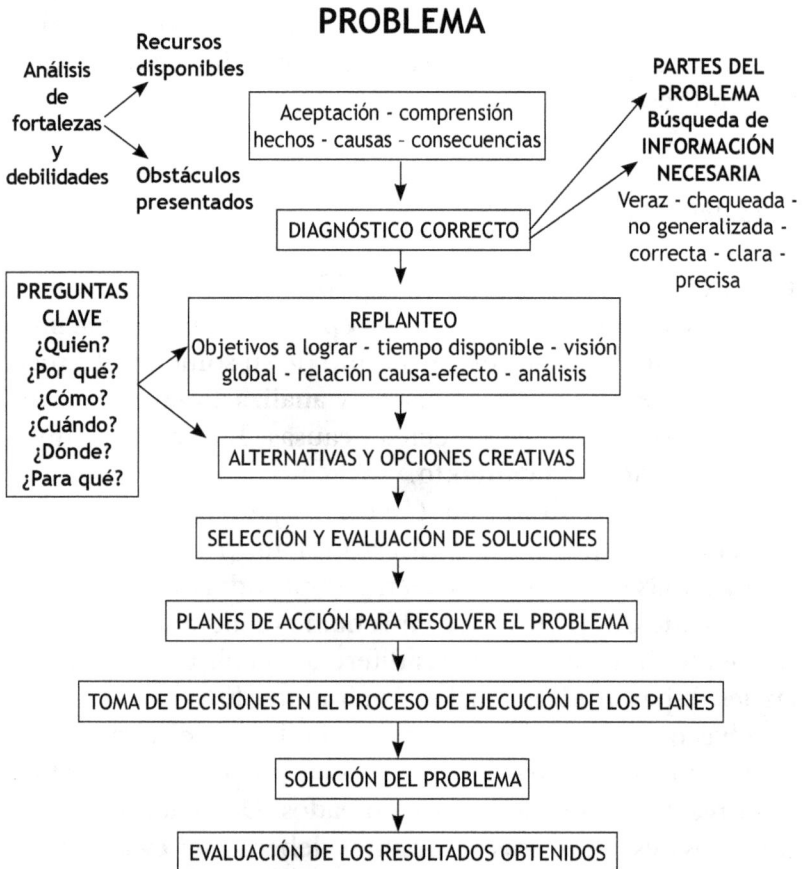

PROBLEMA

Análisis de fortalezas y debilidades

Recursos disponibles

Obstáculos presentados

Aceptación - comprensión hechos - causas – consecuencias

PARTES DEL PROBLEMA
Búsqueda de INFORMACIÓN NECESARIA
Veraz - chequeada - no generalizada - correcta - clara - precisa

DIAGNÓSTICO CORRECTO

PREGUNTAS CLAVE
¿Quién?
¿Por qué?
¿Cómo?
¿Cuándo?
¿Dónde?
¿Para qué?

REPLANTEO
Objetivos a lograr - tiempo disponible - visión global - relación causa-efecto - análisis

ALTERNATIVAS Y OPCIONES CREATIVAS

SELECCIÓN Y EVALUACIÓN DE SOLUCIONES

PLANES DE ACCIÓN PARA RESOLVER EL PROBLEMA

TOMA DE DECISIONES EN EL PROCESO DE EJECUCIÓN DE LOS PLANES

SOLUCIÓN DEL PROBLEMA

EVALUACIÓN DE LOS RESULTADOS OBTENIDOS

Pasos a seguir:

1º Identificar y definir claramente el problema y sus alcances. Detectar el núcleo y las partes. Estudiar causas y consecuencias de los hechos producidos. Especificar los objetivos a lograr; es decir, lo que debe ser alcanzado y para qué. Buscar la información necesaria y pertinente del problema. Averiguar si un problema es repetido y si está relacionado con otros. Al analizar el problema, a través del tiempo se impone hacer la siguiente pregunta: **¿dónde estamos parados?**

2º Determinar el conjunto de alternativas creativas de solución. Considerar las consecuencias de la aplicación de cada una a corto y mediano plazo.

3º Elegir el o los criterios que se van a usar para valorar las alternativas.

4º Evaluar y comparar las alternativas. Buscar información sobre cada una de ellas. Considerar las siguientes variables: incertidumbre, daños, peligros, oportunidades y riesgos.

5º Organizar planes de acción con las alternativas posibles. Elegir un plan y tener a la vista otros probables: plan A, plan B y plan C.

6º Tomar la decisión. Ejecución de pruebas piloto.

7º Evaluar los resultados y compararlos con los esperados.

Relato de una experiencia

Hablamos de la sucursal argentina de una empresa norteamericana, de excelente facturación, muy alta posición en el mercado y con una antigüedad de 15 años en el país. Se dedica a la importación de caños para instalaciones eléctricas, cuya venta está orientada a viviendas y fábricas de la ciudad de Buenos Aires, provincia de Buenos Aires y ciudades importantes del interior del país.

Intempestivamente, los empleados reciben por medios extraoficiales una comunicación ambigua, confirmada luego por la casa central de Chicago. Les informaban que la empresa había sido adquirida por una poderosa corporación que comercializaba casi veinte líneas de productos en gran escala. El objetivo de la compra era incorporar esta pequeña sucursal como una nueva unidad de negocios.

Los tres gerentes locales aseguraron a los empleados que esto no cambiaría en nada el funcionamiento comercial llevado a cabo exitosamente por ellos hasta ese momento.

Además, informaron que los compradores le habían pedido especialmente al equipo de trabajo que mantuviera los logros comerciales obtenidos hasta el momento para asegurar una fusión rápida y con buenos resultados.

Los empleados no confiaron en estas comunicaciones y rápidamente entraron en situación de caos: miedos, amenazas, falta de atención en las tareas, formación de grupos de aliados, disminución en los rendimientos, renuncias, ausencias por enfermedad, etcétera.

La búsqueda de información

Para hacer el buen diagnóstico de un problema, siempre que el tiempo disponible lo permita, es clave buscar información **adecuada**. Los datos obtenidos permiten tener una visión más completa del problema y sus consecuencias. Con ellos, es factible formular las más diversas alternativas creativas. Conseguir la información apropiada, permite operar sin sobresaltos y con responsabilidad.

Para que la información sea adecuada debe ser:

1. **Veraz.** Que muestre una conformidad razonable con la realidad.
2. **Objetiva.** Que exprese los hechos tal como son, sin distorsiones producidas por situaciones particulares del emisor o su entorno.

3. **Verificable.** Que permita ser comprobada mediante demostraciones que la acrediten o confirmen.
4. **Precisa.** Que esté entre los estrechos límites de la aproximación.
5. **Confiable.** Que sea creíble.
6. **Completa.** Que al menos contenga datos de sus partes esenciales.
7. **Actual.** Que considere valores y elementos que tengan efectiva vigencia.
8. **Pertinente.** Que sea razonablemente apropiada y relacionada con el cumplimiento de los objetivos perseguidos.
9. **Clara.** Que sea inteligible, fácil de comunicar y de comprender.

Dijo Albert Einstein: "Si me concediesen una hora para resolver un problema del que dependiese mi vida, utilizaría cuarenta minutos para estudiarlo, quince minutos para revisarlo y cinco minutos para resolverlo…"

El tiempo disponible

El tiempo disponible para resolver un problema es la variable interdependiente que actúa desde el planteo hasta la solución. Constituye un elemento clave para considerar la visión global, el diagnóstico y la conducción de las alternativas.

Ante la velocidad con que hoy se presentan los cambios, es imprescindible usar el tiempo con racionalidad y economía de esfuerzos. Muchas veces la consideración de esta variable pesa más que el dinero, la oportunidad o el riesgo.

Frente al obstáculo presentado, la mejora exigida o la necesidad de evitar daños, en primer lugar se impone hacer la siguiente pregunta: **¿de cuánto tiempo disponemos?**

Otras preguntas:
- ¿Hay fecha de vencimiento?
- ¿Puedo llegar a la cita con atraso?
- ¿Cuánto tiempo tiene el proveedor para enviar el producto?
- ¿Cuánto puede durar el arreglo que se hizo en la máquina?
- ¿Hay urgencia para cotizar?
- ¿Cuándo vence el contrato? ¿Qué ocurre si nos pasamos de esa fecha?
- ¿Puedo retrasar la cita porque necesito ganar tiempo?
- ¿Revisaron el camión y todas las estanterías?
- ¿Calcularon el tiempo necesario para que el equipo llegue al objetivo?
- Cuánto tiempo tenemos para: ¿mejorar el producto?, ¿alquilar?, ¿vender?, ¿cerrar?

Es muy importante no gastar el tiempo disponible en reuniones o discusiones estériles. Lo inteligente es organizar de antemano y limitar el tiempo según los objetivos previstos. Por ejemplo, en las reuniones de equipo, es aconsejable llevar una serie de puntos a tratar organizados de acuerdo con su urgencia e importancia, y controlar el tiempo adjudicado al tratamiento de cada uno.

Relato de la sabiduría popular

Un viejo y autoritario zar encontró que su mejor corbata estaba quemada. Mandó a buscar al encargado de esa tarea y le comunicó que a la mañana siguiente sería decapitado por cometer semejante daño. El pobre hombre fue encerrado en una celda para esperar su muerte.

A la noche, cuando su carcelero se le acercó, le dijo: "Si me matan, el zar perderá la posibilidad de que su oso pueda hablar. Yo sé entrenar osos para que hablen".

Resulta que el zar tenía un oso que era lo más importante en su vida y siempre insistía en que él podría hablar. Rápidamente, el carcelero le contó al zar la habilidad del prisionero. Entonces, el monarca no perdió tiempo en hacer venir al supuesto entrenador a su despacho y corroborar sus dotes, sino que ordenó que le preguntaran cuánto tiempo le llevaría hacer hablar a su oso. A lo que el condenado contestó: "Depende de la inteligencia del oso y de sus ganas de aprender... En ese caso, creo que en dos años podría llegar a hablar lo más elemental".

El zar contestó: "Su pena será suspendida por dos años, mientras entrena al oso. Si no lo logra, morirá como había decidido".

Como si esto fuera poco, el monarca también regaló a su sirviente una bolsa de monedas de oro para que la llevara a su familia para asegurarse que no le faltara nada.

Cuando el pobre hombre llegó a su casa, liberado y con semejante premio, su mujer no entendía nada de lo sucedido. Ya lo creía muerto, y en cambio llegaba con una bolsa de monedas de oro y caminando animadamente.

El hombre, muy alborotado, le contó el compromiso contraído con el zar de hacer hablar a su oso. Ella quedó perpleja, ya que sabía que su marido ni siquiera había visto alguna vez un oso. Acto seguido, le expresó sus miedos por lo que podía suceder si no lograba hacer hablar al animal.

Él la tranquilizó diciéndole: "Me iban a matar en pocas horas. Ahora tengo por lo menos dos años de vida. Además, en ese tiempo pueden pasar tantas cosas: puede morir el zar, puede enfermarse el oso, también yo puedo morirme, y quién te dice que, con dedicación, hasta pueda ¡hacer hablar al oso!".

Considerar el tiempo es la herramienta clave para poder analizar, diagnosticar y evaluar las mejores opciones, decidir hacerlo o no, acordar o no, demorar o acelerar la solución de un problema.

La toma de la decisión

Es la elección de una o varias de las alternativas evaluadas para resolver el problema.

> Se prefiere un camino, sabiendo que los otros serán abandonados.

Para tomar la decisión acertada, deben seguirse algunas reglas básicas:

- Generar una cantidad razonable de alternativas y compararlas entre sí.
- Especificar los objetivos a lograr.
- Concentrar la atención en lo importante.
- Operar con lógica y ser consecuente.
- Si hay tiempo, averiguar cuál sería la mejor decisión para los demás.
- Exigir solo la cantidad de información necesaria y pertinente al problema y no más.
- Hacer transacciones para partir diferencias.
- Evaluar las consecuencias adversas: peligros, daños, probabilidades, amenazas, riesgos, etcétera.
- Reconocer todos los factores subjetivos y objetivos que están operando en el problema.
- Tener creatividad frente a las oportunidades y proponer soluciones novedosas, no convencionales, inéditas o de alto impacto.
- Usar en forma inteligente el tiempo disponible.

> Para tomar una decisión eficaz, esencialmente deben considerarse las siguientes variables: tiempo (mínimo), costos (mínimos), ganancias (máximas) y riesgos (menores).

En tiempos de cambios tan abruptos y competencia tan excesiva, las organizaciones no se pueden dar el lujo de alejarse de las variables señaladas. Es imprescindible saber cuál es la mejor decisión antes de entrar en acción.

Un relato con decisión

Un rey recibió dos pequeños halcones, y los entregó a un maestro para que los entrenara. Pasados unos meses, el maestro le informó al rey que uno de los halcones estaba perfectamente, pero que el otro no se había movido de la rama donde lo había dejado el mismo día que llegó. El rey mandó llamar a un curandero para que viera al halcón, pero nadie pudo hacerlo volar. Al otro día, el monarca pudo observar que el ave aún continuaba inmóvil. Entonces, decidió comunicar a su pueblo que ofrecía una recompensa para la persona que hiciera volar al halcón. A la mañana siguiente, vio cómo el halcón volaba ágilmente por los jardines. Entonces el rey dijo: "¡Traedme al autor de este milagro!". Rápidamente sus cortesanos le presentaron a un campesino.

El rey le preguntó: "¿Tú has hecho volar al halcón? ¿Cómo lo hiciste? ¿Eres mago?". Intimidado, el campesino le respondió: "Fue fácil, mi rey. Solo corté la rama, y el halcón voló. Se dio cuenta de que tenía alas, y se largó a volar".

Una buena decisión contiene, en sí misma, las bases necesarias para realizar un plan de acción eficaz.

Una vez que el plan se pone en acción, es necesario hacer evaluaciones para confirmar si los resultados de la acción son los esperados o no.

Actitudes negativas más comunes con respecto a la toma de la decisión:

- Usar suposiciones en lugar de informaciones adecuadas.
- Querer perpetuar la situación problemática.
- Valorar positivamente elecciones anteriores, no significativas en el presente.
- Ver solo lo que se quiere ver al momento de decidir.
- Plantear en forma incompleta las preguntas.
- Operar con exceso de confianza o de desconfianza.

- Valorar la opinión de alguien que no es objetivo.
- Otorgar gran importancia emocional a las frustraciones o fracasos.
- Pasar por alto información pertinente.
- No dar pautas de tiempo y forma a la decisión.
- Tener excesiva prudencia al decidir.
- Sesgar probabilidades, peligros y riesgos.
- No recordar bien algunos datos y, a pesar de eso, igualmente decidir.
- Considerar solo el lado positivo de alguna alternativa.
- No hacer un análisis objetivo de fortalezas y debilidades antes y después de tomar la decisión.
- No usar la hipótesis de catástrofe, cuya pregunta básica es: ¿qué podría perder al tomar tal o cual decisión?

▶ **Para el lector**

- ☞ Piense en una decisión que no haya dado los resultados esperados. Escríbala.
- ☞ ¿Cuál era el objetivo?

Tendencias ineficaces

Cuando trabajamos con personas, grupos, instituciones e incluso con nosotros mismos aparecen ciertas conductas ineficaces para solucionar problemas. Son antieconómicas y poco creativas. No son beneficiosas en términos de esfuerzos, objetivos y recursos. Producen la pérdida de una visión correcta de causas y efectos de un problema.

Las más frecuentes son:

1° Manejar **soluciones** sin una percepción global y clara del problema.

2º Formular **quejas**.
3º Enfocarse en las **causas** y hacer especulaciones.
4º Proponer **soluciones provisorias** sin evaluar su relación costo-beneficio.
5º Operar con **supuestos**.
6º **Generalizar** inadecuadamente.
7º **Olvidar** el problema y sus aprendizajes.
8º **No ver** el problema.

1º Manejar soluciones sin una percepción global y clara del problema

Algunas personas resuelven un problema sin conocer sus propios intereses en juego; otras, indican un remedio sin haber hecho un diagnóstico completo del trauma o la enfermedad. Muchos planifican entrepisos, techos o ventanas sin antes hacer cálculos de fuerza y resistencia de los materiales. Todas están operando con soluciones provisorias, establecidas mediante el método de ensayo y error. Es decir, sin conocimiento suficiente ni reflexión.

Tienen una fuerte tendencia a la prueba. Luego, valiéndose de ella, recién ven qué pasa. No consideran el valor de un buen diagnóstico, ni la planificación que le sigue. Anulan los pasos previos, indispensables para llegar a una solución efectiva. Son ineficientes.

Diagnóstico y planificación son las bases operativas que otorgan mayor flexibilidad para proponer y elegir las opciones más beneficiosas para resolver un problema. Quienes se apresuran a probar con la acción suelen estar dirigidos por **modelos mentales rígidos**, muy comunes, como, por ejemplo:

- Lograr el éxito rápido.
- El que es más rápido, gana.
- El más rápido es el más inteligente.
- El rápido siempre gana de mano.

A veces las personas o las instituciones no están en condiciones de contener la **ansiedad** que despiertan ciertos problemas. Detrás de ella por lo general se esconden miedos a presuntos peligros. Estos son los que empujan a la acción poco meditada: **miedo a destruirse, a no resistir. Miedo a perder algo: dinero, bienes, prestigio, afectos, fama. Miedo a llegar último o simplemente después que otros. Miedo a no ser elegidos. Miedo a no ser el más bondadoso, el mejor, el más original. Miedo a no poder. Miedo a no ser querido, valorado, mirado.**

Resumen de la nota de Mario Diament "El misterio del dedo de Wendy´s" publicada en el diario *La Nación*

Una mujer de 39 años, en San José, California, se sentó a comer un guiso de ají en un restaurante de la cadena Wendy's. Súbitamente, según su propio testimonio, mordió algo duro que resultó ser un dedo anular. El hallazgo movilizó un gran frenesí periodístico y sacudió todos los niveles de la conducción de Wendy's.

Las preguntas fundamentales que hicieron la policía y el FBI fueron: ¿a quién pertenecía el dedo? ¿Correspondía a una persona viva o muerta? ¿Cómo había llegado al guiso?

Los médicos forenses trataron de determinar el ADN del dedo, y el FBI comparó la huella digital con cincuenta millones de muestras dactiloscópicas de su base de datos. Todo, con resultados negativos.

A lo primero que se dedicó el equipo de investigación organizado por Wendy's fue a determinar si alguno de sus empleados en los 6.600 locales de la cadena en los Estados Unidos había perdido un dedo. Al mismo tiempo, se ofreció una recompensa de 100.000 dólares a cualquiera que pudiera aportar información que permitiera identificar al propietario del dedo. Mientras tanto, en un mes, las ventas de Wendy's en el norte de California cayeron entre un 25 y un 50 por ciento.

Después de un tiempo, la policía comenzó a investigar a la mujer que había encontrado el dedo. Resultó sospechosa por una historia de litigios que incluía una demanda donde alegaba que su hija se había enfermado por haber comido en un restaurante de Las Vegas.

Finalmente, al mes de sucedido el hecho, fue arrestada y acusada de fraude. Termina diciendo el periodista: "El dueño de la cara, no siempre puede ver su nariz".

Frente a un diagnóstico incompleto y apresurado, podría pensarse: ¿qué información faltó pedir? ¿Quiénes estaban implicados en el hecho? ¿Cómo sucedió realmente lo que desencadenó el problema? ¿Quiénes estaban presentes en el lugar? ¿Cuáles eran los datos del protagonista?

Los costos de un plan de acción llevado a cabo sin tener un buen diagnóstico son elevados.

▶ Para el lector

↝ ¿Está apurado por encontrar soluciones cuando se presenta un problema?

↝ ¿Reconoce algún modelo mental o miedo que lo lleve a operar rápido?

2° Formular quejas

Frente a un problema, ponemos el enemigo afuera, llámese jefe, cliente, tiempo, banco, empleado, proveedor, marido, hijo.

Son frecuentes las acusaciones de este tipo: el encargado abandonó la situación en el peor momento; el jefe no me escuchó; la culpa la tiene la competencia; perdimos mucho porque el cliente se llevó todos los datos; esto sucedió porque el empleado no obedeció y actuó solo ofreciendo otra cifra.

La queja es el mejor indicador de que no hemos aceptado el problema. Con esa actitud estamos perdiendo lastimosamente tiempo y esfuerzos.

Otras veces, esperamos un supuesto padre milagroso que haga justicia y castigue a los culpables o, directamente, que resuelva el problema a cualquier costo.

Cuesta reconocer que los portadores y dueños del problema somos nosotros mismos.

Dicen los indios navajos sobre los problemas: "Si las causas del problema no están encima de nuestra cabeza, a los costados de nuestro cuerpo, por debajo de los pies o por la parte de atrás de nuestro cuerpo, hay que buscarlas en el centro de nuestro corazón".

Quejarse, culpar, llorar, sufrir, son posturas que llevan al desaliento. Este sentimiento conduce a la pobreza creativa, impide la aparición de respuestas innovadoras y el uso de la flexibilidad. Es más, por lo general refuerzan modelos de pensamiento crónicos.

Quejas y culpas, en cualquier área de la vida, dividen y atrasan el desarrollo, hasta llevar a la autodestrucción.

La queja, específicamente, es una insatisfacción que evita buscar responsables del conflicto. Simplemente promueve mártires pacíficos, espera salvadores milagrosos que tal vez nunca aparezcan... El personaje de víctima es extremadamente negativo a la hora de resolver problemas.

▶ Para el lector

¿A quién se refieren sus dos quejas preferidas?
- ¿A su jefe?
- ¿A sus empleados?
- ¿A sus proveedores?
- ¿A algún cliente?
- ¿A "el sistema"?
- ¿A la vida?
- ¿Al gobierno?

- ¿A su pareja?
- ¿A sus hijos?
- ¿A sus padres?
- ¿A sus amigos?
- ¿A sus vecinos?

Salga rápido del personaje de víctima e intente transformar su queja en pedido. ¡Escríbalo ahora mismo! Luego, expréselo a quien corresponda.

3º Poner el foco en las causas y hacer especulaciones

Se buscan las causas de los problemas y se proponen soluciones taxativas basadas solamente en los porqués. De esta manera son olvidados los dónde, cuándo, para qué, cómo.

Con una percepción tan limitada se pierde flexibilidad para generar opciones creativas.

Se empantanan porque son dirigidas unilateralmente por los porqués. Como se dice vulgarmente, "embarran la cancha" o "caminan en una sola dirección". Crean anteojeras para **no ver** globalmente el problema. Las posibles soluciones se demoran o no son las mejores.

Al detenerse demasiado en las causas, a veces lo que se pretende es echar las culpas a los otros. Esto atrasa las soluciones eficaces de cualquier problema, aumenta la gravedad de las dificultades e irradia en forma incontrolada sus efectos a otras áreas.

▶ Para el lector

- ¿Recuerda algún problema en que haya demorado la solución?

4° Proponer soluciones provisorias sin evaluar costo-beneficio

Se opera rápido con lo accesorio o con la idea de resolver el inconveniente en el menor tiempo, sin atender lo verdaderamente importante. Esto puede funcionar en una emergencia. Pero hay que ser consciente de que no se está destinando suficiente energía para detectar los alcances del problema, sus verdaderas causas en determinado contexto. Tampoco se analizan las relaciones entre las partes involucradas.

Es la famosa teoría de "atar con alambre", tan propia de los latinoamericanos. Se propone una solución veloz, aplicable a diferentes problemas y que proporcione un éxito inmediato. No se piensa en las consecuencias de esta acción en el mediano y el largo plazo.

Frente a la falta de ventas, muchas empresas toman como solución rápidamente reducir el personal. Al poco tiempo, se dan cuenta de que al suprimir a esas personas también pierden relaciones con antiguos clientes, amistades, beneficios con proveedores, secretos y memorias útiles para la organización, arreglos especiales ya pactados…

> Las soluciones provisorias, si no son estudiadas en forma integral, traen más costos que beneficios. Tampoco resisten desafíos posteriores.

Relato acerca de una solución provisoria

En una fábrica de ropa infantil, disminuyen las ventas por demoras en las entregas. Detectado el problema, uno de los directivos propone rápidamente aumentar las horas extra del personal. Así se hizo. Al mes, mediante un análisis más afinado, se comprobó que en realidad había siete máquinas que fallaban en las terminaciones de las prendas. Había que hacer el trabajo a mano, lo que insumía el doble de horas. Por diversas razones, simultáneamente ocurría que las tinturas estaban llevando más tiempo de lo previsto en el secado y que el sector de control de calidad tenía normas de procedimiento poco claras y precisas. Como si esto fuera poco, las negociaciones con los proveedores eran muy laxas y lentas. Estamos enumerando solo algunos de los aspectos dañados en diferentes sectores con referencia al problema de la demora en las entregas.

La solución provisoria de las horas extra, que duró varios días, además de resultar antieconómica era ineficaz. Es más, no dejó ver el verdadero problema, sus implicancias y las modificaciones que debían realizarse para solucionarlo.

Un remiendo puede ser efectivo para un momento, pero no ataca el problema ni las causas que lo provocan. Solo puede paliar sus consecuencias inmediatas, y a veces deja malos ejemplos.

5° Operar con supuestos

Muchas veces usamos conjeturas frente a situaciones de urgencia, confusión o simplemente para justificar un modelo de pensamiento, una opinión o una posición tomada. Las conjeturas son simplemente juicios probables sobre hechos o personas que inducen a visiones parciales. Fraccionan la realidad.

En consecuencia, guían a las personas para tomar decisiones estrechas o ineficaces.

> Cuando se parte de visiones parciales, suelen agrandarse o menospreciarse datos o se dejan de lado informaciones veraces o importantes que podrían llevar a comprender mejor el problema.

Una muestra son las fatigantes reuniones de consorcio en los edificios de propiedad horizontal. Frente a dudas acerca de gastos, consumos o arreglos, los dueños de las unidades comparan cifras o acciones realizadas en su edificio con las de otros edificios de amigos o parientes. Al hacerlo, omiten datos clave como: cantidad de unidades existentes, antigüedad de los edificios, cantidad de ascensores, tipos de servicios prestados, superficies cubiertas, etcétera.

Todo vale con tal de justificar posturas y reforzarlas con diferentes datos. No interesa constatar si las informaciones son reales, ni comparar con exactitud los resultados obtenidos. El apremio por resolver mediante supuestos, en forma rápida, lleva a confusión y malos resultados.

Después de cierto tiempo tal vez se compruebe que los datos eran falsos. Mientras tanto, el problema creció y la solución no prosperó. El resultado de las acciones basadas en supuestos es poco económico en gastos de energía, tiempo y dinero.

Relato de la sabiduría ancestral

Un jinete vio que un escorpión venenoso se introducía por la boca de un hombre que dormía tumbado en el camino. El jinete bajó de su cabalgadura y dándole fuertes latigazos despertó al hombre. Al mismo tiempo, lo obligaba a comer unos excrementos que había en el suelo. El castigado chillaba de dolor y asco, y le decía:

—¿Por qué me haces esto? ¿Qué te he hecho yo?

El jinete, sin pronunciar palabra, continuaba azotándolo y lo obligaba a comer.

Instantes después, el hombre que estaba en el suelo vomitó arrojando el contenido del estómago con el escorpión incluido. Cuando comprendió lo ocurrido, agradeció al jinete por haberle salvado la vida y después de besarle la mano insistió en entregarle una humilde sortija, como muestra de gratitud. Al despedirse le preguntó:

—¿Por qué no me despertaste? ¿Por qué razón tuviste que usar el látigo?

—Había que actuar rápidamente –respondió el jinete–. Si solo te hubiera despertado, no me habrías creído, habrías quedado paralizado por el miedo o habrías escapado. Además, de modo alguno hubieses comido los excrementos y resistido el dolor de los azotes que provocaron las convulsiones que evitaron la picadura del escorpión.

Dicho lo cual, el jinete partió al galope hacia su destino.

Dos hombres de una aldea vecina habían sido testigos del episodio. Cuando regresaron a su pueblo, narraron lo siguiente:

—Hemos sido testigos de un hecho muy triste que revela la maldad del hombre. Un pobre labrador dormía plácidamente la siesta a la vera de un camino cuando un orgulloso jinete entendió que obstaculizaba su paso. Se bajó de su caballo y con un látigo comenzó a azotarlo por tan mínima falta. No contento con eso, lo obligó a comer excrementos hasta vomitar, le exigió que le besara la mano y además le robó una sortija. A la vuelta de un recodo, hemos esperado al arrogante jinete y le hemos propinado una buena paliza por su deplorable acción.

> Suponer es producto de una percepción estrecha del problema y su contexto.

La intención del supuesto es ordenar aquello que se presenta confuso o ambivalente, pero solo consigue distorsionar el hecho presentado y sus circunstancias. Algunas suposiciones han llevado a la quiebra a muchas empresas y han deteriorado relaciones importantes.

Dice Peter Drucker en *Los desafíos de la administración en el siglo XXI*: "Son contadas las veces que los supuestos se analizan, se estudian o se ponen en tela de juicio, e incluso contadas las ocasiones en que se explicitan [...]. Los supuestos que ayer eran válidos, pueden quedar invalidados e incluso ser totalmente erróneos apenas pasado un instante".

6º Generalizar inadecuadamente

Generalizar es la acción de agrupar o encasillar diferentes elementos, ya sean personas, hechos o productos, que están calificados de manera general y poco precisa. Esta acción resulta vaga.

Consiste en observar lo que ellos tengan en común y formar un concepto que pueda abarcarlos a todos. Pocas veces la generalización resultante es acertada.

Generalizar sin fundamento atrasa la solución de un

problema porque parte de una visión general, muchas veces errada, pero que puede tener peso para los demás.

Al analizar las formas de pago de clientes o proveedores, en algunas organizaciones suelen escucharse frases como: en este país nadie paga; el cliente siempre engaña; las mujeres son mejores pagadoras; por lo general, con los ricos hay problemas de pago, quienes tienen poco son los mejores pagadores; a la larga, el cliente antiguo siempre paga; quien no paga en el tiempo pactado, ya no paga más.

Presuntas generalizaciones de este tipo hacen que existan las más diversas formas de crédito que impiden un análisis sobre cuáles podrían ser las mejores en determinados mercados en la actualidad. Se escucha, por ejemplo: todos los vendedores de telas en rollo cerrado no dan planes de pago; hoy todos dan crédito a 30 o 60 días; todas las empresas grandes pagan a 30 y 45 días; los sindicalistas son muy duros en las negociaciones; en la venta de ropa para niños se aumenta el 100 por ciento, etc. Generalizaciones como estas impiden hacer acuerdos seguros y ventajosos.

> Generalizar es ver el problema con anteojeras y las soluciones con muletas.

Frente a cualquier generalización, lo urgente es comprobar la información para constatar su validez y veracidad. Recién después podrá operarse con ella. En la actualidad, la generalización se encuentra acentuada por el efecto de las comunicaciones masivas que refuerzan su mensaje al hacerlo en forma segmentada: por edad, trabajo, clase social y otras variables que le otorgan más efectividad en el receptor. Se escuchan afirmaciones como: todos los jóvenes toman cerveza; todas las manchas se limpian con tal producto; todos los resfríos se curan con...; toda la ropa para niños se vende muy bien.

Hay un dicho popular que dice: "¿Dónde va Vicente? Donde va la gente". Habría que preguntarse si el destino de Vicente es el correcto y cuáles son los costos y beneficios que se obtienen por seguir el camino de Vicente.

¡Las generalizaciones provocan una ceguera que no permite ver más allá!

7° Olvidar el problema y sus aprendizajes

Muchas veces nos preguntamos, después de cierto tiempo, por qué continuamos frente al mismo problema como verdaderos extraños. Es más, tenemos la sensación genuina de que es la primera vez que se presenta. Sucede que el olvido no discrimina.

Queremos borrar las molestias, desazones o desequilibrios que nos trajo el problema, pero olvidamos todo. Pareciera como que el obstáculo ni siquiera hubiera existido antes.

Esta tendencia se vio acentuada por el ritmo vertiginoso en que vivimos. No hay tiempo para fijar lo aprendido. Pasamos rápidamente al encuentro de otros problemas. No reflexionamos. A veces ni llegamos a contar lo sucedido. No grabamos en la memoria causas, efectos, ni soluciones eficaces descubiertas en esa ocasión. Promovemos el modelo del hombre de acción y no el de reflexión.

Solo en algunas oportunidades, cuando las personas están más alejadas de lo cotidiano y relajadas, como en situaciones de viajes, fiestas o reuniones ocasionales, se relatan los problemas en forma espontánea. Esto es muy beneficioso para recordar y transferir a los demás conocimientos sobre los problemas y las soluciones.

Es muy útil relatar a un compañero, ocasional o confiable, situaciones como cuando le prometieron un ascenso que luego no se concretó; cuando finalmente consiguió un empleo en el que tenía puestas muchas expectativas; cuando le robaron, lo suspendieron, abandonaron, le ofrecieron, etcétera.

Si el otro es una persona inteligente, humilde y ha sufrido, seguro que le dará pistas importantes para resolver o reconsiderar problemas.

8° No ver el problema

La peor tendencia es la de **no ver los problemas**. Son muy pocos los obstáculos que pueden arreglarse sin nuestra intervención. No verlos o negarlos es darles pista libre para que se desarrollen. Es otorgar autorización para que se adueñen de nuestra libertad de hacer y pensar. Esto es tan cierto para una persona como para una organización.

Una vez más insistimos en que la vida es una travesía donde el conductor debe hacerse cargo de las dificultades que presenta y resolverlas en forma creativa. Así desarrollará su potencial en senderos más eficaces para avanzar, innovar o mejorar.

> ¡Aquí está su obstáculo! Ahora que lo ha aceptado, veremos cuáles son sus fortalezas para resolverlo.

Para sostener una visión amplia de problemas y soluciones, es necesario tener en mente las tendencias ineficaces y corregirlas. Estas son universales y comunes a las personas y a las organizaciones. Es muy útil reconocerlas como propias, para luego intentar anularlas o por lo menos no fomentarlas. Ellas pueden cambiarse por otras más proactivas en pocos días.

Los problemas se resuelven sobre la base de los conocimientos. Donde hay conocimiento no hay problema.

▶ Para el lector

- ✍ ¿Qué ha descubierto al leer las tendencias ineficaces?
- ✍ ¿Cuál es la tendencia que debe corregir más rápido?

Dice Peter Drucker en *Los desafíos de la administración en el siglo XXI*: "Los problemas no pueden ignorarse. Hay que encargarse de los que son serios. Pero para ser líderes del cambio, las empresas deben concentrarse en las oportunidades. Tienen que hambrear los problemas y alimentar las oportunidades".

CAPÍTULO 5

CÓMO RESOLVER CONFLICTOS

Lo que hay que analizar para resolver conflictos

Un conflicto es un tipo especial de problema que se presenta entre dos o más personas. Proviene de un desacuerdo previo que no se ha podido resolver. Se enfrentan o chocan distintos intereses, opiniones o puntos de vista con respecto a un hecho determinado. Hay partes que interpretan en forma diferente e intolerante una misma situación.

Saber resolver conflictos es otra competencia clave para elevar el desempeño creativo tanto con respecto a la persona como a la organización.

La realidad actual cada día exige transformaciones más rápidas. Avanza con ímpetu una verdadera revolución tecnológica. Se impone el uso masivo de computadoras, celulares y otros dispositivos que permiten comunicaciones breves y nuevos modelos de enseñar y aprender. Ha habido una rotunda modificación de los principios y valores anteriores.

La globalización financiera, comercial, científica, de los modos de información y de las formas de vida, ha instalado en el sistema nuevos usos y costumbres. Esas transformaciones traen aparejada una gran variedad y cantidad de disputas de todo tipo y en todos los ámbitos. La importante cantidad de conflictos que se producen exige de sus actores una gran capacidad de adaptación y alta dosis de apertura. También de flexibilidad y fluidez que permitan salir en búsqueda de soluciones.

> El factor que hoy acarrea más intensas disputas es la intolerancia a la diferencia cultural, ya sea de religión, de lengua, de política, de raza, de empresa, de trabajo, de familia, de posición, de posibilidades, etcétera.

Cada acción de disputa tiene su componente ideológico o cultural. Descubrir la dimensión cultural abre una puerta importante para revelar cuál es la manera en que cada una de las partes involucradas percibe el mundo. Esto incluye el modo en que ven y evalúan la disputa, y qué deciden hacer al respecto.

Toda diferencia, si no es bien comprendida y comunicada por las partes, inevitablemente produce choques. Aparecen intereses manifiestos y latentes que obstaculizan el planteo claro de la situación y de sus circunstancias.

Un conflicto es un desafío

El conflicto casi siempre constituye un desafío a encontrar la solución. Existe una construcción conjunta entre dos o más partes, en la que predominan más las **intenciones antagónicas** que las actitudes de cooperación. A veces, el antagonismo puede llegar hasta verdaderas agresiones entre las partes. Ellas intervienen con acciones, pensamientos y afectos que producen un **proceso interactivo complejo**. Este nace, crece, se desarrolla y puede transformarse, desaparecer o permanecer estacionario.

Un proverbio de la sabiduría china lo describe muy bien: "La palabra es más afilada que la espada".

Las causas que provocan un conflicto son múltiples. Expresan diferentes movimientos que empujan a la relación hacia un desarrollo con resultados o sin ellos.

El conflicto nace de necesidades fisiológicas como comida, abrigo, movimiento, calor, etc. Estas crean ciertos estados de tensión en las personas y una predisposición a hacer, sentir o decir algo. Los valores están presentes y se estabilizan cuando estas necesidades están satisfechas o encuentran los medios y las condiciones para satisfacerlas. Si así no sucede, los valores pierden su vigencia y surgen las dificultades. Cuando exista hambre, sed, frío, calor, sueño, etc., aparecerá el conflicto.

También el conflicto nace de intereses. Se trata de sólidas inclinaciones hacia objetos o bienes que atraen demasiado, conmueven, excitan o enamoran.

Tanto las necesidades como los intereses de las partes son los elementos que activan la disputa. Se piensa que lo necesario o lo que interesa solo puede obtenerse de un modo y no de otro.

El término **necesario**, proviene del latín *necesse* que significa "aquello que no cede".

La necesidad produce el impulso a hacer o dejar de hacer algo. Y eso es lo que genera los más importantes bloqueos y lleva a la escalada irremediable del conflicto. La única idea presente es: "Yo quiero nada más que eso". " Yo llegué antes." "Yo no tengo…"

Más incontroladas todavía son las necesidades psicológicas. Por ejemplo, las de valoración o estima. Estas son más inconscientes y menos identificables por las partes.

En la mayoría de los conflictos, quienes se encuentran enfrentados tienen poco claras sus necesidades fisiológicas y psicológicas. Por eso, al analizarlos no debemos concentrar la atención únicamente en lo que declaran. Es imprescindible explorar los desacuerdos hasta encontrar qué hay detrás de ellos, qué ocultan…

> Según sea tu percepción, así será tu acción. Lo que hay que cambiar es el enfoque.

La existencia de conflicto es habitual en las organizaciones, aunque la mayoría de los directivos traten de evitarlo, no verlo o eliminarlo. Puede surgir por cambios de tareas, de horarios, de roles, de objetivos de pagos, de estrategias, de tiempos, etc. Según el apoyo cognitivo y emocional que se brinde en todos estos casos, podrán quebrarse las resistencias a lo nuevo. Muchas veces, estas solo son la manifestación de miedos a lo desconocido y a los cambios resultantes.

Lo real es que no existen grupos sin conflicto, únicamente se trata de saber aprovecharlos. El conflicto es necesario para sobrevivir y crecer. Los desacuerdos pueden resultar negativos o positivos, depende de la forma en que sean encarados y de cómo las partes respondan a la situación planteada.

En el choque de opiniones, pueden apreciarse las diferentes valoraciones de la situación que tengan las partes. Lo que es importante para uno, puede no serlo para otro y viceversa.

Relato breve

Un camello y un burro iban por un camino pedregoso.

El burro tropezaba continuamente, mientras el camello no tenía ninguna dificultad.

Entonces el burro le dijo al camello:

—No entiendo cómo yo, que voy mirando el suelo, tropiezo continuamente, mientras tú, que miras a lo lejos, no tropiezas nunca.

A lo que el camello le respondió:

—Es una cuestión de perspectiva. Yo me anticipo al obstáculo porque lo veo venir de lejos. Tú, en cambio, no tienes tiempo de reaccionar ante él y te lo llevas por delante.

Cuando las valoraciones se congelan, se ponen inflexibles o son defendidas con vigor es porque una o ambas partes se han encerrado en una determinada posición o postura. Muchas veces las posturas son sostenidas por convicciones: "Yo estoy convencido de tal o cual cosa".

El excesivo énfasis en sostener algo produce incapacidad para pensar de manera crítica.

> La convicción es una forma de tomar posición. Tiene un efecto narcotizante porque no admite ninguna duda e impide reconocer los propios errores. Inevitablemente, esto lleva a la confrontación.

Las necesidades satisfechas aportan racionalidad al análisis de cualquier conflicto. Una vez en esa situación, aparecen con más claridad las creencias o prejuicios que construyen los modelos restrictivos de pensamiento en las personas. Lo mismo ocurre con un grupo o una organización.

> Toda necesidad no cubierta produce una conducta determinada. Si no se la satisface dentro de un tiempo considerable, se convierte en una frustración. La frustración altera la conducta, produce agresión, angustia, aflicción y desinterés, entre otras consecuencias.

Enfoque analítico del conflicto

Trataremos de graficar aquí las instancias de la estructura psíquica frente a un conflicto. Esto es muy útil para entender cómo actuamos, pensamos y sentimos, muchas veces sin tener clara conciencia de las verdaderas fuerzas que dirigen el proceso.

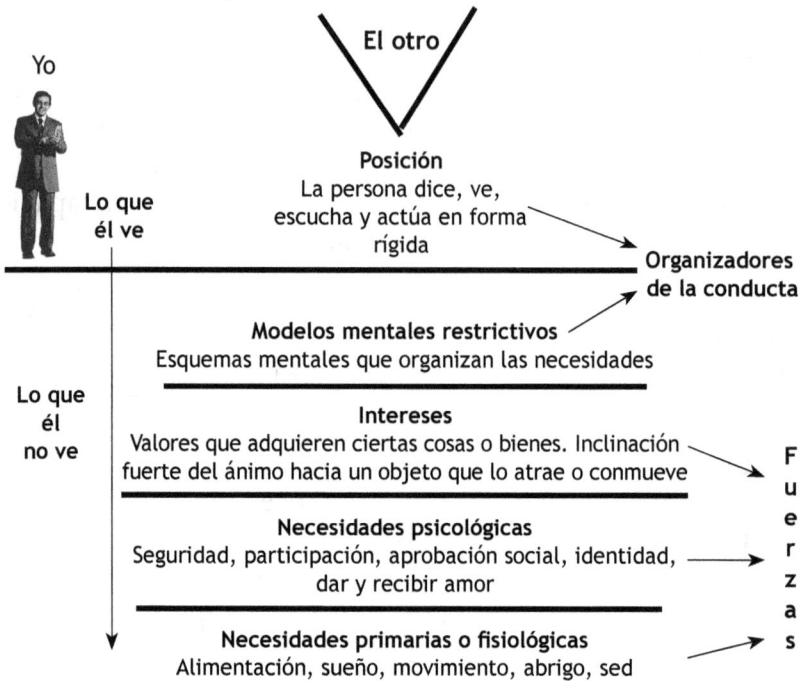

Yo

El otro

Posición
La persona dice, ve, escucha y actúa en forma rígida

Lo que él ve

Organizadores de la conducta

Modelos mentales restrictivos
Esquemas mentales que organizan las necesidades

Lo que él no ve

Intereses
Valores que adquieren ciertas cosas o bienes. Inclinación fuerte del ánimo hacia un objeto que lo atrae o conmueve

Necesidades psicológicas
Seguridad, participación, aprobación social, identidad, dar y recibir amor

Necesidades primarias o fisiológicas
Alimentación, sueño, movimiento, abrigo, sed

Fuerzas

Vivimos en la diferencia. Tenemos sueños historias, ritmos, sensibilidades, capacidades y modelos diferentes. Lo más frecuente, si somos medianamente libres, es que existan desacuerdos. Precisamente eso es lo que enriquece. Cuando en una familia o en una empresa alguien dice: "¡Aquí no hay conflictos!", verdaderamente deben tenerse sospechas de lo que sucede en esos ámbitos y ver cuál es el nivel de creatividad con que se manejan sus integrantes.

Reconocer la existencia de un conflicto y los diferentes puntos de vista sobre él genera cambios y mejoras que son bien recibidas por las partes. El caos que aparece ante cada conflicto no tiene connotaciones negativas; por el contrario, promueve una gran riqueza creativa. Es como un estallido que produce algo nuevo y significativo.

Por lo general, se asocia conflicto a fracaso, derrota, desgracia, queja o imposición arbitraria. Este tipo de actitudes restan a los actores talento creativo, demoran o entorpecen el camino hacia la elección de las mejores alternativas de solución para la disputa.

Otra cuestión a tener en cuenta en el conflicto es el deseo genuino de ganarle al otro o entrar en una competición. Cualquier contrincante lo siente; puede ser manifiesto o latente. A veces, también el conflicto tiene un reconocimiento social ambiguo, lo que complica la situación.

Ese deseo podría consistir en ideas como: "Espero que no se dé cuenta de que le quiero ganar", "No es de buenos amigos derrotar al otro", "Entre hermanos no se pelea", "El gerente no debe saber que quiero su cargo...".

Basta poner una pelota frente a dos niños para observar de inmediato cómo cada uno quiere tenerla, jugar con ella y sacársela al otro.

Los motivos más comunes de conflicto entre las personas son los **bienes**, que representan un valor para aquellos que los desean. También pueden estar en juego **principios**, que son aquellos juicios o reglas respaldados por valores. Otra causa común puede ser el **territorio**, es decir aquello que representa la identidad del grupo o la persona, su "hábitat".

Dice Arthur Schopenhauer en *Parerga y paralipómena*: "Debemos ser indulgentes con todos los desatinos, defectos y vicios humanos, teniendo en cuenta que lo que tenemos ante nuestros ojos son nuestros propios desatinos, defectos y vicios. Pues son sencillamente los defectos de la humanidad, a la que también pertenecemos. Todos tenemos los mismos defectos enterrados en nuestro interior. No debemos indignarnos con los demás por estos vicios solo porque no los vemos entre nosotros".

Resolver creativamente las disputas es un desafío rentable, pero exige entrenamiento continuo. Requiere un compromiso cotidiano con la práctica de aceptar, analizar, evaluar, proponer y probar decisiones.

Este es el camino recomendado:

1° Conocer **los intereses y las necesidades**, tanto propios como ajenos. Esta no es una tarea fácil y lleva su tiempo. Es necesario vencer algunos prejuicios que están cómodamente instalados en las partes involucradas. Ellos impiden ver, escuchar, razonar, proponer, etcétera.

2° Reconocer las **fortalezas y debilidades** de ambos lados. También evaluar los aciertos y errores cometidos por cada uno de los involucrados. Esta es la forma de avanzar con más seguridad hacia el acuerdo.

3° Proponer en todo momento **alternativas creativas** entre las partes, para dar confianza y fluidez, durante el recorrido hacia el objetivo deseado.

4° **Considerar el contexto** en el que se da el conflicto. Por ejemplo, si llueve, hay guerra, enfermedades o bonanza; el enfrentamiento es diferente.

> La resolución efectiva de las disputas depende fundamentalmente de la apertura, el conocimiento y la aceptación del proceso que tengan las partes.

A pesar de los más diversos aprendizajes que se tengan, a veces es difícil aceptar la presencia de algún obstáculo. Se piensa:

- **¿Por qué ahora?**
- **¿Por qué justo en este momento?**
- **¿Por qué tengo que conectarme con esta persona si no la elegí yo?**
- **¡A mí no me puede pasar eso, con todo lo que ya pasé!**
- **No me interesa el puesto.**
- **No entiendo qué sucede.**

Estas ideas aparecen cuando no queremos o no podemos aceptar la realidad. Muchas veces, ella se impone con la fuerza de un autoritario jerarca que de manera implacable nos dice: "¡Ahora te toca resolver esto!".

Aceptar es admitir lo que pasa y las condiciones que la circunstancia plantea. Lo más creativo y efectivo es recibir el obstáculo en forma abierta. Aceptar no es valorar. Aceptar es darse cuenta. Algo vamos a aprender...

Aceptación

Aceptación significa que se puede encontrar en el propio corazón la serenidad necesaria para liberarlo del pasado, con sus errores y aciertos. Que lo transporte hacia el futuro, con una perspectiva novedosa y le haga apreciar la oportunidad.

Aceptación significa que cuando vengan momentos difíciles, sabrá hallar el amparo y el consuelo para aliviar sus pesares. Aparecerán nuevas aspiraciones, esperanzas e indulgencias en su corazón.

Aceptación no significa perfección para siempre. Solo significa que te sobrepondrás a la imperfección.

Aceptación es la senda hacia la paz, para liberarte de lo peor, conservar lo mejor y hallar en tu alma la esperanza que te acompañe toda la vida.

Regina Hill

Si aceptamos lo que nos ocurre, por más duro que sea, es porque confiamos en la posibilidad de resolverlo, acompañarlo o contenerlo. Al aceptar la dificultad comenzamos a ver la solución y a reconocer nuestras propias fortalezas. **Darse cuenta y aceptar** son requisitos indispensables para comenzar un cambio y resolver.

Se trata de estar despierto frente a la vida. Ver, escuchar y sentir todo lo que sucede, ya sean alegrías o tristezas, sinsabores o placeres, frustraciones o progresos.

Relato de un conflicto

Marta ingresó como jefa de Recepción de un hotel muy importante. Deseaba tener un trabajo como ese. A pesar de su excelente currículum, hacía un año que no conseguía trabajo. Estaba feliz por haberlo logrado.

Desde el primer día vio que otras secretarias dejaban sus bolsos, carteras y ropas en los percheros de los vestuarios. Ella no quería hacerlo, pero le insistieron tanto que al tercer día dejó su bolso en ese lugar. Dos horas después, cuando fue a buscarlo, encontró que faltaban la billetera, los anteojos de sol, el documento de identidad y un perfume.

Muy enojada increpó a la gerente por lo sucedido y le pidió ayuda para resolver la dificultad. No tenía ni siquiera unas monedas para volver a casa, tampoco conocía a quién pedírselas. Estaba indignada, desvalida, desilusionada...

La gerente le respondió: "¡Nadie le ordenó que dejara allí su cartera! Aquí hay un reglamento colgado en la recepción, donde claramente dice que la compañía no se hace responsable de la propiedad privada en el predio de la empresa. ¿No lo leyó? ¡Ahora aténgase a las consecuencias y vuelva a su puesto! No es mi problema".

Frente a esta actitud, de inmediato Marta abandonó el trabajo. Era un horario pico, donde había más de diez clientes que esperaban ser atendidos. Ella aprovechó, y contó con bronca en recepción lo que había sucedido y la actitud despiadada de la gerente. El personal de seguridad tuvo que poner orden en el lugar. Todos querían saber lo sucedido. Fue un daño importante para la empresa.

Ante la situación planteada por su empleada, la gerente consideró que su forma de resolver el reclamo había sido la más oportuna, dada la infinidad de problemas simultáneos que manejaba en ese momento. Seguro que no hizo una evaluación de lo sucedido, ni tampoco previó sus posibles consecuencias.

> ▶ Para el lector

    ☞ ¿Cómo habría procedido para resolver este conflicto si hubiera sido la gerente?

    ☞ ¿Cuál sería su primera acción?

Modelos mentales y sus efectos

Para organizar la realidad, tanto las personas, como los grupos o las organizaciones, construyen y utilizan sistemas simplificados de representaciones mentales. Estos actúan como verdaderos filtros para observar, sentir y pensar lo que sucede. Constituyen formas de percibir y valorar, no son ni buenos ni malos. Funcionan como ordenadores. Algunos autores, como Peter Senge o James Fadiman, los llaman **modelos mentales**.

Un relato altamente creativo

Durante una tarde nublada y fría, dos niños de seis años patinaban en una laguna congelada. Jugaban sin preocupación cuando, de pronto, el hielo se partió y uno de ellos cayó en el agua helada. El otro niño, al ver que su amigo se ahogaría debajo del hielo, tomó una piedra puntiaguda y comenzó a golpear con fuerza sobre el hielo hasta que logró quebrarlo. Así fue como el niño fue rescatado con alegría.

Cuando llegaron los bomberos, preguntaron al salvador cómo lo había hecho, ya que el hielo era muy grueso y sus manos muy pequeñas.

En ese instante, apareció un anciano que les dijo: "Pudo hacerlo, porque no había nadie a su alrededor que le dijera que no podría hacerlo".

El anciano marca con claridad lo que hubiera sido el resultado de este salvataje desde la mirada de un adulto dirigido por modelos más restrictivos.

A veces sucede que estas estructuras, que son bastante inconscientes, se vuelven rígidas y se automatizan. Pierden flexibilidad y frenan el desarrollo de cualquier potencial creativo frente al conflicto. Se ponen al servicio de restringir o limitar la percepción, y también los posibles avances hacia el logro de soluciones innovadoras.

Toman excesiva fuerza inhibitoria, se convierten en verdaderos enemigos en la resolución de una disputa, no permiten una buena comunicación ni tampoco ampliar los horizontes del desarrollo creativo.

Se expresan en actitudes, creencias y pensamientos inamovibles. Miran las diferentes situaciones como "a través de un tubo". Sencillamente, lo que no entra en el radio de esa visión, no se considera, se anula o se descalifica.

Esquemas tan rígidos limitan tanto las elecciones como las acciones. El beneficio que se espera de ellos es que actúen como "vallas de protección" contra miedos, posibles pérdidas o errores, que, naturalmente, puedan plantear tanto los obstáculos como las situaciones nuevas. Con el tiempo, se "congelan" y se transforman en hábitos restrictivos del comportamiento.

Los modelos mentales se instalan en los primeros estadios de la vida. Son las bases sólidas de nuestra visión del mundo. Por el efecto de la cultura y las experiencias, en especial las traumáticas, se afirman y perfeccionan. A veces constituyen estructuras bastante autoritarias que no se modifican en su esencia y limitan la visión global de los conflictos y sus soluciones.

Ken Wilber, creador de la psicología transpersonal, dice en su obra *Gracia y coraje*: "El niño poco a poco va aprendiendo a vivir en un mundo de roles y reglas. Su comportamiento está gobernado por guiones, por normas lingüísticas [...]. Con la aparición de la mente regla/rol, su moralidad pasa a ser convencional [...]. Las reglas y los roles que va aprendiendo son concretos, y el niño los acepta incondicional-mente [...]. Al carecer de introspección no puede juzgarlos y los ata de manera irreflexiva [...]".

La mayoría de estas reglas son necesarias y provecho-sas, por lo menos durante ese estadio, pero algunas de ellas pueden ser falsas, contradictorias y engañosas.

Muchos de los guiones que dirigen nuestra vida y que heredamos de nuestros padres o de la sociedad no son más que mitos. Esas creencias erróneas perduran hasta la edad adulta. Nos encontramos ante una patología de guión.

Los modelos mentales rígidos programan "la novela" de nuestra vida antes de que los hechos sucedan. Seleccionan aquello que vemos, sentimos y pensamos. Resultan restric-tivos e inhibidores.

Relato de la sabiduría popular

Un abuelo y su nieto se encaminaban un día a una aldea vecina para visitar a sus familiares. Los acompañaba un burro para ha-cer más llevadera la jornada. El muchacho montaba el animal, cuando al pasar por un pueblo escucharon:

—¡Qué vergüenza! El jovencito tan cómodo en el burro y el pobre viejo a pie.

Al oír esto decidieron que fuera el abuelo en la montura y el joven andando. Pero al pasar por otra aldea escucharon:

—¿Viste qué egoísta? Él bien tranquilo en el burro, y el mu-chachito exhausto caminando.

Entonces acordaron que lo mejor sería montar los dos, y así atravesaron otro pueblo, donde unos lugareños les gritaron:

—¿Qué hacen los dos subidos al pobre animal? ¡Qué cruel-dad! ¡Van a terminar reventándolo!

Vista la situación, llegaron a la conclusión de que lo más acertado era continuar a pie los dos, para no tener que so-portar comentarios hirientes. Pero pasaron por otro lugar y escucharon:

—¡Qué tontos esos dos tipos! ¿Cómo se les ocurre ir a pie teniendo un burro?

Esta historia muestra con claridad cómo los modelos mentales determinan tanto las formas de interpretar el mundo como los modos de actuar. Son facilitadores del desarrollo. Orientan acciones, elecciones y necesidades. De alguna forma, ayudan a ordenar la realidad...

Uno de los modelos mentales rígidos más frecuente, y cuyo efecto es extremadamente inhibidor del flujo creativo, es "pensar que uno tiene la razón" sobre algún hecho. Se basa también en la idea de que "lo que uno tiene o hace siempre es lo mejor".

La rigidez de los modelos mentales y el conflicto

Modelos mentales restrictivos más frecuentes ante al conflicto

Algunos modelos mentales con el tiempo se vuelven rígidos o autoritarios, y actúan en los conflictos. Se repiten en diferentes edades, niveles sociales y educativos, religiones o razas. Citaremos algunos ejemplos:

- El error es un fracaso y merece castigo.
- Cuando se disiente es necesario pelear.
- Las personas no son confiables.
- Negociar solo sirve para perder o ganar.
- Evaluar es censurar o acusar.
- Para liderar hay que mostrar poder.
- El primero es el que vale.

En el ámbito empresarial suelen escucharse algunas opiniones que son muestra de modelos mentales restrictivos en plena acción, específicamente ante:

- una emergencia: ese problema no pertenece a nuestro departamento;
- los reclamos de un proveedor: no es nuestra costumbre el trato directo;

- una oportunidad: no contamos con recursos para aprovecharla;
- problemas por baja facturación: ya volveremos a vender como antes; ya vendrán tiempos mejores;
- un intento de cambio: cualquier prueba sale cara; si no pudimos cambiar hasta ahora...;
- la alta rotación de personal: así está el mercado; se van a la competencia.

Estas estructuras mentales poco flexibles no pueden promover la innovación ni los cambios. Llevan a tratar los diferentes conflictos como si todos fueran iguales. Tampoco generan soluciones creativas, porque dirigen en forma rígida. No tienen la elasticidad necesaria para comprender una *gestalt* o una totalidad en acción, como ocurre en una disputa, y menos aún lo que puede suceder con ella a lo largo del tiempo.

> Los modelos mentales rígidos trabajan en forma inconsciente. No nos damos cuenta de cómo, cuándo, dónde y cuánto nos están dirigiendo. Actúan tanto para comprender un conflicto como para tomar decisiones. Hablan por nosotros, nos gobiernan. Hacen que tomemos decisiones desde la imposición. Nos someten.

Sin duda que los modelos mentales restrictivos más comunes son los que promueven actitudes como: **no puedo**, **debería**, **tengo miedo**. Ellos son importantes inhibidores de la producción de cambios o de ideas innovadoras.

El primer paso para comprender un conflicto y promover soluciones es reconocer los modelos propios e identificarlos como proactivos o no. **Una vez resignificados** pueden operar al servicio de cualquier gestión creativa. Se trata de desarraigar aquellos que resulten negativos a la luz de la razón y la evidencia.

Un grupo de modelos mentales restrictivos propicia la **negación**: no ver, no escuchar, no aceptar el conflicto. Tampoco perciben sus componentes, sus efectos o el tiempo disponible para resolverlo. No dejan ver otra cosa que lo que ellos permiten ver.

Otro grupo fomenta la **complacencia**. Consideran al otro antes que nada. Inducen a darle siempre la razón, el lugar, el permiso, los bienes, etc. El enfocar al otro en forma compulsiva hace que la persona no pueda ingresar al terreno de sus propias fortalezas. La consecuencia es que sus acciones creativas se empobrecen.

Los dos tipos de modelos atentan contra el desarrollo de la propia individuación.

En el fragmento del *Mahabarata*, "Bhagavad-Gitá", texto 1, capítulo 16 dice: "Para aquel que ha conquistado la mente, esta es el mejor de sus amigos. Pero para aquel que no lo ha hecho, la mente permanecerá como su peor enemigo".

Si no se identifican los modelos mentales restrictivos subyacentes, es imposible percibir la realidad y los conflictos que ella plantea. Desde esa perspectiva se opera con información inexacta, generalizada, parcial o no pertinente.

Shell y Hanover fueron las empresas pioneras en desarrollar métodos específicos para detectar los modelos mentales de sus equipos y en usar los resultados obtenidos para lograr mejores rendimientos. Ambas compañías, al resignificarlos, registraron sorprendentes avances en la toma de decisiones y en los niveles de desempeño en general.

Estamos unidos con hilos casi invisibles a nuestros modelos. Parecemos el títere y el titiritero, siendo a veces las víctimas de nuestras expectativas

Detectar los modelos mentales restrictivos y obrar en consecuencia es un método especialmente indicado para conflictos de neto corte emocional, y también para las disputas que se repiten con frecuencia. Con esta propuesta se obtienen visiones más completas de las dificultades presentadas, al igual que soluciones más novedosas para resolverlas.

James Fadiman, en su obra *Cómo suprimir las limitaciones y disfrutar de tu vida,* dice: "Con frecuencia acostumbramos a sentirnos prisioneros de aquello que creemos conocer y somos incapaces de escapar de los errores que hemos cometido. Actuamos con los datos que disponemos como si fueran los más adecuados [...]. Si empezamos con falsas suposiciones, es muy posible que las acciones que emprendamos tampoco sean las más correctas...". La falsedad de nuestras informaciones es lo que impide cambiar nuestro comportamiento en beneficio propio. Algunas partes de nosotros se resisten a aceptar nuevos datos, se aferran a los viejos modelos, mientras que otras aceptan cualquier novedad y buscan cambios.

Hacer un proyecto de negociación en el conflicto solo es posible si las partes pueden alejarse de las posiciones ya tomadas. Dichas posiciones son el resultado de haber actuado según las creencias formadas bajo la dirección de modelos mentales limitantes, que esconden los verdaderos intereses. Esas creencias están ceñidas a un sistema personal, organizacional o cultural aprendido en el pasado. Dicho sistema generalmente indica qué se debería hacer, ser o tener para lograr reconocimiento, valor o protección en toda circunstancia que esté fuera del propio control.

Arthur Schopenhauer, en *Los dos problemas fundamentales de la ética,* dice: "Deberíamos poner coto a nuestros deseos, controlar nuestros anhelos y sobreponernos a la ira, teniendo presente en todo momento que el individuo solo puede alcanzar una parte infinitamente pequeña de lo que vale la pena tener [...]".

Relato de un conflicto

El conflicto que planteó Fernando ocurrió con una organización que brinda capacitación.

Decía el protagonista: "El director me vino a buscar porque precisaba un coordinador, y mi perfil se ajustaba a sus necesidades. Tengo 50 años y una larga trayectoria profesional.

"Me gustó el desafío. Ya había hecho esas capacitaciones, conocía los programas, sus alcances y la cantidad de gente que ellos convocan.

"Me hicieron la siguiente propuesta: tenía que aprender a coordinar los talleres y también supervisar a otros instructores. Realmente creí que podía aprender mucho.

"Por la coordinación de cada taller, dijo, me iban a pagar el 10 % de los ingresos, lo cual equivalía a una cifra de entre 800 y 1.000 pesos por taller, según la cantidad de gente que concurriera. Pero fui los dos primeros fines de semana y no me pagaron.

"El tercer fin de semana, les pedí que me pagaran gradualmente, de acuerdo con el porcentaje convenido. Había tenido que dejar otros clientes, por lo que estaba perdiendo dinero. El dueño no aceptó y dijo que yo me beneficiaba con el aprendizaje de su teoría, y que con eso estaba compensado el pago. Acepté de mala gana, pero le pedí viáticos por traslados, materiales y otros gastos. Pagarían 200 pesos por cada fin de semana.

"Trabajé de noviembre a abril, a razón de dos fines de semana por mes.

"El conflicto fue porque acepté, a pesar de no estar de acuerdo con sus condiciones. Me resultaba un sacrifio viajar. Lo hice en pos de 'la zanahoria prometida', que nunca llegó. Al terminar cada taller, tenía que reclamar siempre el pago de los viáticos acordados. Esto me hacía sentir cada vez peor.

"Poco a poco, el dueño empezó a prohibir mis intervenciones en los grupos. Cuando quise hacer algunos ejercicios, no me lo permitían. Esto me provocaba más frustración.

"Estoy constantemente en tensión y atento a lo que pueda suceder. El trato es cada día peor. Yo siento que cumplo bien con mis funciones, la gente lo manifiesta, pero no hay incentivos. Prácticamente no hablamos entre nosotros, se termina el curso y nos vamos. Tampoco existe trabajo de equipo previo para coordinar los ejercicios. Me siento siempre atrás, como pidiendo limosna. La cuestión se agrava y cada viaje se convierte en una carga mayor. Estoy todo el fin de semana en tensión. Llego a casa destruido. La organización tiene unas veinte personas que hacen el trabajo en forma gratuita."

Breve análisis:

1. Fernando va ilusionado. Pero accede a un trato que no lo satisface ni en los tiempos ni en las formas. Esto le produce cada vez más frustración.
2. Sus expectativas no son racionales, ni comerciales.
3. Se siente apabullado por la superioridad de su jefe, frustrado por la falta de reconocimiento y tensionado por el excesivo control.
4. Sus intereses son poco claros, débiles e imprecisos.
5. No atiende a los datos reales del problema. Tampoco pide más información.
6. Falta firmeza y coherencia entre lo que dice y hace. Continúa con su tarea, a pesar de no ser reconocido.
7. No establece tiempo para alcanzar sus metas.

¿Cuáles serían algunos de los modelos restrictivos que aplica Fernando ante el conflicto?

a. Tengo preparación, pero no suficiente. Me falta aprender.
b. Disfruto solo por el hecho de haber sido elegido entre muchos.
c. Espero la valoración de los otros para saber cómo soy.
d. Hay que obedecer y trabajar mucho para obtener a largo plazo alguna recompensa.
e. Cuando me controlan no me equivoco.

Los modelos mentales rígidos ejercen una presión tan fuerte que hacen que Fernando se someta a ilusorias promesas económicas y de trabajo. Queda prisionero de la valoración de su jefe y olvida sus verdaderos intereses. Eso le impide negociar bien su trabajo y su contrato. Al atribuirle al jefe importantes poderes, queda paralizado y confundido. La fuerza de sus modelos mentales restrictivos hace que siga "atrás de la zanahoria", aunque sepa que nunca la podrá comer.

▶ Para el lector

- ∞ ¿Es muy competitivo cuando encara un conflicto?
- ∞ ¿Dónde se ha cerrado frente a un conflicto?
- ∞ ¿Qué debe aprender sobre flexibilidad, paciencia, confianza y desapego?

Tips útiles

Para utilizar estos recursos es necesario cambiar algunos modelos mentales restrictivos y reconocer tanto las propias fortalezas y debilidades como las ajenas. Las relaciones cooperativas exigen una visión más global del conflicto y buena dosis de comprensión. Es importante, desde las primeras señales de un conflicto, operar con estas ayudas:

1. **Ubicarse como un aprendiz frente al conflicto.** Aproximarse a cada situación difícil con el supuesto de que algo se podrá conocer. Observar los obstáculos y desacuerdos como desafíos para abrirse hacia nuevos y diferentes razonamientos. Ante los errores, siempre mantener la pasión por aprender.
2. **Producir opiniones flexibles.** Reconocer que nuestra forma de interpretar la situación es solo una entre las muchas posibles. Investigar distintas alternativas desde los más variados puntos de vista, sin olvidar que vemos las cosas con nuestras propias lentes y no

existen dos lentes iguales. La visión global del conflicto es lo que permite la flexibilidad y producir las mejores opciones creativas.

3. **Distinguir observaciones de juicios y opiniones.** Observar que los datos sean reales y concretos. Los juicios y opiniones son subjetivos, pueden ser cuestionables y restringir la visión global. Suelen conducirnos en forma equivocada. La buena información es la mejor y más objetiva consejera.

4. **Confrontar e indagar.** Comunicar a los demás los datos y razonamientos propios para que puedan comprender nuestra visión. Indagar sobre testimonios y concepciones de los otros para entender sus visiones y ampliar nuestra comprensión para producir cambios.

5. **Generar compromisos y disculpas.** Crear contextos de confianza. Coordinar las acciones mediante pedidos, ofertas y promesas verdaderamente efectivas. Intentar el uso abierto de reclamos y disculpas para preservar la relación establecida, aclarar los errores y apartarse de las quejas.

6. **Establecer diálogos creativos.** Valerse de la conversación para explorar las diferentes perspectivas. Fijar algunos parámetros para futuros encuentros y acuerdos. Buscar contextos compartidos de necesidades e intereses para poder crear y resolver. Responder a las provocaciones y opiniones negativas con una escucha atenta y oportunas propuestas. En algún momento, tratar de redireccionar los mensajes negativos y convertirlos en productivos. Salir de prejuicios y miedos que entorpezcan la visión global del conflicto. Para eso es muy útil emplear preguntas abiertas, ya que amplían los horizontes posibles de comprensión en una disputa y predisponen mejor a la otra parte para continuar el diálogo. ¿Cómo fue? ¿Cuál es tu visión del tema? ¿Cómo te diste cuenta?

7. **Ponerse en el lugar del otro.** Imaginar esta actitud es la manera más efectiva de comprender lo que el otro dice, siente o piensa. Así, uno podrá analizar con mayor seguridad y seriedad las acciones a realizar. Se consigue una mejor empatía y conocimiento de los demás.

8. **Analizar los modelos mentales rígidos, tanto los propios como los ajenos.** Detectarlos y luego estudiarlos para entender por qué elegimos y le damos sentido a algunos hechos y no a otros.

9. **No ocultar los conflictos.** Hacer un esfuerzo por reconocerlos y aceptarlos tal cual son. Luego, tratarlos en forma abierta. Lo ideal es hacerlo sin dañar los vínculos existentes. Se debe estar alerta.

10. **Dar a los conflictos el espacio y el tiempo que necesiten.** Ellos encierran importantes advertencias y oportunidades, marcan líneas en el camino del conocimiento. Son situaciones inigualables para el crecimiento. Se aprende tanto del recorrido como de los resultados obtenidos.

Relato de la sabiduría popular

Meher Baba preguntó a sus mandalíes:

—¿Por qué la gente grita cuando está enojada?

Después de pensarlo, uno dijo:

—Perdemos la calma, por eso gritamos.

—Pero... ¿por qué gritar cuando la otra persona está a tu lado? –preguntó Baba. —¿No es posible hablarle en voz baja?

Los demás dieron algunas otras respuestas, pero ninguna de ellas satisfizo a Baba. Finalmente él explicó:

—Cuando dos personas están enojadas, sus corazones están muy alejados. Para cubrir esa distancia, deben gritar. Mientras más enojados estén, más fuerte tendrán que gritar para ser escuchados.

Luego Baba preguntó:

—¿Qué sucede cuando dos personas se enamoran?

—Ellos no se gritan, sino que se hablan suavemente... porque sus corazones están muy cerca. La distancia entre ellos es muy pequeña. Cuando se enamoran no hablan, solo susurran y se vuelven aún más cercanos. No necesitan siquiera susurrar, les basta con mirarse, y eso es todo. Así es como están de cerca dos personas cuando se aman.

Entonces Baba dijo:

—Cuando discutan no dejen que sus corazones se alejen. No digan palabras que los distancien más, porque llegará un día en que la distancia sea tanta que no encontrarán más el camino de regreso.

La mayoría de las disputas se producen desde un corazón endurecido, herido, cerrado.

Un conflicto es una situación más de la vida, que debe ser superada con el corazón abierto.

▶ Para el lector

- ¿Qué le falta aprender?
- ¿Qué debe sacrificar para abandonar un modelo que le hace daño?
- ¿Cuándo su corazón se cerró frente a un conflicto?

Valor de la comunicación

La comunicación es un proceso relacional entre un emisor y un receptor. A través de mensajes y significados se conectan en un camino de ida y vuelta.

El significado de la palabra "comunicación" viene del latín *commune* y del sufijo *ie* que significa **hacer**; es decir, **hacer común**.

Se trata de una interacción continua que promueve el desarrollo creativo. Mediante ella podemos transmitir información y conocimientos de todo tipo y del modo más exacto posible. Para eso, es necesario usar un código que sea común al receptor y al emisor. Por ejemplo: el lenguaje elegido por ambos es un código.

Existe comunicación cuando intervienen dos o más actores. Un mensaje no solo debe enviarse, sino también recibirse efectivamente, y dar *feedback*.

Alicia Entel, en su obra *Teorías de la comunicación*, expresa: "Comunicación tiene que ver precisamente con la palabra comunidad: *comunico* en latín quiere decir 'poner o tener en común'; 'compartir' es un verbo que a su vez deriva del adjetivo *communis*, común, lo que pertenece a muchos al mismo tiempo. En esta noción de actuar en común también estaría presente la idea de tener códigos comunes, o sea, dicho muy esquemáticamente, sistemas de convenciones comunes, dispositivos conocidos por todos los miembros y usados para entenderse entre sí. La lengua constituye un código común. Asimismo, hay ciertos gestos, miradas, movimientos corporales, ya codificados espontáneamente, cuyo significado resulta patrimonio de una comunidad.

> Ante un conflicto es importante que se establezca la comunicación entre las partes.

Para lograrla, las actitudes clave a desarrollar son **fluidez, flexibilidad, claridad y precisión en las ideas**. Eso permite un proceso óptimo para el desenvolvimiento de las siguientes acciones: emitir, escuchar, informar, conectar, recibir, acusar lo recibido, preguntar, modificar. La comunicación es lo que, durante el conflicto, hace que puedan producirse cambios y mejoras de todo tipo, tanto en las personas como en las organizaciones.

Dice Peter Drucker en *Los desafíos de la administración en el siglo xxi*: "Tanto empresas como individuos tendrán que saber qué información necesitan y cómo conseguirla. Deberán aprender a organizar la información como su recurso clave".

Elementos de la comunicación

Una buena comunicación puede expandir su potencial creativo para generar resultados novedosos; desarrollar planes de acción inéditos frente a las más diversas confrontaciones. Promueve la aparición de alternativas diferentes, producidas por reservas insospechadas que poseen los actores, las que solo afloran si se instala un buen vínculo de ida y vuelta. Los participantes hasta podrán desaprender lo aprendido, con la esperanza de encontrar nuevas y efectivas soluciones para aquello que los preocupa y conmueve.

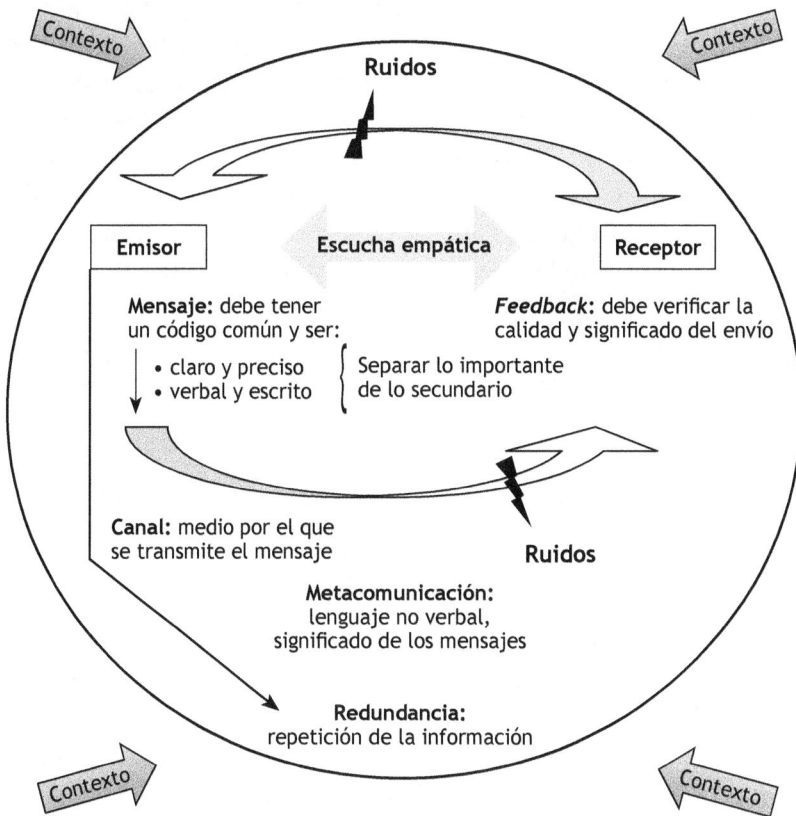

Contexto

Contexto

Ruidos

Emisor

Escucha empática

Receptor

Mensaje: debe tener un código común y ser:
- claro y preciso
- verbal y escrito

Separar lo importante de lo secundario

Feedback: debe verificar la calidad y significado del envío

Canal: medio por el que se transmite el mensaje

Ruidos

Metacomunicación: lenguaje no verbal, significado de los mensajes

Redundancia: repetición de la información

Contexto

Contexto

El conflicto pide un tipo de comunicación que valore tanto los sonidos como los silencios. Ambos están relacionados con lo que está sucediendo pero solo tienen valor dentro del contexto. Son los momentos de la acción y de la quietud... de la misma manera que sucede en un texto musical.

Con frecuencia podemos ver cómo algunos gerentes de empresa o padres no utilizan el silencio en la comunicación con sus seguidores. No hablar es una muestra importante de sabiduría y autoridad. Sin embargo, parece que la necesidad de hablar es irrefrenable, tanto en reuniones con el personal como para motivar a sus equipos, en diferentes negociaciones o frente a lo inesperado.

Las personas siempre interactúan por medio de interpretaciones verbales y no verbales. A través de ellas crean, opinan, resuelven, negocian, valoran, etc. En síntesis, transforman su realidad social. Tan relevante es lo que dicen como los movimientos o gestos que acompañan lo que dicen. En una negociación, por ejemplo, el temblor de las manos de uno de los participantes puede significar mucho más que escuchar la mejor oferta de la otra parte.

Los gestos a veces comunican más que las palabras. Es como si el inconsciente de uno le hablara al inconsciente del otro.

En la actualidad, la tecnología ha establecido redes que permiten la comunicación instantánea con cualquier persona u organización ubicada en las más lejanas partes del mundo. Sin embargo, el contacto entre las personas se viene deteriorando cada día más.

Las relaciones interpersonales "cara a cara" son las más efectivas para producir cambios, contener angustias, resolver problemas afectivos y controlar miedos.

El cambio actual es tan vertiginoso que cada vez crea más inseguridad y genera choques de todo tipo. Hay diferentes conflictos bélicos internacionales, algunos de larga data y sin solución. Los enfrentamientos están a la orden del día... La violencia contagia todas las relaciones.

Es importante preparar a las personas para lograr y mantener una comunicación clara y precisa en todos los niveles expresivos. Con ella podrán analizar, evitar o encaminar muchos conflictos y lograr paz. Para alcanzar este objetivo, es necesario que los participantes controlen sus emociones y deseos de **culpar** o **juzgar**. Cuando estos y otros ruidos aparecen en la comunicación, se cambian las formas y se pierden los significados verdaderos que hacen a la correcta transmisión del mensaje.

Hoy, uno de los grandes desafíos que tiene la humanidad es aprender el difícil arte de comunicar. De la comunicación depende, muchas veces, la gracia o la desgracia. La verdad debe ser dicha en cualquier situación, de eso no cabe duda, pero la forma **como** se la comunica y el **momento** que se elige para hacerlo son los factores que generalmente provocan los conflictos.

La idea clave sería: no decir más de lo que haga falta, a quien haga falta, cuando haga falta y como sea necesario.

Las maniobras básicas para producir los acuerdos son: **ceder, pedir, ofrecer, prometer, indagar, exigir, otorgar**. Ayudan a sostener la visión global del conflicto, favorecen un ritmo rápido y buenos resultados.

> La comunicación informa sobre la índole de las relaciones. Cuanto más claras y precisas sean, con mayor economía de esfuerzos se lograrán acuerdos. Cuanto mejor se comprende una disputa, más certeros serán sus abordajes.

Reglas básicas para establecer una buena comunicación

1. El emisor debe emitir un mensaje y su significado, en forma clara y precisa.
2. Entre emisor y receptor debe existir *feedback*, es decir, ida y vuelta del mensaje. Se debe establecer un

contexto común de significados que favorezca la generación de ideas.

3. El emisor tiene que tener claro qué es lo más importante de su mensaje y qué es lo secundario. También debe ser preciso el objetivo del mensaje a transmitir.

4. Receptor y emisor deben usar la redundancia. La repetición es necesaria frente a la aparición de la más mínima duda, tanto en el emisor como en el receptor.

5. Es importante tener muy en cuenta la metacomunicación. Son los mensajes no verbales implícitos: gestos, actitudes corporales, señales, estados de ánimo, movimientos, etc. De ellos tenemos poco registro consciente, a pesar de que sus significados tengan importantes consecuencias en la relación con los otros.

6. Para que la comunicación resulte creativa, las personas deben escucharse sin prejuicios, viejas ideas o modelos de pensamiento restrictivos.

7. Es importante respetar los sonidos y los silencios. Ofrecer nuestro silencio para empezar a escuchar al otro y viceversa.

8. Una buena comunicación exige el proceso de indagación. La pregunta encierra la respuesta, y esta debe ser descubierta con habilidad: ¿por qué no vino? ¿Por qué fue? ¿Para qué lo hizo? ¿Por qué propone eso? ¿Cuál es su miedo?

9. Estimular la paráfrasis, es decir, repetir lo que se ha entendido con las mismas palabras que el otro usó cuando emitió el mensaje. Confirmar que tanto el receptor como el emisor se están refiriendo al mismo mensaje y que ambos lo han comprendido.

Thich Nhat Hanh lo resume muy bien en su obra *Construir la paz*: "El respeto es esencial en cualquier relación.

Debemos respetar el cuerpo y la mente de la otra persona. Si hay cosas de las que no quiere hablar, no debemos preguntar sobre ellas. Todos tenemos recuerdos dolorosos que no queremos que los demás conozcan. Si lo entendemos, no debemos indagar en las ciudades prohibidas del otro a no ser que él las abra y nos invite a entrar".

▶ Para el lector

     ⤳ ¿Cómo cree que podría mejorar su comunicación?
     ⤳ ¿Con quién le cuesta comunicarse bien?

Guía práctica de conductas que facilitan la comunicación frente a los conflictos

PODER DIALOGAR Hablar, escuchar, comprender objetivamente, detectar miedos, sentimientos y modelos mentales restrictivos.	• Cuénteme... • Yo lo veo de esta manera, ¿cómo lo ve usted? • ¿Por qué cree que no vio el problema ayer? • ¿Qué comentarios tiene para hacerme del viaje? • Dígame qué sintió frente a lo sucedido.
DAR ORIENTACIÓN Guiar sobre la tarea a realizar. Hacer señalamientos. Proponer métodos y planes de acción.	• ¿Qué le parece que hizo bien? • ¿Qué puede mejorar? • Los resultados, ¿eran los esperados? • Siga estas indicaciones y vea si lo puede resolver. • La primera propuesta resistió todos los análisis. ¡Avance!
PROPICIAR LA EMPATÍA Comprender. Dar confianza. Entender intereses, necesidades y deseos de los demás. Ponerse a la par del otro, ni por arriba ni por debajo. Entrar en sintonía.	• Entiendo su dificultad. • ¿Cuál es su problema? • ¿Qué necesita? • ¿Qué sugiere para finalizar el proyecto? • ¿Qué propone usted? • Cuénteme algo del jefe anterior. • En eso estamos juntos. • Tenemos que lograr los dos el mismo objetivo. • Ambos tenemos la misma fortaleza.

TENER APERTURA
Estar preparado para lo inesperado
e insólito.
Explorar sin prejuicios.
Tener en cuenta alternativas
novedosas e innovadoras.

- ¿Cómo cree que lo pudo resolver?
- Presente ideas creativas.
- ¿Cuál es su impresión sobre esta alternativa?
- ¿Qué pensó sobre lo que le dije ayer?
- Proponga y luego lo consulto.
- Dígame primero lo que usted precisa.

TENER INTENCIÓN POSITIVA
Dar más importancia a las
fortalezas que a las debilidades.

- Gracias a sus errores, podremos avanzar con más seguridad.
- Usted mostró un camino adecuado. Ahora falta trabajar para conseguir los recursos.
- ¡No mire tanto lo que salió mal! Vea lo que salió bien.
- Primero hábleme de las ventajas del negocio.
- Ya pasará...
- Voy a intentar conseguirlo.
- No se desanime...

ACORDAR TIEMPOS
Fijar los tiempos con
anterioridad y precisión
es clave para mantener
la relación y llegar a un buen
acuerdo.

- Mañana vence el tiempo de presentación.
- ¿Cuánto tiempo necesita para eso?
- Estudie una semana a partir de hoy y luego lo vemos.
- Se puede demorar solo diez días, ese es nuestro plazo.
- ¿En cuánto tiempo se compromete a saldar la deuda?
- ¿Cuánto puede esperar?

**BUSCAR INFORMACIONES VERACES
Y CONCRETAS**
Enriquece el planteo y ayuda a
tomar decisiones.
Aportar datos pertinentes.

- Busque precios en otro país.
- Consulte la página web.
- Interrogue a cada vendedor.
- ¿Cómo se presentó el problema en la temporada anterior?
- ¿Cuál es el precio de mercado hoy?
- Confeccione una muestra en diferentes talles, así tal vez nos aprueben el pedido.
- ¿Quién le dio esa información?

**EXPRESAR EN FORMA CLARA Y
PRECISA OBJETIVOS A LOGRAR**
Los objetivos son "los faros"
que iluminan las decisiones y los
planes de acción para resolver el
conflicto.

- ¿Hacia dónde vamos?
- ¿Desde dónde partimos?
- ¿Para qué vamos?
- ¿Qué necesita para llegar al objetivo?
- En este caso, sugiero cambiar el objetivo.
- ¿Cuáles son los pasos previstos para lograr el objetivo?
- Vea qué conviene más.
- ¿Cuáles son los costos y los beneficios de esa decisión?
- ¿Dónde nos encontramos?

Dice Anthony de Mello en *Un minuto para el absurdo*: "El maestro podía ser enormemente crítico cuando pensaba que la crítica era necesaria. Pero, por sorprendente que pueda parecer, nadie tomaba a mal sus reprimendas. Cuando alguien le preguntó la razón de ello, el maestro respondió: 'Todo depende de cómo lo haga uno. Los seres humanos son como las flores: abiertas y receptivas al manso rocío, pero cerradas y reacias al violento aguacero'".

CAPÍTULO 6

CÓMO ESTABLECER Y MANTENER LA RELACIÓN

Lo que hay que enseñar para promover unión y paz

En la actualidad a casi todas las personas les cuesta mucho comunicarse en forma efectiva. Constituye todo un desafío construir un vínculo claro, tranquilo, productivo, estable y comprometido. También es difícil mantenerlo... El caos y los miedos que produce la velocidad del cambio que vivimos trae más desencuentros que encuentros.

Construir una relación productiva es una competencia imprescindible para comprender, aprovechar y conducir los cambios intempestivos del mundo actual. Durante su elaboración, los participantes aportan ideas, intuiciones, sentimientos, dificultades y logros, y pueden crear juntos un futuro en paz.

El cambio es insólito, múltiple, inesperado y abrupto. Desaparecen tendencias en tiempos muy breves y se instalan nuevos modelos de relacionamiento sin demasiada reflexión.

Un consultor especializado en búsquedas laborales en pocos meses se encuentra con que los postulantes vienen a las entrevistas desaliñados, en musculosa y bermudas. Cargan su celular durante el encuentro sin pedir permiso, no avisan cuando llegan tarde o simplemente no concurren a la cita, presentan su currículum con fechas violentadas o piden una serie de beneficios que están muy lejos de lo que el empleador está dispuesto a ofrecer.

¿Cómo hace el consultor para cambiar con tal velocidad sus modelos profesionales tan exitosos antes? ¿Qué idea nueva tiene para abrirse a la tendencia que viene sin entrar en un firme rechazo? ¿Cuáles son las estrategias de abordaje para no perder candidatos? ¿Cuándo, cómo y con quién prueba nuevas tácticas?

Muchas preguntas pasan vertiginosamente por su cabeza en el intento por conseguir cierto equilibrio entre la reflexión, la acción más adecuada a seguir y lo que realmente puede llegar a ser efectivo. Seguro que le va a llevar tiempo y esfuerzos cambiar el relacionamiento y sus resultados.

Otras personas optan por no decir la verdad frente a lo nuevo y sus posibles amenazas. La falsedad se ve claramente por ejemplo en los currículum, en los títulos, en los documentos, en las historias amorosas y laborales, en los nuevos desafíos. Hay que revisar cada relación para ver con qué modelo o creencia actúan los participantes.

El consumo de alcohol ha aumentado, la droga continúa introduciéndose fácilmente en todo el tejido social. La violencia crece y con ella la inseguridad. Hay más desconfianza que confianza. Los miedos tiñen el escenario. Avanza un individualismo a ultranza. El amor se diluye, las relaciones son fugaces, conflictivas, con poca reflexión y compromiso.

El proceso de la relación está muy dañado. Se desarman con facilidad familias, parejas, empresas, sociedades de todo tipo, amistades, etcétera.

Los problemas no se solucionan con poner cámaras de seguridad en oficinas, calles y escuelas. Debe llegarse al corazón de las personas para crear confianza en los encuentros y generar uniones más productivas y estables. Esto traerá paz y serenidad al sistema.

La propuesta es recuperar el deseo de coincidir con el otro en algún punto de vista, ya sea en una habilidad, una necesidad, una meta, un problema o, simplemente, tener ganas de estar con él. Entrar en la zona que el otro tiene disponible y dejar allí una impresión o una memoria positiva de lo que somos, hacemos o decimos. Hay que salir con urgencia a crear la relación. Esto es clave para vivir en una estructura donde realmente valga la pena vivir. Los contactos siempre han sido la mejor carta de presentación para conseguir trabajo, amores, servicios. Saber establecer la relación y conservarla es un logro muy rentable y satisfactorio. Pero lleva tiempo y energía...

Se combinan elementos de las partes para llegar a una síntesis que proporciona mayor integración y equilibrio. En ese vínculo nacerán y crecerán los mejores proyectos creativos.

Importa más la calidad que la cantidad del tiempo compartido con el otro. Pasar una hora conversando con un amigo en un bar, un rato escribiendo un texto con el hijo, contar un problema que preocupa, ir al cine con la pareja y comentar la película, viajar con un colega, almorzar con un cadete o con el jefe... hacen al equilibrio del sistema y de las personas. Las informan, las completan, las unen, las tranquilizan, las reconocen...

Las cinco llaves de la relación

La cruz, en todas las culturas, es el símbolo de la relación y la integración. Implica síntesis y equilibrio. Es una estructura con dos líneas que se fusionan para crear figuras geométricas más amplias. Permite la mayor cantidad de operaciones, propicia la unión y el poder regenerador.

Para establecer "la relación", como propone el símbolo de la cruz desde hace miles de años, es necesaria la práctica continua de cinco habilidades clave:

| La relación nace, se fortalece y se mantiene por el ejercicio de estas habilidades | } | Aceptar
Apreciar
Amar
Atender
Alejar |

Aceptar es incorporar al otro tal como es, sin restarle ni agregarle debilidades o fortalezas. Aceptar las que él tiene y muestra. Abrir la percepción a lo que el otro ofrece, tal como se ve, se oye o se vislumbra. Darle un espacio en nuestro corazón y en nuestro pensamiento.

Un corazón cerrado es siempre la causa de las peores confrontaciones y limitaciones.

Las cuatro leyes inmutables del espíritu, según Harrison Owen en *Enseñando el desapego*:

"Quien sea que esté presente, es la persona correcta.
"Cuando sea que comience, es la hora correcta.
"Lo que sea que suceda, es lo único que podía suceder.
"Cuando ha terminado, ha terminado".

Acepto lo que hay - Veo lo que funciona - Miro lo que debo mirar.

Apreciar es darle valor al otro. Tener una imagen positiva del otro ofrece un valioso soporte emocional a la relación y favorece un *feedback* más claro y eficaz. Su efecto es importante para lograr objetivos y desempeños esperados. Debe tenerse en cuenta que solo se logra valorar al otro en los aspectos en que uno mismo se valora.

Relato de la sabiduría sufí

Había una vez un anciano que pasaba los días sentado a la entrada del pueblo. Un joven se le acercó y le preguntó:

—Yo nunca vine a estos lugares… ¿Cómo son los habitantes de esta ciudad?

El anciano le respondió con otra pregunta:

—¿Cómo eran los habitantes de la ciudad de la que vienes?

—Egoístas y malvados, por eso estoy contento de haber salido de allá.

—Así son los habitantes de esta ciudad –respondió el anciano.

Poco después, otro joven se acercó al anciano y le dijo:

—Recién llego a este lugar. ¿Cómo son los habitantes de esta ciudad?

El anciano le contestó con la misma pregunta:

—¿Cómo eran los habitantes de la ciudad de la que vienes?

El joven respondió:

—Eran buenos, generosos, hospitalarios, honestos, trabajadores. Tenía tantos amigos que me ha costado mucho separarme de ellos.

—Así son los habitantes de esta ciudad –respondió el anciano.

Un hombre, que llevaba a sus animales a tomar agua al pozo y que había escuchado la conversación, en cuanto el joven se alejó, le dijo al anciano:

—¿Cómo puedes dar dos respuestas completamente diferentes a iguales preguntas hechas por dos personas?

—Mira –le respondió–, cada uno lleva el universo en su corazón. Quien no ha encontrado nada bueno en su pasado, tampoco lo encontrará aquí. Aquel que tenía amigos en su ciudad, encontrará también aquí amigos leales y fieles. Las personas encuentran siempre lo que esperan encontrar. Porque las personas son lo que encuentran en sí mismas. Todo lo bueno y lo bello de la vida que necesitas lo llevas dentro. Simplemente déjalo salir.

Aquí se muestran los efectos proyectivos en los vínculos. Somos lo que proyectamos.

El aprecio al otro nace de nuestro propio aprecio. Cuando proyectamos una imagen positiva, el vínculo crece rápido y se desbloquean prejuicios y temores. Generalmente nos fijamos más en las debilidades del otro que en sus fortalezas. También lo hacemos con nosotros mismos. Esto no ayuda para que la relación crezca. Cuando ello se hace consciente, debe cambiarse.

Muchas veces nuestra crítica consiste en reprochar a los demás el no tener las cualidades que nosotros creemos tener.

¿Qué hizo bien esta persona hoy? - ¿Qué recibí de este amigo ayer? - ¿Cuáles son las fortalezas de mi socio? - ¿Qué necesito hoy de mi empleada?

Amar es dejar fluir los procesos de dar y recibir. Es dar sin esperar nada a cambio. Recibir sin olvidar lo recibido. Recibir bien abierto, sin calificar ni juzgar. Tomar lo que se ofrece, tal como viene. Este afecto permite que el deseo se exprese con más libertad y nos proporcione más ánimo, energía y fuerza para crear lo nuevo e innovar. El amor genera la ternura necesaria para adoptar posiciones más blandas ante la vida, y el coraje para afrontar riesgos y peligros. Lleva a acordar pactos, convenios y tratos de todo tipo con miras a un futuro promisorio.

La indiferencia es la muerte del amor. Es lo opuesto al amor. La persona tiene el corazón cerrado para dar y recibir afecto.

> Si quieres saber cómo debes amar a alguien, observa cómo ama la persona elegida.

La amistad es la expresión más pura del amor. Articula elementos del campo sutil con la realidad, por eso a veces se rompe abruptamente o crece en forma desmesurada. Como bien lo expresa el dicho popular: "El amor mueve montañas".

Provoca el deseo de pedir y agradecer. Moviliza la voluntad de hacer o decir algo, empuja. Nace de un corazón abierto y valiente que estimula la sinergia positiva.

Dice Antoine de Saint-Exupéry en *El Principito*: "Amar es mirar juntos en la misma dirección".

Me acordé y te traje esto - Te elegí para que me acompañes - Estoy estudiando tu problema - Te voy a buscar - Te escucho el tiempo que necesites.

Atender es prestar atención al otro. Concentrarse en él. Tener en cuenta lo que dice, hace o piensa. Mirarlo a los ojos para saber sus verdades y engaños. Tenerlo en consideración al tomar decisiones, generar ideas o hacerle preguntas. Llegar a leer los deseos, miedos o angustias del otro antes de que él pueda expresarlos.

Todo esto es importante para advertir al otro de oportunidades o peligros. Ayudarlo en una dificultad, cuidarlo en un deterioro, guiarlo en una emergencia, felicitarlo frente a un logro, reconocerle alguna fortaleza...

Dice Carl Jung en *Símbolos de transformación:* "Tu visión devendrá más clara solamente cuando mires dentro de tu corazón[...]. Aquel que mira afuera sueña. Quien mira en su interior, despierta".

Actualmente la atención está muy dispersa. Es de pobre intensidad y muy breve. La consecuencia es que los resultados no sean buenos en los aprendizajes. Atender es tener presencia en el vínculo.

Dice un dicho popular: "Lo que para uno es una piedra que brilla, para el joyero es un brillante".

¿Quién atiende bien? - ¿Por cuánto tiempo lo puedo atender? - ¿Por qué no puede atender? - ¿Qué cuestión atiendo primero? - ¿A quién debo atender?

Alejar. Esta es una de las tareas más difíciles en cualquier vínculo. Alejar es dejar ir, separar, abrir, dar libertad al otro. Hoy por los miedos que enfrenta el sistema sucede, por ejemplo, que personas de 40 años o más viven con sus padres, otros no salen de sus casas, algunos necesitan estar siempre acompañados... El miedo los cerca hasta apretar y lastimar.

Por estar tan apegados, se acentúan los conflictos entre las personas. Muchas veces dichas disputas son improductivas y desgastantes. Al alejarse, los conflictos se atenúan y en forma casi automática aparece un reconocimiento inmediato de las fortalezas del otro.

Al cuarto o quinto día –de nacer un gorrión, su madre lo invita a volar. Si el proceso de despegue es lento, directamente ella, para hacer que vuele, comienza a picarlo en la cabeza hasta hacerlo sangrar. La vida exige libertad desde sus comienzos...

¿Puedes viajar? - ¿Te gustaría ir solo a Pekín? - Hazlo solo... No cuentes conmigo para el proyecto... - Ve y después me escribes...

Es muy importante entrenar todos los días estas habilidades. Es muy útil revisar el funcionamiento de cada una de ellas. El vínculo lo requiere para lograr un desarrollo sustentable. Cuando una relación se deteriora, tiende a desaparecer o no crece.

¿Lo acepté? - ¿Lo aprecié? - ¿Lo valoré? - ¿Me alejé lo suficiente?

Oración del encuentro

(Adaptación de la oración gestáltica de Fritz Perls)

No he venido a este mundo a cumplir tus expectativas.
No has venido a este mundo a cumplir mis expectativas.
Yo hago lo que hago.
Tú haces lo que haces.
Yo soy yo.
Un ser completo aun con mis carencias.
Tú eres tú.
Un ser completo aun con tus carencias.
Si nos encontramos y nos aceptamos.
Si nos aceptamos y nos respetamos.
Si somos capaces de no cuestionar nuestras diferencias y celebrar juntos nuestros misterios, podremos caminar el uno junto al otro.
Ser mutua, respetuosa, sagrada y amorosa compañía en nuestro camino.
Si eso es posible puede ser maravilloso.

▶ Para el lector

- ∞ ¿Qué le resulta más difícil para crear la relación?
- ∞ ¿Con quién desearía relacionarse hoy? ¿Por qué no lo ha hecho aún?

El diálogo es un recurso óptimo para conocer y explorar

El origen etimológico de la palabra "diálogo" viene del griego, está compuesta de la raíz *logos* que significa "palabra" y el prefijo *dia* que significa "a través de". Diálogo significa "a través de la palabra".

Su práctica es tan antigua como la civilización. Se lo reconoce a través de los siglos como un gran recurso para zanjar disputas y orientar las relaciones hacia un mayor equilibrio e integración.

Consiste en suspender modelos mentales restrictivos personales por un instante, para **escuchar al otro abiertamente**, sus opiniones y puntos de vista. Comprender los significados de los hechos producidos entre ambos y responder de acuerdo con ellos. Crear nuevas dinámicas en la relación para mejorar y afianzar lo logrado hasta el momento.

En una entrevista realizada por el padre Antonio Spadaro, director de la revista *Razón y Fe*, en agosto de 2013, el Papa Francisco dijo: "Debemos reformar nuestras actitudes. Hay que caldear el corazón de las personas, caminar con ellas en la noche, saber dialogar e incluso descender a su noche y su oscuridad sin perderse [...]. Acompañar al rebaño con olfato para encontrar veredas nuevas".

Cómo se establece el diálogo

El diálogo es la esperanza más importante que tenemos para mejorar el mundo en que vivimos.

Verdadero entretejido que se hace con el otro, que considera los intereses y las posibilidades de ambos. Se basa en la tolerancia, la exploración y la flexibilidad. Para concretarlo, es necesario tener una apertura óptima, como para **aceptar las diferencias culturales, económicas, físicas, de vocabulario, de intereses, de raza, de religión, etc.**, que el otro invariablemente ofrece.

Es muy importante darse cuenta del propio comportamiento. Tener plena conciencia de lo que uno hace, piensa y siente mientras intenta dialogar. Esto permite aprovechar lo que hay en común con la otra parte. Sean sombras o luces, fortalezas o debilidades...

La conciencia personal debe estar alerta para percibir los diferentes matices que se presentan en las relaciones. Hay ciertos datos que permanecen bastante ocultos, casi siempre en el comienzo de cada encuentro. No sabemos si el otro es inteligente, distraído, interesante, tímido o qué experiencias tiene en trabajos, dinero, viajes, amigos... Es necesario indagar.

El verdadero camino del descubrimiento consiste en mirar la misma realidad con nuevos ojos.

Para explorar es imprescindible tener muy en claro cuáles son nuestras propias fortalezas. La valoración personal es el sentimiento clave para "navegar" con comodidad en el diálogo. Cuando perdemos el registro de las fortalezas, generalmente acudimos a modelos de pensar restrictivos que empobrecen o complican la participación.

Anselm Grün en *Límites sanadores* dice: "No son los caminos externos los que traen calma al hombre, sino el coraje de descender a la propia profundidad y trabajar el vínculo consigo mismo".

El vínculo consigo mismo es la relación que influye sobre todas las demás. Necesita de tiempo, reflexión y silencio. Estas condiciones posibilitan las inspiraciones y aperturas que llevan a enfrentar viejas respuestas, producir nuevas ideas, y lograr paz y unión. Para eso, deben abandonarse los pensamientos críticos como celos, egoísmo, envidia o falsos orgullos.

Al llegar hoy a sus casas, después de una ardua jornada de trabajo, las personas prenden rápido el televisor o el Ipad, atienden el celular o se conectan a Internet para evadir los conflictos del vínculo y, por supuesto, la conversación que puede ayudar a resolverlos. Durante el día, también reciben una exagerada estimulación auditiva y visual, que tal vez aún ni han llegado a procesar. Están cansados... Todo parece indicar la existencia de una imposibilidad para escuchar sus propias necesidades o simplemente encontrarse con el vacío y la monotonía de la vida. No se conectan con sus raíces, por lo que pierden la base de sustentación para crear o inventar. No se busca el encuentro con la mirada del otro, que es lo que efectiviza y garantiza la presencia de ambos en el vínculo.

Estamos frente a una verdadera crisis de comunicación. Trabajamos o vivimos juntos pero no sabemos el uno del otro. Lo que realmente le pasa, lo que le deja de pasar o lo que le pasará...

Con bastante frecuencia, en las empresas se analizan problemas de los que no se tiene información precisa y actualizada respecto de las personas involucradas. Acerca de su salud mental o física, sus problemas afectivos, sus duelos, sus cambios, sus aprendizajes, sus sueños, etc. Todas estas variables, si no son tenidas en cuenta oportunamente, impiden la comprensión de los problemas y conflictos, y producen bajas importantes en los resultados.

- Si Pedro por primera vez no cumplió con lo pactado, ¿qué le estará pasando?
- Si María se olvidó la caja fuerte abierta, ¿le habremos explicado bien el mecanismo?
- Si Juan no trajo el pedido, ¿estará perturbado por la muerte de su mamá?

Quedarse en silencio y escuchar son ejercicios practicados con asiduidad por las culturas primitivas, que han demostrado muy elevados niveles de talento creativo.

Tener conciencia **de lo que uno dice y los alcances que eso tiene** en los otros es una tarea compleja, pero no imposible. Para bien de todos, debemos encarar este desafío.

También son difíciles **la preparación y el entrenamiento para escuchar y procesar lo que el otro dice.** Por lo general acuden a la mente creencias o prejuicios que llevan a juzgar la idea del otro, anulándola cuando aparece o antes de que termine de expresarla.

> En ese momento de estrés, miedos y violencia son pocos los que están preparados para tratar temas conflictivos sin llegar a la discusión desbordada, la división, el caos o la ruptura.

¿Qué está pasando con el pensamiento inteligente del hombre actual, cuya intolerancia es cada vez mayor? Está escindido, disgregado, fragmentado, parcializado... Esto ha llevado a la ausencia del diálogo. La comunicación es pobre, incompleta y hasta incoherente. Hay una disociación evidente entre lo que se siente, dice y piensa.

Gabrielle Roth dice en su obra *Enseñanzas de una chaman urbana*: "Vivimos en una constante trizofrenia: pensamos una cosa, sentimos otra y actuamos una tercera. Cuántas veces yo pensaba sí, sentía no y me escuchaba que decía: 'Ya vuelvo'. O me sentía de mal humor y pensaba 'estoy tranquila'; me sentía insegura y actuaba con dureza. La trizofrenia enerva. Una se agota, se queda sin fuerzas, sin centro de energía. Se siente desmembrada, un revoltijo de partes que reaccionan a lo que venga".

Propuestas para establecer el diálogo

El diálogo propone **observar al otro** en sus valores, objetivos, límites e intenciones, tanto manifiestos como ocultos.

Busca comprobar cómo los diferentes puntos de vista pueden coincidir o producir algún choque. Para lograrlo, es importante que las personas activen fortalezas específicas como perseverancia, apertura, responsabilidad, paciencia, tolerancia y comprensión. También que se concentren en sus propios poderes y abandonen en forma urgente papeles restrictivos muy dañinos, como son los de víctima o victimario.

> El diálogo es un espacio óptimo para aprender. Surgen numerosos proyectos, ideas creativas, mejoras, innovaciones, etc. Si se pueden hablar, se pueden cambiar...

Es impresionante el poder de las palabras y los gestos. Activan gracias y desgracias.

Las mismas palabras, ordenadas en una secuencia distinta, producen resultados distintos.

El mensaje debe ser claro y preciso. El mensaje ambiguo, doble o contradictorio dificulta la comunicación y conduce a resultados básicos o malos.

Un gerente dice a su empleado: "Tómese el tiempo que necesite para resolverlo de la manera que le parezca..." y a continuación: "Yo quiero ver resultados inmediatos, no solo buenas intenciones. Mañana me trae por lo menos dos soluciones porque estoy saliendo de viaje". En concreto: ¿qué quiere del otro? ¿Cuándo lo quiere? ¿Cómo lo quiere? ¿Para qué lo quiere?

Llegó la hora de resolver la crisis de nuestro tiempo mediante la instalación de hábitos que promuevan una adecuada comunicación en las generaciones más jóvenes. Es importante que esta sea profunda, clara, integrada, oportuna y novedosa. Una relación más completa, donde nuestra mirada y la mirada del otro analicen los conflictos y determinen con certeza los caminos a seguir.

> La exploración que promueve y exige el diálogo, comienza con el ejercicio de escuchar al otro y también a uno mismo.

Durante el diálogo, todo está por descubrirse. En ese terreno aparece la participación creativa. Para lograrla, es necesario que los significados de los hechos y las cosas sean bien entendidos por ambas partes. Solo a partir de este acuerdo se podrá empezar a crear, cambiar, transformar, proponer, sugerir, pedir, etcétera.

Que algo no se entienda o no funcione es un buen motivo para pensarlo juntos e inventar lo nuevo o lo que funcione mejor. No se trata de una tarea fácil, necesita entrenamiento y humildad.

Tanto las preguntas como las respuestas están invariablemente condicionadas por limitaciones propias del lenguaje, la cultura, la historia y nuestra propia ubicación en el mundo. A esto se le agrega el papel importantísimo que juegan las nociones de lo prohibido y lo permitido que maneja cada uno de los participantes en el diálogo.

Una escena frecuente en las reuniones empresariales organizadas para acordar pautas laborales, un cambio o una decisión sirve de ejemplo. Si un integrante agrega al planteo un dato valioso pero desconocido por los otros hasta ese momento, se genera un clima de desconfianza e intriga. Para salir de esa situación incómoda y llegar a una zona de comprensión, los involucrados deben valorar la idea nueva, vislumbrar el proceso total que está teniendo lugar entre ellos y en el contexto. Luego, preguntar y pedir información. Recién entonces podrán retomar el objetivo y llevar bien el diálogo.

Para dialogar en grupo, lo mejor es ubicarse en forma circular; tal como hacía "el hablador" que recorría las tribus primitivas con la intención de contar, escuchar historias, reflexionar, proponer y enseñar soluciones sobre ellas.

En el diálogo se producen transformaciones importantes, ya sea por las coincidencias como por las diferencias. Para que esto ocurra es necesario explicitar por medio del relato la versión personal, la que uno construye. A veces puede ser subjetiva, y pasa a tener un valor de verdad absoluta como una "profecía" que guía la conducta.

> El diálogo inaugura un espacio donde se aprende a estar más atento con respecto a las genuinas incoherencias que se producen entre lo que se piensa, siente y dice. A veces, el otro nos devuelve una imagen de nuestras conductas que ni sospechábamos.

Leonardo Boff, en su obra *El águila y la gallina,* dice: "Cada uno lee con los ojos que tiene y también interpreta a partir de donde los pies pisan".

Los que escuchan pueden servir de espejo para los que hablan. Si los últimos observan bien, pueden llegar a descubrir qué desean, qué evitan o qué temen. Al escuchar, el emisor va chequeando lo que sucede y el efecto que desea provocar en el otro.

Dice Sogyal Rimpoché en *El libro tibetano de la vida y de la muerte*: "Cada uno de nosotros es una suma compleja de hábitos y actos pasados, de tal manera que no podemos evitar ver las cosas de un modo único y personal".

▶ **Para el lector**

- ¿De qué quiere conversar y con quién?
- ¿Qué necesita explorar?
- ¿Tiene paciencia para dialogar?

La frustración en el diálogo

Es inevitable que aparezca frustración en el diálogo. Se expresa como molestia, ansiedad o desilusión. Lleva a confrontar, a deshacer la relación o simplemente a asumir el control de ella. También puede pretender darle una dirección determinada. En esos momentos debe prestarse atención porque las emociones polarizadas suelen ser fuertes y llevar al choque.

Una señal es cuando alguna de las partes comienza a decir con resentimiento: "Viste como yo tenía la razón..." "Te lo dije..." "Yo no opino como vos..." "A mí no me va a pasar eso porque yo..." "¡No me escuchas!" "No confías en lo que te digo..."

La frustración es parte del proceso de lograr creatividad en el diálogo. Incluye una catarsis que a veces es dolorosa para el otro, pero necesaria para el vínculo.

> El objetivo básico del proceso de dialogar es llegar a fluir, profundizar el vínculo, resolver dificultades, crear ideas y opciones ventajosas.

Relato de un almuerzo de negocios

Encontré a Juan en el restaurante. Hacía más de un año que no lo veía. Desde el día anterior, esperaba ese momento con ansiedad...

Juan tiene una importante consultora de negocios que vende y compra empresas pequeñas y medianas. Su empresa ha crecido muchísimo. Por eso lo llamé. Él es inteligente, efectivo, tiene muchos contactos. Necesitaba pedirle ayuda.

Lo esperé con paciencia. Llegó media hora tarde...

Después de preguntarnos y contestarnos sobre las familias y los amigos comunes, fui al grano y le dije:

—Juan, estoy en problemas... Quiero consultarte algo.

Hasta ese momento su celular había sonado tres veces. Una vez era la hija, que estaba en el aeropuerto con problemas para embarcar. Las otras llamadas eran de su secretaria que no sabía qué hacer frente a un cliente que debía efectuar una negociación y la otra parte no llegaba.

Mientras eso sucedía, me daba cuenta de lo lejos que estaba Juan de mis angustias y deseos.

De pronto, retomó la conversación y dijo:

—¿Tienes algún problema?

Contesté:

—Estoy muy angustiada. Creo que voy a tener que vender el negocio. Mis abuelos lo crearon hace 60 años y de eso vivimos todos. Pero hoy no vende. Soy responsable, pero no veo la salida. ¡Tengo la sensación de que hice todo mal!

En ese preciso momento, volvió a llamar la hija de Juan. Entonces empecé a sentirme más débil, sin rumbo, perdida... Pensé:

—Lo llamé para que escuche el problema y me brinde un consejo. Eso parece ser difícil.

Pero no me rendí. Tomé fuerzas e insistí:

—Quiero hablarte de lo que pasa con mi negocio. Necesito venderlo. ¿Podrías hacer algo?

Él miró su reloj y contestó:

—¡Uy! El tiempo pasa volando. Dentro de 20 minutos tengo una reunión en un banco que se vende. Si supieras cuál es, te desmayarías. Ni se te ocurra contarlo.

A partir de ahí, empezó a hablar del banco, sus acreedores, clientes, activos, perspectivas de negocio y mucho más... De pronto, yo empecé a interesarme en el tema y a preguntar. Lo escuché algunos minutos, hasta que el celular volvió a sonar. Era su hija que había embarcado.

De pronto Juan se levantó y me dijo:

—María, fue un placer el encuentro. Te veo bárbara. No te pasan los años. Me alegra que tu familia esté bien. Nos vemos pronto.

Se puso el saco y se fue...

Me quedé un rato en la silla, con la sensación de que había perdido el tiempo. Una hora y media sentada, tratando de contar mi angustia sin haber logrado nada. Estaba como cuando había llegado, o peor.

> Al construir expectativas altas sobre una persona o situación, al menor contratiempo, se congela la dirección del diálogo y produce frustración.

Suele haber rupturas. Son propias de la adaptación y el cambio que provoca la situación en que está cada una de las partes involucradas. Se están abriendo posibilidades expansivas hacia nuevos territorios, tal vez hasta entonces desconocidos por los participantes: "Ella no me acompaña, no entiende, no valora." "Él no ve las cosas, no está nunca, no escucha." "Él dice que sabe, pero no sabe."

A medida que aumentan la sensibilidad y la experiencia en el entrenamiento para el diálogo, emerge en las personas la visión creativa de lo que es "compartir significados". Eso permite que encaren con más cautela o resiliencia los encuentros, cuidando de no caer en oposiciones, choques o invasión de límites. Esto no significa evitar el conflicto, sino reconocerlo, ponerlo en consideración y no acentuarlo.

> También es importante introducir en el diálogo la noción de tiempo.

Considerar el tiempo disponible ayuda a contextuar y contener la relación.

Se debe contemplar que toda conducta tiene una historia que la explica. Esto suele olvidarse o confundirse, sobre todo cuando la situación es crítica. Entonces se traen a la "mesa del diálogo" memorias de datos pasados que suelen ser falsos o no pertinentes. Todos los datos necesitan ser constatados, luego evaluados y seleccionados.

> Mediante el diálogo un grupo resuelve los obstáculos y se mete en territorios nuevos.

Relato de un diálogo

Una joven de 19 años hacía una pasantía en una pequeña empresa. De pronto, pide al dueño una entrevista para informarle que no desea continuar trabajando.

—¿Pasa algo malo con tu trabajo? –dice el dueño.

—No, no pasa nada malo señor. Sencillamente quiero irme.

—¿Se trata de tus compañeros? ¿Tuviste alguna discusión con ellos? –insiste el dueño.

—No, señor, no se trata de los compañeros. Son muy buenos –reconoce ella.

—¿Es por una cuestión económica? ¿Te parece bajo el sueldo?

—No señor, tampoco es eso.

El dueño se quedó callado, esperando que su silencio la hiciera hablar.

De pronto ella empezó a llorar, aunque trataba de disimularlo.

Con un tono suave y comprensivo, el dueño le dijo:

—¿Lloras por algo personal?

La joven asintió con la cabeza.

—Está bien, dime por qué lloras.

Ella, mirando fijamente al piso respondió:

—Lloro por todas las preguntas que usted hace. No tienen nada que ver con lo que me pasa.

—¿Qué te pasa entonces? –insistió él.

—Estoy embarazada y necesito desaparecer. Me voy a Uruguay –fue la respuesta de ella.

En algunas situaciones los puntos críticos se desdibujan y son difíciles de identificar. Por eso es tan importante revisar la comunicación hasta percibir bien el punto de tensión. Resulta imprescindible hacer un diagnóstico lo más completo posible antes de avanzar.

> Cuando pensamos en dialogar imaginamos un mar de significados.

El desafío es aceptar y comprender impulsos, sentimientos, opiniones y puntos de vista de los demás que resultan difíciles de tolerar. Esto implica prestar atención en el momento en que ellos aparecen. La propuesta lleva a que el proceso sea más lento. De esta manera, se corre la estructura del diálogo y de cada gesto del otro, así como la de su repercusión. La tarea lleva tiempo, esfuerzo y tolerancia a la frustración.

Al observar y llevar la comunicación a un ritmo más lento, se puede llegar a descubrir y comprender en forma más global lo que el otro dice y siente. Aparece una apertura óptima que deja fluir los contenidos, reconociendo la respuesta de cada uno en forma no automática. Mantiene un tono de "atención alerta" con respecto a lo que dice y siente el otro. Considera nuestro propio sentir y reflexionar en ese momento, en ese lugar y frente a esa particular situación.

El enojo, el enamoramiento, la pasión, los temores, la desilusión, los modelos de pensar rígidos, entorpecen el diálogo. Uno no dice exactamente lo que quiere decir y el otro no escucha lo que tiene que escuchar.

A veces crece en nuestro interior la mínima adversidad y dificulta la relación con otros viendo peligros o riesgos donde en realidad no existen.

Cuando el lector se vea incluido en climas difíciles para el diálogo, trate de abandonarlos. Puede: cambiar de tema, retirarse, entrar en silencio, replantear nuevas estrategias de abordaje de acuerdo con los objetivos, suspender la comunicación para luego analizarla

> Alejarse y acercarse son momentos creativos clave del diálogo.

La necesidad de trato social que nace del vacío y la monotonía de la vida impulsan a reunirse, pero las cualidades desagradables y hasta repulsivas de las personas impulsan a apartarse.

Conviene ser tolerante con el otro cuando se trata de sobrevivir, pero también es bueno apartarlo cuando no sea posible la relación. Esta propuesta es válida para reflexionar sobre algunas conductas clave del vínculo, como: evitar, separar, alejar, derivar, expulsar, cortar...

Recuperar el diálogo perdido es el primer paso importante para zanjar diferencias entre dos o más personas, empresas o países. Acercarse para hablar, contar, expresar lo que de verdad sienten y piensan.

> Escuchar es tan importante como hablar. El otro necesita un espacio para expresarse.

Todo diálogo debe incluir ambas acciones: **hablar y escuchar**. Ellas deben tener la libertad de ser expresadas. Son imprescindibles en la aventura del encuentro.

San Agustín, en *Confesiones*, Cap. IV, expresa ante la muerte de un amigo: "Otras cosas eran las que cautivaban mi ánimo: conversar y reír juntos, obsequiarnos con mutuas benevolencias, bromearnos unos a otros y leer en compañía libros agradables, disentir sin odio ni querella, como cuando el hombre discute consigo mismo, y condimentar con esos raros disentimientos una estable concordia. Enseñarnos algo unos a otros o aprender algo unos de otros[...] esos parecidos signos de afecto de esos que salen del corazón cuando la gente se quiere bien. Se manifiestan por los ojos, por la palabra, por la expresión del rostro y de mil otros modos[...]".

▶ **Para el lector**

☞ ¿Tiene flexibilidad para construir el diálogo?
☞ ¿Puede dialogar en ritmo lento?

Claves para lograr el diálogo constructivo

Para construir un diálogo rico en propuestas hay que tener una actitud abierta hacia el otro y **conciencia clara sobre los propios intereses y necesidades**. Esto requiere entrenamiento.

Un desafío mayor aún es **evaluar correctamente los errores que uno mismo comete en la relación**. Esta acción estimula los aprendizajes, permite corregir y casi siempre ayuda para volver a empezar cuando aparecen dificultades. Son las condiciones básicas para crear.

Desde tiempos muy remotos diferentes culturas han utilizado fórmulas verbales virtuosas, cuyos significados puestos en común han servido para estimular y mantener la relación. Abren puertas frente a la más diversa variedad de obstáculos. Fueron promovidas con gran sabiduría, tanto en las comunidades primitivas como en las religiones más antiguas, para zanjar diferencias, pedir, arreglar, reconocer, ofrecer o terminar relaciones.

Lamentablemente, hoy han caído en desuso. No tienen resonancia efectiva en este clima de ritmo vertiginoso, desorden en los valores, insolvencia afectiva y decadencia cultural.

Su ausencia ha colaborado para acentuar los conflictos, aumentar la intolerancia entre las partes y hacer menos económico el camino hacia los objetivos.

Se ha perdido algo tan básico como es la educación necesaria para dialogar creativamente.

Fórmulas virtuosas para llevar creativamente el diálogo	• Pedir por favor • Agradecer • Perdonar • Pedir y otorgar permiso

Pedir por favor

> Es una contraseña clave para entrar en la casa del otro y pedirle alguna concesión.

Simboliza una muestra de agasajo y cortesía para con los que nos rodean.

El que omite esta frase en sus solicitudes parece que no va a pedir algo, sino que lo demanda o exige. Esto puede perturbar, enojar o simplemente no promover una actitud abierta en el otro. La persona se coloca en una posición donde supone que sus derechos son más importantes o definitorios que los de los demás. No propicia una "relación a la par", que es la más adecuada para generar la sensación de amabilidad que conduce hacia la escucha empática.

Cómo debería decirse:	Cómo suele decirse hoy:
En la oficina: "Por favor, ¿para mañana podría traer su último recibo de sueldo, porque tengo una duda?"	• "¡Tráigame el recibo de sueldo, que creo que usted cobró de más!"
En la conserjería de un hotel: "Por favor, cobre a los pasajeros antes de que se retiren, porque tengo que ir al banco".	• "¡Que nadie se vaya sin pagar antes de las 15 horas!"
Ante una situación urgente: "Por favor, espérame. Necesito salir unos minutos. Luego te veo".	• "¡Ahora no te puedo atender!"

Agradecer

Reconocer algo dado es como volver a conocer al otro. Abre el camino a los beneficios.

"Gracias por lo que me diste, por lo que hiciste, por lo que pensaste, por lo que buscaste, etcétera."

En cada cultura existe un repertorio de frases que testimonian una conciencia clara de lo mío, lo tuyo y lo de ambos.

Quien no sabe agradecer parece que cree que todo le pertenece. Tal vez piense que reconocer lo que el otro da u ofrece puede llegar a debilitarlo. También que el otro da porque es su obligación.

> Recibir y dar son claves para mejorar rendimientos creativos en cualquier diálogo y en la propia vida.

El proceso que más activa la potencia creativa es el **recibir**. Se trata de abrir la percepción para aceptar y valorar los estímulos que se presentan. Al convertirlos en propios, pueden ser reciclados, usados, anulados, divididos, etcétera.

Un vecino me ofrece su garaje. Si lo acepto puedo llegar a tener la sorpresa de que es el lugar adecuado para instalar varias máquinas que no puedo ubicar en mi negocio. Si mi hermana me da un tapado de piel viejo, puedo hacer con él una manta de abrigo. Si mi cliente me ofrece recortes de tela de su moldería puedo hacer carteras, bolsos o cinturones. Si me ofrecen un negocio en quiebra, puedo llegar a recuperarlo y venderlo por mucho más de lo que lo compré.

Dar gracias es confirmar que lo que el otro nos dio pasa a ser propio. A partir de ese gesto puede hacerse con lo otorgado todo tipo de transformaciones.

El que no da "las gracias" piensa que el mundo está a sus pies o que todo lo que existe le pertenece ahora y para siempre.

Dar gracias implica una conciencia clara de fortalezas propias. Valorar lo producido por los demás forma parte de nuestra propia valoración.

El recurso de la gratitud es la puerta que hace florecer el talento creativo propio.
Lo primero que hay que agradecer es el estar vivo.

Para poder efectivizarlo es imprescindible evitar la actitud de autorreferirse: "yo tengo", "yo puedo", "yo soy" y practicar diariamente la humildad.

Pautas muy simples de devolución, que aseguran un intercambio efectivo y duradero con los otros

- Gracias por escucharme
- Gracias por el préstamo
- Gracias por la información
- Gracias por avisarme

- Gracias por estar
- Gracias por el premio
- Gracias por venir
- Gracias por traer

Recuerdo la gerente de una pequeña empresa que, por problemas de reestructuración, tuvo que despedir a un empleado. Primero le agradeció y elogió su desempeño hasta ese momento. Luego le contó la verdad acerca de la situación planteada. Agradecer sinceramente fue la maniobra clave para hacer sentir mejor a su empleado y evitar la distribución de culpas. Se abrió un puente para continuar el contacto. Hoy ese empleado es su mayordomo en el campo que, después de un tiempo, ella compró.

▶ **Para el lector**

- ∞ ¿A quién agradeció últimamente?
- ∞ ¿Quién le agradeció?
- ∞ ¿A quién debe agradecer?

Perdonar

> Pedir perdón es el resultado de reconocer errores propios.
> Otorgar perdón es reconocer errores ajenos y comprenderlos.

Perdonar es liberar a un ofensor de la culpa y restaurar la relación anterior a la ofensa.

En hebreo, "perdonar" es *nâsâ*, que significa "levantar o quitar la culpa".

El perdón implica una ofensa hacia la persona a quien se le demanda el perdón. Debería estar precedido por el arrepentimiento del ofensor. Pero no siempre es así.

Sin cometer errores es imposible avanzar en la vida, y menos aún obtener resultados.

> Según Bertolt Brecht: "La inteligencia no es no cometer errores, sino descubrir el modo de sacarles provecho."

El ensayo, la prueba y el error son hitos indispensables para aprovechar las diferentes oportunidades que cada día se presentan.

Con los errores propios sucede que, por falta de experiencia, de consideración, de visión global o de conocimiento, podemos herir al otro. Esto suele traernos una culpa destructiva, muchas veces paralizante, que impide seguir con el recorrido de la relación. El vínculo depende de lo que ha sucedido y es imposible evitarlo. Se anula la libertad necesaria para poder hacer nuevas experiencias con el otro.

La doctora Elizabeth Kübler-Ross, en su obra *Lecciones de vida*, dice: "Todos hemos sido heridos y, aunque no mereciéramos ese dolor, de todos modos nos hizo daño. Y es casi seguro que también nosotros hemos herido a otros. El problema no consiste en que nos hayan herido, sino en no poder o no querer olvidar. Esas son las heridas que continúan doliendo. A lo largo de la vida vamos acumulando estas heridas, y carecemos de las directrices o la formación para deshacernos de ellas. Aquí es donde el perdón entra en juego. Cuando no perdonamos nos convertimos en esclavos de nosotros mismos".

El perdón no se improvisa. Exige reflexión, estrategia y tiempo. Vale la pena trabajarlo porque la falta de perdón no deja fluir el talento creativo, entorpece los vínculos y hasta los hace desaparecer.

Algunas veces se observa la ira con la que un superior le señala a su empleado un error en la tarea, diciéndole literalmente: "¡No te lo voy a perdonar!". Seguramente que lo acontecido produjo algún daño a la organización, pero el sentimiento del jefe hace que no se averigüen las causas del suceso.

Hubiera sido mejor que le preguntara al empleado: "¿Por qué lo hizo?". "¿Cuáles fueron las pautas que tenía para resolver esto?" "¿Cuál fue la situación en la que lo hizo?" "¿Qué otras personas estuvieron involucradas en el hecho?"

> Perdonar y ser perdonado son "créditos" que necesitamos para avanzar sobre los fracasos y errores, y para aprender algo más de la vida.

Pedir perdón, muchas veces, es considerado equivocadamente como signo de debilidad o inseguridad. La misma actitud se usa para considerar el error. Es importante cambiar estos "cassettes mentales" destructivos que impiden un avance genuino del potencial.

> Errar es humano, perdonar es divino.

Quien nunca pide perdón, no sabe lo que es la disculpa y mucho menos la culpa y la reparación. No se permite la duda ni la inseguridad, sentimientos que son clave para cambiar e innovar. Tampoco puede volver su mirada hacia atrás y aceptar que cometió un error. Un reconocimiento como ese podría llegar a herir su orgullo o hacerle sentir que ha perdido la "patente de seguridad" que exhibía frente a los otros.

> Hay pocas cosas que satisfagan más a nuestro ego que encontrar, resaltar o corregir los errores de los demás.

Ángeles Arrien, en *Las cuatro sendas del chamán*, dice: "Creer que eres perfecto es una imperfección fatal".

A veces se observa en los directivos de diferentes organizaciones un deseo exagerado de corregir los errores de los demás. Esta actitud lleva a anular las posibilidades de enseñar, aprender y ayudar al otro. Un conductor debe tomarse el tiempo necesario para ejercer estas funciones si quiere llegar con más comodidad a obtener resultados con su equipo.

Hoy, los directivos no quieren perder tiempo en enseñar, escuchar y contener al otro. Contratan a otros profesionales para que realicen esas funciones, sin darse cuenta de que así pierden efectividad y autoridad. Tener los conocimientos, demostrarlos y poder enseñarlos agrega valor.

Corregir a otro, para quienes no están muy entrenados, trae culpa. Esta puede ser reparada de infinitas maneras. En la reparación, puede apreciarse el talento creativo del "presunto victimario".

- "Creo que las planillas no están bien. Revíselas y luego nos reunimos."
- "En el mail que recibí ayer faltaron tres encargos. Vea si puede releerlo."
- "Usted llegó tarde ayer, y el proveedor, al ver que no había nadie, se fue. Le ruego que si otra vez se le hace tarde, avise a la oficina desde donde esté."

Para reparar los daños es preciso tener un registro de las propias fortalezas y debilidades. Eso es lo que permite hacer el recorrido creativo: **error - culpa - reparación**.

El que deja de lado el perdón, entre sus recursos para "construir la relación", ha perdido la visión global del hecho en cuestión. Esta actitud empobrece la comprensión de la situación e impide formular propuestas de reparación de los daños causados.

Dice Christine Longaker en *Afrontar la muerte y encontrar esperanza*: "No perdonar nos hace daño, nos ata a los recuerdos dolorosos o de indefensión con respecto al pasado. Y hasta podemos llegar a hacernos adictos a los patrones de sufrimiento y a nuestra identidad de víctimas. Perdonar es una acción que lleva consigo mucha fuerza, probablemente la decisión más positiva y transformadora que la vida nos pida hacer. Perdonar no significa que pasamos por alto o aceptamos las acciones hirientes de otra persona; consiste más bien en aliviar nuestras reacciones de dolor, rabia o temor. Sacar la espina de una vieja herida para que se cure".

> Perdonar es avanzar hacia mejores recorridos.
> Amar, expresarnos y servir son nuestras tareas.

▶ Para el lector

- ⚭ ¿A quién perdonó?
- ⚭ ¿Quién lo perdonó?

Pedir permiso

El permiso se refiere tanto a pedir consentimiento para decir o usar algo, como a dar consentimiento para que otros hagan o dejen de hacer algo. En el segundo caso se traslada la autoridad al que se le da el permiso.

El primer uso se refiere a pedir algo que uno necesita o desea. Puede ser un lugar, una prenda, una joya, una casa. Al ser concedido, la persona que lo pidió lo usa sabiendo que el otro, en forma temporaria o definitiva, se lo cedió.

La otra variante es dar permiso a otro para que realice una acción. Es proyectar autoridad en una persona que ofrece confianza. Esta variante del permiso es la bisagra clave del proceso de delegación, la que otorga libertad al otro. La libertad otorgada depende de la confianza obtenida.

"Te permito ir a la reunión, pero no digas que estoy enfermo." "Puedes hacer la propuesta, pero no te pases de 50.000 dólares." "Usa el auto hasta las 22 horas, pero cárgale gas."

Pedir permiso es un ritual importante para avanzar.

Cuando su empleado le pide permiso para hacer algo, le está confiriendo un lugar de autoridad.

Puede decir sí o no. También puede y debe establecer reglas sobre los permisos otorgados.

Una regla muy productiva y beneficiosa para todos es que los permisos se pidan por adelantado.

Los permisos se ganan con la buena y efectiva conducta mostrada antes por quien solicita el permiso.

Cuando se dice "no" a un permiso es muy importante mantenerlo. El otro aprende a tolerar la frustración y se esfuerza por conseguir el sí. El límite prepara y protege a los demás.

El permiso tiene límites de tiempo y espacio. Se otorga dentro de ciertos horarios y lugares específicos. También hay que exigir su cumplimiento.

No es bueno otorgar permisos por miedo a lo que el otro pueda pensar o hacer.

Dar y recibir permiso son fórmulas que habilitan para hacer un mejor ejercicio de la libertad. Agilizan los vínculos, los enriquecen y los mantienen en el tiempo.

▶ **Para el lector**

∞ ¿Qué permiso le fue otorgado que aún hoy lo recuerda?
∞ ¿Qué límite necesita poner hoy?

Es un verdadero desafío para las próximas generaciones recuperar estas fórmulas casi mágicas que durante miles de años han servido eficazmente para entablar las mejores y más duraderas relaciones.

CAPÍTULO 7

CÓMO NEGOCIAR PARA CREAR LO NUEVO

Lo que hay que asumir y promover

En tiempos de cambio veloz cualquier situación produce tensión. Por eso hoy es imprescindible acudir a la negociación para zanjar disputas, aprovechar mejor las compras y ventas, y promover productos o nuevas ideas.

La negociación es un método comunicacional que desde los comienzos de la humanidad ha sido utilizado con excelentes resultados para resolver las más diversas cuestiones.

Consiste en detectar y analizar características, causas, efectos, tensiones y posible evolución del conflicto, así como las diferentes visiones que tienen los participantes en él y los objetivos que persiguen.

Es un proceso de gestión de las expectativas de las partes. Se manejan intereses diferentes u opuestos que a veces están congelados en posiciones rígidas. Por lo tanto, la meta es que las partes se comuniquen, analicen, propongan, creen, dialoguen o discutan para tratar de llegar a un acuerdo.

La necesidad de negociar no solo se circunscribe al ámbito comercial, sino que también se manifiesta frente a las más diversas dificultades que aparecen en todo tipo de relaciones: familiar, de amistad, laboral, conyugal, amorosa, etcétera.

217

El conflicto es un **choque de posiciones**: se confrontan opiniones diferentes sobre un mismo asunto. La **posición** es un modo fijo de defender mejor los intereses y necesidades propias.

Dijo William Ury en *Alcanzar la paz*: "El No es el desafío más grande que tenemos; el mundo está acelerándose y hay demasiada presión para hacer las cosas. Para poder decirles Sí a nuestras prioridades debemos aprender a decir No. La vida es un baile entre el Sí y el No. El No sin el Sí es la guerra. En el centro de cada conflicto destructivo está el No".

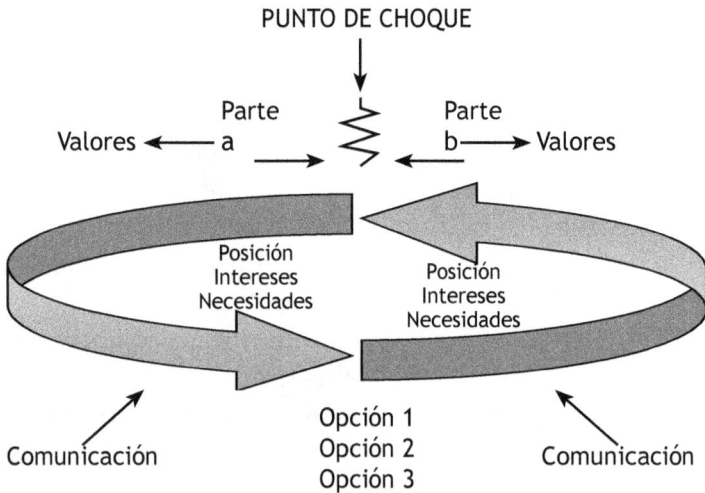

PUNTO DE CHOQUE

Parte a → ← Parte b

Valores ← a → ← b → Valores

Posición
Intereses
Necesidades

Posición
Intereses
Necesidades

Comunicación

Opción 1
Opción 2
Opción 3

Comunicación

Para salir de las **posiciones** tomadas, las partes tienen que entender por qué y dónde se trabó la comunicación con el otro, e intentar destrabarla. También constatar si realmente quieren avanzar en la búsqueda de soluciones o no. La negociación es el método más adecuado para indagar todas estas cuestiones. Se trata de preguntar, preguntar, preguntar...

Constantemente nos vemos obligados a zanjar diferencias y establecer acuerdos:

- Con proveedores y clientes por plazos y créditos.
- Con potenciales socios para hacer alianzas estratégicas, *joint ventures* o nuevos negocios.
- Con vendedores o compradores por diferentes operaciones de adquisiciones de empresas, productos, licencias.
- Con colaboradores, superiores o socios por plazos, permisos, resultados, sueldos.
- Con hijos para repartir bienes, delegar tareas, otorgar permisos.
- Con cónyuges para distribuir obligaciones, trabajos, tiempo libre.
- Con empleados para resolver diferencias de criterios sobre objetivos a lograr.

A pesar de que se trata de una actividad cotidiana y relevante, se reflexiona poco sobre la negociación. Como consecuencia de esta desvaloración, se ha tendido a dejar la solución de las diferencias solo en manos de la intuición y la improvisación. Entonces, muchas veces sucede que:

- No se alcanzan acuerdos beneficiosos.
- Las relaciones se deterioran o destruyan.
- Las partes no se comprometen.
- Se logran arreglos en condiciones inferiores a las que podrían haberse logrado.
- El nivel del conflicto se dispara hasta llegar a límites no deseados.

Por estas cuestiones, y muchas otras, resulta muy necesario estudiar la situación conflictiva y planificar estratégicamente la negociación.

En el área de búsquedas laborales, por ejemplo, diferentes especialistas comentan que hoy no es fácil negociar

219

porque en el contexto hay modelos mentales muy distintos entre los empleadores y los posibles candidatos. Estos últimos tienen demasiados intereses y pocas posibilidades de ceder a la hora de arreglar un contrato de trabajo.

Con frecuencia y en forma insistente piden más de lo que el cliente está dispuesto a ofrecer.

- ¿Cuántos días de vacaciones me van a dar? En mi actual posición tengo más de tres semanas, que las reparto durante todo el año.
- ¿La empresa cuenta con tarjeta de crédito corporativa? En la anterior participaba.
- ¿Existen bonificaciones económicas y de qué tipo son? Eso para mí es importante.
- ¿Ofrecen planes médicos? ¿Cuáles? Hoy tengo uno de los mejores y querría conservarlo.

La empresa al recibir tantas aspiraciones juntas suele cerrarse a la negociación. Le cuesta entender los cambios que hoy se imponen abruptamente en los usos y las costumbres. Para favorecer los arreglos hay que plantear y replantear.

Muchas negociaciones en el área caen por la volatilidad del mercado, del país, de los intereses propios y del otro. Algunos participantes se atrincheran tras modelos antiguos o muy nuevos, y pierden visión global. No se adecuan a la realidad tal como se presenta.

Negociar es un desafío

Negociar es un desafío que agrega valor. Las partes se acercan para intentar resolver el conflicto. Esto ocurrirá de acuerdo con la forma en que los interesados gestionen la tensión competencia-colaboración, lo que está relacionado con sus respectivas historias personales y las características específicas de la situación.

Pasos de la negociación

1. Análisis del conflicto. Causas y efectos. Contexto en que se presenta.
2. Identificación de los intereses propios y los de la otra parte. Fijar los objetivos.
3. Reconocimiento de las debilidades y fortalezas, propias y ajenas.
4. Estudio de posiciones o anclajes fijos, generados por deseos y visiones parciales.
5. Formulación de opciones creativas para resolver las diferencias, satisfaciendo los intereses.
6. Evaluación de las opciones más convenientes.
7. Cierre de acuerdos en tiempo y forma.

Cómo dirigir la atención en el proceso de negociación

La negociación es un proceso multifacético con gran dinamismo, donde siempre se debe estar alerta para reaccionar ante lo inesperado. Esto incita a las partes a probar, inventar, proyectar e imaginar. Por eso es muy importante no apartarse de los aspectos esenciales del conflicto.

Dice Leonardo da Vinci en *El tratado de la pintura*: "Si quieres complacer a alguien, háblale variando de temas, y ahí donde lo veas atento, ten por seguro que ese es el tema que le agrada [...]".

Aspectos esenciales de la negociación

- Revisar todos los factores de la situación de tensión. ¿Cómo? ¿Con quién? ¿Dónde? ¿Por qué? ¿Para qué?
- Tener información veraz y concreta

- Detectar "consecuencias y secuelas". ¿Qué puede suceder después?
- Considerar "hipótesis de catástrofe". ¿Qué sucedería si pierdo, si no oferto, si no me consideran?
- No perder de vista nunca los objetivos. ¿Qué estamos intentando hacer? ¿Qué queremos alcanzar? ¿Hacia dónde vamos?
- Centrarse en lo que es realmente importante o urgente. Establecer prioridades.
- Considerar el tiempo disponible para resolver el conflicto.
- Estar dispuesto a crear siempre nuevas alternativas creativas y tener una estrategia de concesiones.
- Averiguar la visión que sobre el problema y las soluciones tienen las otras partes.
- Reconocer los errores propios y ajenos. No culpar ni juzgar.
- Observar a los negociadores en su conducta verbal y no verbal.
- Establecer aspiraciones altas para negociar, pero razonables.

Si tiene en cuenta lo expuesto aquí, podrá aumentar su rendimiento creativo en negociación en muy corto plazo.

Dice el Talmud: "¿Quién es sabio? El que prevé lo que va a hacer".

Formas de negociar

El interés de cada parte negociadora es ganar en la confrontación.

Esta pulsión se expresa en dos modelos básicos: competitivo y colaborativo.

La competición implica que una parte gane y la otra pierda. La colaboración impulsa a que las dos partes contribuyan al objetivo de que ambas ganen. Se basa más en el compartir que en el competir. El uso de uno u otro modelo depende de los desafíos que la negociación ofrezca en cada momento de su desarrollo. La creatividad de los participantes se manifiesta en el grado de flexibilidad que logren para instalar en uno u otro modelo, según sea la situación que se presenta, su visión global, los objetivos perseguidos, el tiempo disponible y la calidad de las alternativas.

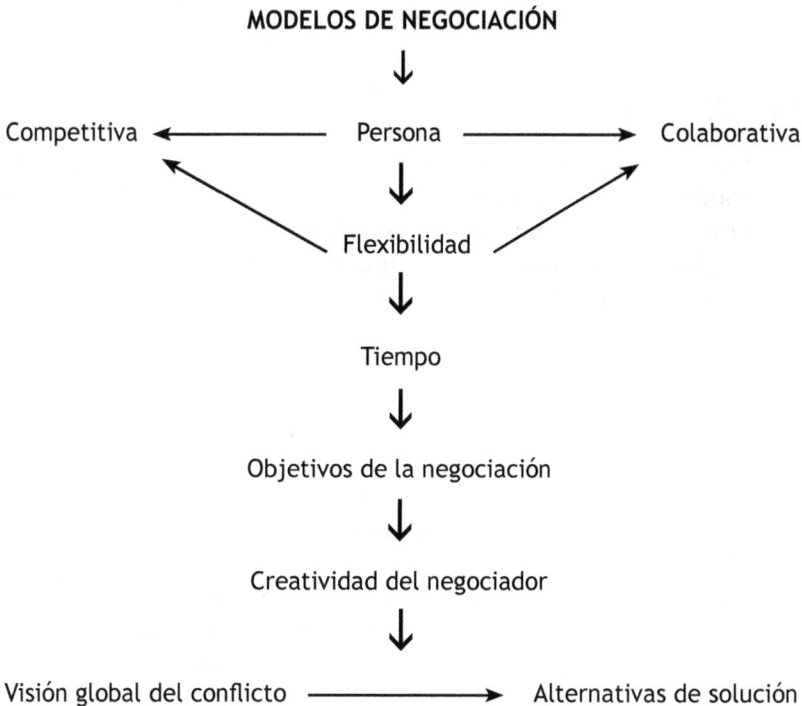

MODELOS DE NEGOCIACIÓN

↓

Competitiva ← ——————— Persona ——————— → Colaborativa

↓

Flexibilidad

↓

Tiempo

↓

Objetivos de la negociación

↓

Creatividad del negociador

↓

Visión global del conflicto ——————— → Alternativas de solución

Para ser exitosa, la negociación requiere de un estilo personal creativo, que resuelva la tensión competicióncolaboración, ubicándose con la mayor libertad entre ambas formas, sin descuidar las propias necesidades e intereses. La apertura y la sensibilidad del negociador en cada situación determinan la flexibilidad con que se ubique alternativamente en lo competitivo o en lo colaborativo, según lo crea necesario.

FORMAS DE NEGOCIAR

Competitivo   Estilo personal   Colaborativo

Creatividad

Un relato creativo

Dos hermanos que vivían en granjas adyacentes entraron en conflicto. El primero que tenían después de 40 años de compartir maquinarias, empleados y cosechas sin interrupción.

Todo comenzó con un pequeño malentendido, y fue creciendo hasta que explotó en palabras amargas, seguidas de silencio durante meses.

Una mañana, alguien llamó a la puerta del mayor de los hermanos. Era un carpintero y le dijo:

—Estoy buscando trabajo, tal vez pueda ayudarlo con alguna reparación en su granja.

—Puede ser –dijo el dueño de casa–. Tengo un trabajo para usted. Mire, al otro lado del arroyo vive mi hermano menor. Hace meses había una hermosa pradera entre nosotros hasta que él desvió el cauce del arroyo para separar nuestras tierras. Con esa actitud está tratando de enfurecerme, pero no sabe lo que le espera. ¿Ve usted aquella pila de desechos de madera junto al granero? Quiero que construya una tapia de dos metros de alto, para no verlo nunca más.

El carpintero le respondió:

—Comprendo la situación. Haré un trabajo que lo dejará satisfecho.

Trabajó durante muchos días. Hasta que una tarde, cerca de la caída del sol y cuando el granjero regresaba, el carpintero le dijo que ya había terminado su trabajo. Él se quedó boquiabierto al ver que no había ninguna tapia de dos metros. Pero sí había un puente. Un puente sobre el arroyo que unía las dos granjas. Era una fina pieza de carpintería.

Al otro día, vino el hermano menor y, abrazando a su hermano, le dijo:

—Eres un gran tipo, mira que construir este puente después de lo que te he dicho y hecho.

No lo podía creer…

El carpintero tomó sus herramientas y expresó:

—Me gustaría quedarme con ustedes, pero tengo muchos puentes para construir por los alrededores de esta granja

La intervención de intermediarios en una relación conflictiva puede ser de enorme valor para aquietar inseguridades, miedos y orgullos de las partes.

Guía práctica

Para resolver en forma creativa los conflictos es imprescindible preparar la negociación. Tener claro por lo menos un plan mínimo. Recién entonces, se pueden hacer todo tipo de improvisaciones y cambios en el camino hacia el objetivo a lograr.

Dice Antoine de Saint-Exupéry en *El Principito:* "Para ver claro, basta con cambiar la dirección de la mirada".

Si vemos a una persona que tiene la capacidad de separar su posición de su interés en la negociación, estamos frente a un negociador con experiencia, que sabe valorarse y tiene claro el objetivo a lograr.

Presentamos aquí una guía práctica con los ítems principales a tener en cuenta para resolver eficazmente los conflictos:

NEGOCIACIÓN

Análisis de la situación inicial

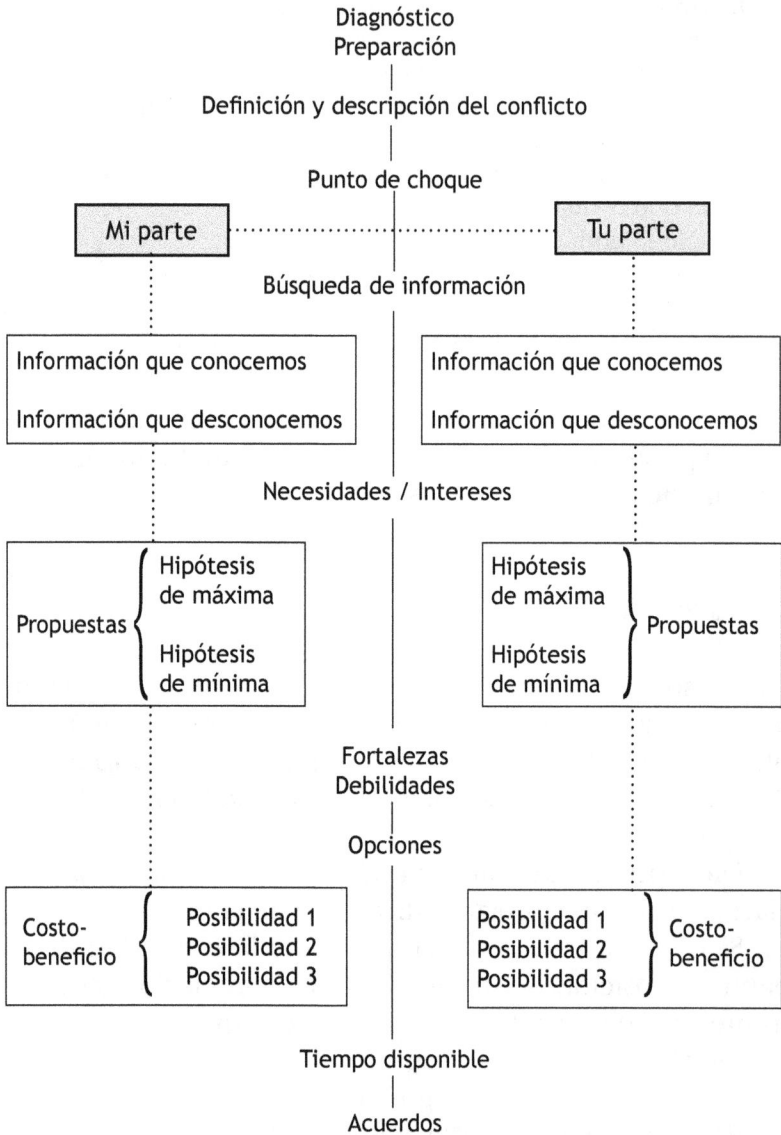

Diagnóstico
Preparación
|
Definición y descripción del conflicto
|
Punto de choque

| Mi parte | .... | Tu parte |

Búsqueda de información

| Información que conocemos | Información que conocemos |
| Información que desconocemos | Información que desconocemos |

Necesidades / Intereses

Propuestas $\left\{\begin{array}{l}\text{Hipótesis} \\ \text{de máxima} \\ \\ \text{Hipótesis} \\ \text{de mínima}\end{array}\right.$ $\left.\begin{array}{l}\text{Hipótesis} \\ \text{de máxima} \\ \\ \text{Hipótesis} \\ \text{de mínima}\end{array}\right\}$ Propuestas

Fortalezas
Debilidades
|
Opciones

Costo-
beneficio $\left\{\begin{array}{l}\text{Posibilidad 1} \\ \text{Posibilidad 2} \\ \text{Posibilidad 3}\end{array}\right.$ $\left.\begin{array}{l}\text{Posibilidad 1} \\ \text{Posibilidad 2} \\ \text{Posibilidad 3}\end{array}\right\}$ Costo-
beneficio

Tiempo disponible
|
Acuerdos

▶ **Para el lector**

☞ ¿Con quién le resulta difícil negociar?
☞ ¿Por qué cree que es?

La comunicación en la negociación

La comunicación en la negociación evoluciona en un determinado sentido de acuerdo con lo que las personas puedan crear, mantener, aceptar, pedir y ofrecer para transformar su realidad. Construyen y destruyen variadas acciones dentro de un **sistema comunicacional** particular, propio de cada vínculo.

Según cómo sea definido el conflicto y los puntos de vista que tengan las partes sobre él será la manera de abordarlo. Por eso es importante ejercitar el lenguaje y explicar una misma situación utilizando diferentes palabras, gestos y expresiones. Seguro que cada nueva forma va llevar a abordar el conflicto desde otro lugar.

De acuerdo con el diagnóstico de la situación va a ser la elección del método de resolución. Por eso es clave dedicarle a la etapa de diagnóstico todo el tiempo que sea posible. Durante ella aparecen importantes soluciones para el conflicto o la exacta evaluación de las dificultades que presenta.

Lo cierto es que el conflicto se construye y se deconstruye sobre la base de la comunicación. Por medio de preguntas y respuestas puede lograrse el camino hacia algún destino. Por eso es tan importante la práctica de la escucha activa.

Breve relato sobre la práctica de escuchar

Un rey paseaba por el jardín de su palacio, cuando uno de los sirvientes se le acercó y le preguntó:

—Majestad, ¿cuál es el secreto de su sabiduría?

A lo que él contestó:

—Muy sencillo… Sé que tengo dos oídos y una boca, así que escucho dos veces por una que hablo.

Cuando se negocia sin la intervención de un tercero es imprescindible poder diferenciar **posiciones** de **intereses**. Si el conflicto es comercial, es factible que no se necesite un tercero. Si el conflicto es predominantemente emocional, son menos las probabilidades de que pueda solucionarse exitosamente sin ayuda. A veces se torna muy difícil separar a las personas del problema. Es importante tomar la actitud de un observador y mirar la situación desde afuera.

Parece oportuno citar a William Ury, quien en su libro *¡Supere el No!* dice: "Cuando usted se encuentre en una situación difícil, tome las cosas con calma, piense con serenidad y analice objetivamente. Imagine que la negociación tiene lugar en un escenario y que usted sube al balcón que da al escenario. El 'balcón' es una metáfora que utilizamos para explicar la actitud mental de desprendimiento. Desde el palco usted podrá evaluar el conflicto con calma. Podrá pensar constructivamente por las dos personas y buscar una forma de solucionar el problema".

Cuando no es posible sacar a la otra parte de una posición, es bueno preguntarse: ¿qué estoy haciendo, qué hace que el otro esté tan inflexible?

En cambio, si ambas partes no desean salir de sus posiciones, la pregunta podría ser: ¿por qué ambos quieren mantener el conflicto?

Si es solo una parte quien no puede salir de la posición, es muy bueno revisar: ¿cuál es el modelo mental rígido que dirige mis ideas en este conflicto, en este momento y en este lugar?

Cuando dos organizaciones se fusionan, muchas veces es necesario reducir el personal. El choque entre los empleados es tan intenso e insume tanto tiempo y presupuesto para resolverlo que atrasa el avance del nuevo proyecto. Hay rigidez dentro del personal para tolerar las diferencias, por causa de la dirección inconsciente que ejercen los modelos mentales personales y culturales poderosamente arraigados en los grupos.

> La comunicación es el sostén y la red sobre la que se teje la relación con el otro en el conflicto. La negociación se encamina sobre ese entramado.

La forma de relacionarse es la materia prima de la negociación. Tiene que ver en forma directa con los aprendizajes que las partes hayan incorporado sobre el tema. Son muy importantes las experiencias anteriores que hayan tenido las partes, tanto acerca de los conflictos como de las diferentes formas de resolverlos. Ofrecer y pedir son las bisagras clave que estimulan la persuasión necesaria para lograr los objetivos deseados.

"Si quieres persuadir a alguien hazlo a través de sus propios argumentos". (Aristóteles)

Un relato valiente

En un pueblo había un rey que fijaba unas pocas horas al día para que cualquier súbdito tuviera audiencia con él. Una mañana llegó un mendigo fuera de las horas señaladas y pidió ver al rey. Los guardias se burlaron de él y le preguntaron si no conocía la ley establecida. El mendigo contestó:

—La conozco perfectamente, pero también sé que es válida solo para aquellos que quieren pedir al rey cosas que necesitan; yo, en cambio, quiero hablar con el rey sobre las cosas que el reino necesita.

El mendigo, ante una petición no habitual, fue admitido en el palacio de inmediato.

> Pedir y ofrecer creativamente son maniobras clave a la hora de negociar.

Modelos mentales y negociación

Los modelos mentales rígidos son esquemas incorporados en la primera infancia. Los más comunes que afectan a la negociación son:

- El deseo de gustar al otro. Complacer constantemente los intereses y las necesidades de los demás hace que no podamos ver los propios. La idea de "quedar mal con el otro" anula la posibilidad de analizar bien el conflicto y encontrar mejores alternativas.
- La necesidad de ser aprobado. Lograr la aprobación del otro se vuelve más importante que nuestra propia aprobación, e impide obtener ventajas.
- La idea de que entrar en conflicto es negativo. Se identifica el conflicto con una fantasía destructiva. Esto lleva a no querer defender, pelear o respetar los intereses propios. Se cree que si existe discusión se quebrará el vínculo.
- El sentimiento de culpa por expresar necesidades y deseos propios. Muchas personas ocultan al otro sus deseos y necesidades. Les molesta que descubran que pueden "tener" posiciones y bienes de mayor nivel. Este modelo anula la maniobra de "pedir", que es importante para negociar. No tienen la valentía suficiente para exigir, intimar o amenazar por temor a sentir remordimientos después.
- Una actitud de excesiva desconfianza. Se piensa que el otro los engaña o puede engañar. Luego se inhiben para evaluar la maniobra de ceder o de ofrecer que propone el adversario. Tampoco creen en la promesa, elemento clave para llegar a los acuerdos.
- **Una actitud de excesiva confianza.** Atribuyen al otro poderes que no tiene. Lo dejan conducir. Se bloquean las maniobras de exigir, poner límites, pedir, etcétera.
- **El miedo al otro.** Suponen que es más fuerte, más poderoso, más agresivo. Esto se vuelve persecutorio y atenta contra la capacidad de planear tácticas y estrategias para lograr los objetivos. Se negocia con la sensación de que el otro, ya sea por su potencia física o verbal, inexorablemente será quien gane.

- **La autoestima baja.** Es la inseguridad que produce el no reconocer las fortalezas propias. Esto hace que el negociador muestre básicamente tres conductas:
  1. Enfrenta la negociación con la idea de perder.
  2. Transforma esa idea en la opuesta y se "lleva a todo el mundo por delante".
  3. Se enoja con el otro ante cualquier dificultad que se presente. Esto hace que pierda la visión global del conflicto e impide la formulación de alternativas adecuadas.

▶ **Para el lector**

☞ Lea nuevamente los modelos expuestos.

☞ Recuerde una negociación donde utilizó alguno de ellos. Revise los resultados obtenidos.

☞ Si reconoce el modelo dominante, podrá tener las fuerzas para combatirlo.

> Usted puede ayudarse a sí mismo. Identifique qué quiere lograr antes de acudir a la mesa de negociaciones. Fíjese si se muestra abierto y transmite una actitud tranquila para resolver el conflicto. Cuando la otra persona lo perciba, podrá ofrecer y ceder más de lo que usted se imagina.

Dijo Nelson Mandela en la obra de John Carlin *La sonrisa de Mandela*: "Nuestro miedo más profundo no es el de ser inadecuados. Nuestro miedo más profundo es el de ser poderosos más allá de toda medida. Es nuestra luz, no nuestra oscuridad, lo que nos asusta. Nos preguntamos: '¿Quién soy yo para ser brillante, hermoso, talentoso, extraordinario?'. La pregunta a formular debería ser: '¿Quién eres tú para no serlo?'. Tu pequeñez no le sirve al mundo. No hay nadie iluminado que tenga que disminuirse para que otra gente no se sienta insegura a tu alrededor. Has nacido para manifestar la gloria divina que existe en tu interior. Esa gloria no está solamente en algunos de nosotros; está en cada uno. Y cuando permitimos que nuestra luz brille, inconscientemente le damos permiso a otra gente para hacer lo mismo. Al ser liberados de nuestro miedo, nuestra presencia automáticamente libera a otros".

Tips útiles

- Tener visión global del conflicto y analizar los problemas adyacentes.
- Lograr amplitud de ideas y aceptar otros puntos de vista. Ponerse en el lugar del otro.
- Tolerar la ambigüedad y la incertidumbre durante el proceso negociador.
- Expresar ideas claras y precisas. Despiertan confianza en la otra parte.
- Saber comunicar y coordinar objetivos.
- Convencer con seguridad propia.
- Tener capacidad para discutir.
- Cumplir promesas y acuerdos.
- Pensar rápida y claramente bajo presión.
- Tener autocontrol de las emociones espontáneas.
- Percibir los sentimientos de las otras personas involucradas.
- Ser paciente frente a los cambios durante el proceso negociador.
- Saber persistir ante al fracaso o la frustración.
- Tener clara conciencia del deseo de competir y ganar al otro.
- Asumir riesgos controlados.
- Estudiar la negociación. Hacer un plan previo.

- Tener flexibilidad en las maniobras de pedir y ofrecer.
- Saber construir el diálogo.

Dijo William Ury en *Supere el NO*: "Somos todos negociadores, lo sepamos o no. La negociación debe enseñarse cada vez más a los niños, que saben cómo negociar. En este nuevo mundo, una de las habilidades clave para tener éxito es la de negociar. No importa lo que uno merece, sino lo que uno consigue como consecuencia de ello".

CAPÍTULO 8

CÓMO LIDERAR PARA MEJORAR EL MUNDO

Lo que hay que tener en cuenta para liderar

En esta época de cambios veloces y globales se ha producido una modificación importante en las formas de ejercer el poder. Tanto en las relaciones internacionales como en la sociedad en general. La capacidad de dirigir ha disminuido notablemente en el Estado, la familia, la escuela o la empresa. Estamos pasando de formas autoritarias a formas negociadas. Como en todo tránsito, los nuevos modelos todavía no se han estabilizado, ni impuesto.

La globalización se instaló y convirtió las economías en dependientes unas de otras. El desempleo y la tecnología avanzaron sin pausa. Domina un productivismo a ultranza que genera trastornos de todo tipo, fundamentalmente en la naturaleza y en los modelos de vida. Las formas de comunicación han revolucionado el mundo. La corrupción y la hipocresía también aumentan, y aún no están preparadas las leyes, los sistemas judiciales ni los controles que las detecten y sancionen eficazmente.

El cambio tiene un dinamismo inusual. Hay muchas fuerzas que unen y muchas que dividen. Se perdió la idea de un futuro garantizado, y con ella, muchas ilusiones.

El desorden, la anomia y el caos son las grandes amenazas para el mundo de hoy.

¿Quién conducirá un cambio tan abrumador? Solamente líderes preparados sobre la base de valores solidarios que realmente fomenten un reparto más justo de los recursos.

Necesitamos nuevas formas de pensar el liderazgo. La era de los héroes ha terminado.

Hoy casi todo es complejo o conflictivo. Las soluciones deben ser comunitarias y lideradas. A la sociedad consumista, debe seguir una sociedad más realista que promueva sin miedo la creatividad donde sea necesario. Este proyecto constructivo lo tenemos que hacer realidad entre todos. Donde se necesite dirigir o guiar, debemos estar presentes y tomar la posición con fuerte presencia y con la comunicación adecuada.

El objetivo clave es formar nuevos líderes, reconocerlos lo antes posible y acompañarlos para que extiendan una sinergia positiva por todas partes.

Friedrich Nietzsche dice en *El crepúsculo de los ídolos*: "Aquel que tiene un porqué para vivir, puede enfrentar a todos los cómo".

Liderar es un desafío

Los líderes del cambio, para promover las nuevas ideas, necesitan preparación inteligente para planificarlas en forma estratégica y valentía para controlarlas sistemáticamente. Tienen que liderar hacia objetivos claros y precisos, a pesar de las dificultades que la realidad les impone.

Deben estimular cada día en sus seguidores el espíritu de lucha y disciplina que exige una "conducción con resultados". Quien obtenga esos logros en un tiempo próximo podrá ser modelo de conducta para padres, jefes, directores, o simplemente para quien valore la misión de guiar y dirigir a los demás como acción de servicio y crecimiento.

Hoy el sistema enfrenta con angustia y desilusión el porvenir, entre otras causas por una manifiesta carencia de líderes. Algunas personas han perdido entusiasmo por guiar, dirigir, mandar, hacerse responsables. Muchas están ansiosas por seguir a algún líder que los oriente con esperanza, vocación y honestidad hacia los objetivos.

Dice Warren Bennis en *Conducir gente es tan difícil como arrear gatos*: "[...] Franklin D. Roosevelt desafió a una nación a superar sus miedos; Wiston Churchill exigió sangre, sudor y lágrimas a su pueblo; Albert Schweitzer inspiró respeto por la vida; Albert Einstein nos dio un sentido de unidad en lo infinito; Mahatma Gandhi, David Ben Gurion, Golda Meir y Anwar el-Sadat unieron a sus pueblos para causas grandes y humanas; John y Bobby Kennedy y Martin Luther King dijeron que podrían mejorar la humanidad, todos se han ido. ¿Dónde están sus sucesores?".

Juan XXIII, Nelson Mandela y Charles de Gaulle también dirigieron los destinos del mundo con gran maestría, pero hoy sus huellas se han perdido. Pareciera que no han generado seguidores...

¿Qué pasó después de ellos? ¿Por qué no fueron recogidas sus enseñanzas? ¿Cambiaron tan rotundamente los valores? ¿Cuáles son los nuevos intereses de las personas? ¿Qué condiciones se necesitan para que aparezcan líderes como esos? ¿Por qué hay tanto vacío de liderazgo en casi todos los ámbitos?

Es evidente que este vacío repercute en la creatividad de los pueblos y en su progreso. Muchas ideas novedosas no son valoradas ni aprovechadas por falta de dirección, control y guía. Importantes y variados conflictos escalan por ausencia de una conducción comprometida, lúcida y con valores claros. Son relativamente pocas las personas interesadas en aprender a conducir. Por suerte, en los países desarrollados se ha comenzado a sistematizar "la enseñanza del liderazgo" con bastante éxito.

El liderazgo siempre ha sido muy necesario y eficaz, en todos los tipos de organización humana. En familias, empresas o cualesquiera otros tipos de grupo que pretendan conseguir objetivos específicos en forma económica, creativa y justa. Es la condición básica para asegurar la sobrevivencia de la especie.

¿Quién puede llegar a ser líder?

El que logre convocar y mantener seguidores para guiarlos y dirigirlos hacia los objetivos previstos. El que sepa "ponerse al frente" de un grupo, una organización, una tarea o un equipo. El que reconozca, sienta, valore y sirva al otro y al proyecto en común. Con él todos podrán aprovechar o descartar las nuevas realidades que el cambio ofrece. Crea valor.

Un desafío clave para el líder de hoy es que ante la necesidad de tomar una decisión no se quede pegado a lo que admiró o rechazó durante épocas anteriores, ni a éxitos o fracasos pasados. Con actitud abierta y flexible, debe analizar la situación que se le presente y proveer la estrategia adecuada para encaminar propuestas. Usar libremente los más genuinos aprendizajes de su historia, pero también los datos generales de lo que sucede "aquí y ahora". Estar preparado para conducir la innovación hacia destinos seguros y confiables.

Dice Ángeles Arrien en *Las cuatro sendas del chamán*: "Un verdadero líder sabe expresar honor y respeto, establecer límites y fronteras, alinear sus palabras con sus acciones y hacerse responsable, de una manera íntegra, tanto de la estructura como de la función".

La construcción de un vínculo especial

En el vínculo entre el conductor y sus dirigidos se genera una zona de influencia mutua. El líder interpreta, aprecia, analiza y conduce las necesidades, intereses, ideales, aspiraciones e incertidumbres de los conducidos. En ellos se encuentran latentes la soledad, la falta de pertenencia, la carencia de identidad social, el deseo de mejorar y muchas angustias que dichos sentimientos traen aparejadas. Esas personas necesitan orientación y dirección hacia metas comunes. El conductor les transmite que él conoce o podría llegar a conocer los caminos que llevan hacia ellas.

José Saramago, en su novela *Ensayo sobre la ceguera*, se refiere a un grupo de ciegos que, para evitarlos, son conducidos premeditadamente a un lugar alejado. Abandonados a su suerte, de pronto uno dice: "¡A ver quién manda aquí! [...]. ¡Si no nos organizamos en serio, van a mandar el hambre y el miedo! [...] falta una mano capaz de conducir y guiar, una voz que diga: por aquí".

En el texto se aprecia con claridad cómo los ciegos piden en forma desesperada que alguien los conduzca hacia el objetivo de sobrevivir a esa situación de encierro y desolación. Esperan a un "salvador" que encuentre la solución. Este es un deseo común del pensamiento colectivo con respecto al liderazgo en todas las culturas.

Todo líder tiene un papel diferenciado y valorado dentro de un grupo. Eso colabora para conformar una particularísima relación con los otros integrantes. Deciden seguirlo en un proyecto que promete ser constructivo para todos.

Liderar es crear **influencia mutua**, una transacción interpersonal que fortifica y estimula. El líder actúa con la intención genuina de modificar el comportamiento de otros y del entorno. También modifica su propio comportamiento.

| Líder | ← → | Seguidores: intereses, necesidades, angustias, deseos, confusiones, inseguridades comunes, sueños de vida. |

Campo de influencia mutua
"Unos modifican a otros" al producir
la sinergia que conduce hacia
objetivos comunes. Se complementan.

Tiene:
- **Poder:** don de influir sobre los otros y potenciar sus fortalezas.
- **Autoridad:** autoría en el rol que desempeña.
- **Conocimientos y habilidades** para conducir.
- **Experiencia** para llevar a los objetivos esperados.
- **Valores y normas:** justicia, veracidad, sabiduría, prudencia, confianza, honestidad.
- **Fuerza** para contener la incertidumbre.
- **Resiliencia** para enfrentar los errores y fracasos.

Necesitan encaminar:
- Angustias de soledad e incertidumbre: "¿Hacia dónde voy?". ¿Dónde estoy parado?
- Deseo de pertenecer: "Soy de esa iglesia".
- Deseo de identidad: "¡Nosotros vamos a concursar!".
- Problemas a resolver: "Y ahora ¿qué hacemos?".
- Deseo de reconocimiento: "Tengo claro que soy el segundo en la lista de ascensos".

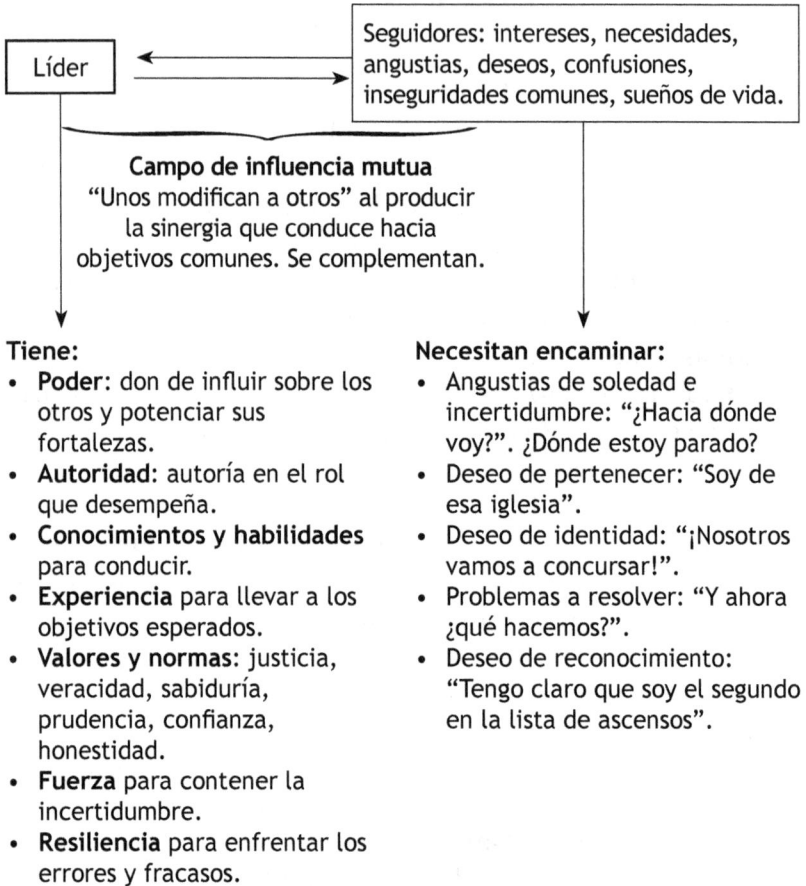

Dice Peter Drucker en *Los desafíos de la administración del siglo XXI:* "El liderazgo se apoya en la capacidad de hacer algo que otros no pueden hacer en absoluto o consideran difícil realizar, aun en un pobre nivel".

La influencia implica habilidades básicas del líder, como son el poder y la autoridad. Ellas van a conducir los cambios y las nuevas ideas.

Un equipo bien conducido por un líder produce transformaciones extraordinarias, no esperadas, inéditas, originales y productivas.

Esta energía que se genera en la relación también puede ser negativa. Unas personas se juntan para ser eficientes y otras para ser ineficientes. Puede ser que los violinistas en una orquesta disientan con las indicaciones que les da el director sobre pautas de afinación, y acuerden tocar con los instrumentos desafinados. Los resultados finales serán malos.

La sinergia es "una especie de energía voluntariosa de las partes". Se genera y aumenta en el camino hacia los objetivos. Puede ser tanto positiva como negativa.

> Un líder creativo interviene activamente en lo que sucede y en lo que podría llegar a suceder. Se compromete para encaminar la sinergia positiva hacia objetivos comunes.

Es importante que el líder comprenda y analice en forma global los problemas y las ideas nuevas, para luego discernir entre lo que podría llegar a hacerse y lo que no. Después, debe tomar las decisiones pertinentes para cada circunstancia, tiempo y lugar. Es intérprete y catalizador de las necesidades y posibilidades de sus colaboradores, y ordena esas energías para llegar a los mejores resultados. En algunas empresas hoy se habla mucho de los éxitos de los gerentes y poco de los equipos que los acompañan.

En el *Eclesiastés* 4,9-12, se dice: "Más vale estar de a dos que solo, el trabajo rendirá más. Si uno cae, su compañero lo levantará. Pero, ¡ay del que está solo!, si cae: nadie lo levantará [...]. Acompañado podrá resistir".

Condiciones clave para liderar

Estas son las condiciones esenciales para liderar y que han definido la construcción de la zona de influencia a través de la historia de la humanidad.

Condiciones clave para el ejercicio del liderazgo

1. Conocer en forma clara y precisa los **objetivos** a lograr.

2. Tener conciencia de las **limitaciones** propias y de las del equipo / grupo.

3. Considerar el **tiempo** disponible para accionar.

4. Saber implementar **tácticas y estrategias** adecuadas para alcanzar los objetivos.

5. Poder tomar **decisiones** con buen margen de libertad.

6. Tener **flexibilidad** frente a diagnósticos, soluciones e ideas innovadoras.

7. Manejar en forma adecuada los **límites**.

8. Promover la **comunicación** clara y precisa.

Estas condiciones generan autoridad para liderar. Los seguidores respetan, aceptan y se ordenan. Se alinean con respecto a las indicaciones, soluciones, reglas y pautas que encaminan la tarea a realizar.

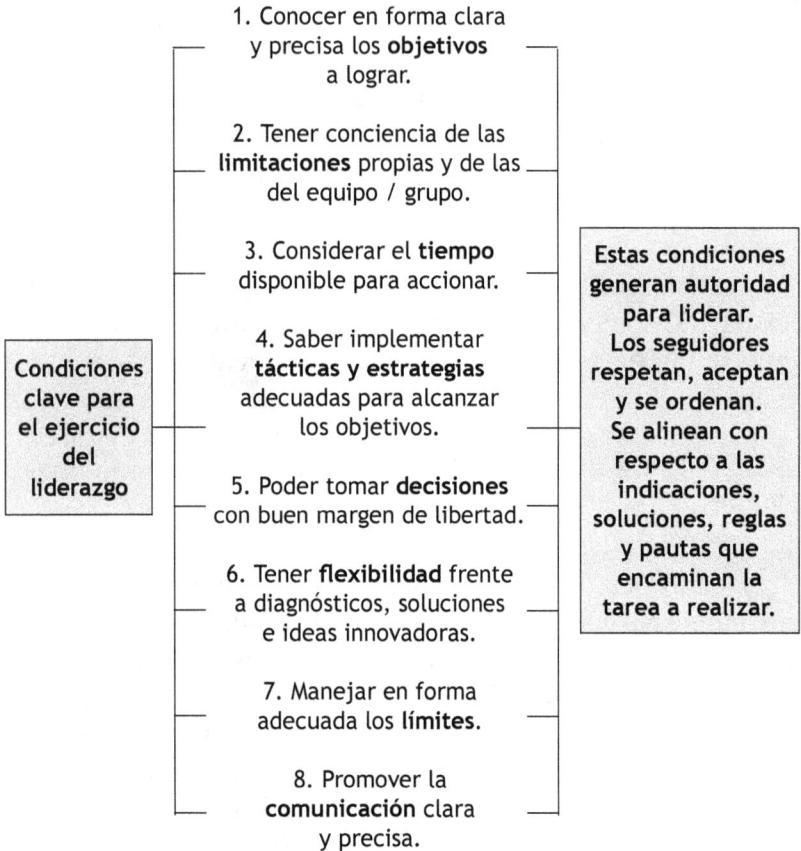

El líder, mediante estas condiciones clave, llegará a ser un excelente mediador creativo, con una visión global óptima para evaluar y mediar conflictos. Analizará costos y beneficios de los diferentes desafíos a emprender. Encaminará los cambios lo más favorablemente posible, dentro de las variables disponibles. Se verá a sí mismo con la humildad de aceptar que es simplemente una parte dentro del engranaje grupal.

Hay una frase muy conocida, que se le atribuye a Hipócrates: "Todas las partes del organismo forman un círculo, por lo tanto cada parte puede ser tanto el comienzo como el fin".

Resulta interesante para ubicar el puesto líder en cualquier parte del sistema.

El líder tiene que saber practicar diariamente el difícil arte de "ascender a partir del descender". Esta dialéctica es la que le permite mandar, y hacer el seguimiento y control que cada situación o plan requieran. Debe comprender y otorgar, pero también ejercer la autoridad con la firmeza que le confieren sus conocimientos y experiencias.

Inspira, mueve, incita, motiva la actividad y da órdenes tratando de que estas sean comprendidas y aceptadas por todos.

Breve relato de Anthony de Mello en *Un minuto para el absurdo*

—¿Tienes algún consejo que darme para el ejercicio de mi cargo? –preguntó el gobernador.

—Sí –respondió el maestro. —Aprende a dar órdenes.

—¿Y cómo debo darlas?

—De forma que los demás puedan recibirlas sin sentirse inferiores.

Un líder con humildad genera ideas nuevas a la par que sus seguidores. Conoce y respeta a los otros, dentro de sus propias limitaciones y necesidades.

Dice Lao Tzu, filósofo chino, en *El arte de la guerra*: "El líder logra aceptación cuando la gente apenas sabe que existe. Cuando su trabajo esté bien hecho y su meta cumplida, los seguidores dirán: 'lo hicimos nosotros'".

Practique y desarrolle las capacidades específicas de la conducción que ha entrenado en diferentes puestos. Un líder reconocido en farmacia pudo haber comenzado su recorrido como cadete, *training*, encargado de sección o jefe de depósito en empresas del rubro. Las posiciones que fue tomando en esos diferentes roles y situaciones lo han capacitado para reconocer bondades y dificultades de los distintos modelos de conducción. Si los aplica con flexibilidad y visión amplia, colaborará para que su grupo, en forma progresiva y confiada, se embarque en desafíos creativos cada vez más importantes y novedosos.

Nada garantiza que un líder con alto rendimiento en cierto rubro o puesto pase a dirigir en ámbitos o situaciones diferentes y que obtenga los mismos resultados. Las condiciones que plantea cada situación son las que hacen el liderazgo.

Los ingleses suelen decir al respecto: *"The right man at the right place at the right time"*. Algo así como afirmar: "El hombre apropiado, en el lugar adecuado y en el momento justo".

El Papa Francisco hoy es un líder indiscutido para pobres, enfermos, desvalidos y jóvenes del mundo, pero resulta difícil imaginarlo conduciendo una fábrica de ropa en Shangai.

Una persona puede llegar a ser efectiva en la dirección de una tarea específica, pero este antecedente no avala similar rendimiento, ni siquiera en un puesto diferente dentro de la misma organización.

A veces, se escucha:

- Es excelente en la administración de la empresa, pero enseñando es un fracaso.
- Dio muy buenas clases, pero no es capaz de conducir una emergencia.
- Era el mejor vendedor de la empresa, pero pasó a ser el peor gerente de ventas.

Si cambian los objetivos, recursos, escenarios y tiempos en que el líder debe actuar, las condiciones del liderazgo también cambian.

▶ Para el lector

    ∽ ¿Cuáles son sus fortalezas para liderar?
    ∽ ¿Cuáles son sus valores para liderar?

Aprender a liderar

Lo congénito y las predisposiciones aportan lo suyo en el rendimiento de un líder. Pero básicamente a ser líder se aprende. De la misma manera que se aprende a ser madre, padre, abuelo, novio o amante.

En grupos de niños con apenas tres años se perfila claramente aquel que intenta guiar y dirigir a los demás. Pero no todos los que reúnen esa habilidad a esa edad llegan a ser líderes cuando son adultos...

El aprendizaje para liderar también incluye la práctica de las siguientes competencias: resolver intuitiva y estratégicamente problemas, saber negociar y vender, guiar los equipos, tener escucha empática, planificar a partir de los recursos y hacia los objetivos, proponer mejoras e ideas innovadoras, conducir los cambios, tener visión amplia y flexibilidad. Pero por sobre todas estas virtudes debe tener valentía para hacer y permanecer.

La valentía es el corazón del liderazgo

Hay un dicho popular que muy bien expresa lo siguiente: "Los cobardes tienen miedo antes de la batalla, los petulantes durante la batalla y los valientes después de terminada la batalla".

El costo de convertirse en líder no es bajo. Requiere disciplina para el entrenamiento continuo, paciencia para esperar, perseverancia para tolerar frustraciones e insistir, tesón para seguir en la marcha hacia los objetivos, y valor para soportar la soledad con la inteligencia necesaria como para reflexionar y contener las emociones.

Dice Peter Drucker en *El líder del futuro*: "El liderazgo debe y puede aprenderse. No existe 'la personalidad para el liderazgo', ni 'los rasgos del liderazgo' [...]. El único rasgo de personalidad que comparten los líderes eficientes es que tienen poco o ningún carisma".

El motor del desempeño de un líder creativo es la **valentía**: es decir, que no se tenga miedo a sí mismo. Que sea resuelto, valeroso, arrojado con lo que tenga que enfrentar. La valentía es la escalera por la que trepan sus otras virtudes.

Ser valiente le permite, en primer lugar, comandar las propias debilidades y también hacer gala de sus fortalezas. Estas últimas son el anclaje clave para la acción sinérgica positiva.

Dijo Johann W. von Goethe en el *Fausto*: "Cualquier cosa que puedas hacer o que sientas que puedes hacer, comiénzala. La audacia lleva en su seno el genio, el poder y la magia".

> Ser valiente es lo que mantiene alerta las capacidades para innovar y resolver.

Un líder valiente se permite y permite a los demás hacer frecuentes cambios con optimismo y esperanza. Luego, esos serán los modelos de conducta para sus seguidores y su comunidad.

El Papa Francisco dijo en la entrevista realizada por el padre Antonio Spadaro, director de la revista *Razón y Fe*, en agosto de 2013: "Son muchos los que piensan que los cambios y las reformas pueden llegar en un tiempo breve. Yo soy de la opinión de que se necesita tiempo para poner las bases de un cambio verdadero y eficaz. Se trata del tiempo del discernimiento".

Es muy difícil que un líder sin valentía pueda conducir la tarea a buen destino. Aumenta las luchas internas y genera más inseguridad que la necesaria para innovar y avanzar. No asegura un alto porcentaje de resultados exitosos.

La valentía no solo le otorga autoridad, sino que la refuerza.

En su tragedia *Antígona*, Sófocles dice: "Es difícil conocer la mente o el corazón de cualquier mortal hasta que se pone a prueba en la autoridad. El poder muestra al hombre".

Un líder valiente conduce a su grupo tanto en la guerra como en la paz, tanto en el éxito como en el fracaso, en la venta desmesurada como en la recesión. Aprovecha tanto oportunidades como dificultades. Descubre líneas de pensamiento importantes para avanzar positivamente sorteando todo tipo de riesgos. Apuesta a que los demás desarrollen sus capacidades, sin miedo de perder la propia seguridad. Sabe que los problemas difíciles necesitan personas fuertes para resolverlos. Estimula permanentemente en su gente el entrenamiento de encontrar las ventajas en las desventajas. Delega con seguridad y confianza. Controla sin temor a perder la autoridad.

Dice Joseph Jaworski en su obra *Sincronicidad*: "El liderazgo tiene que ver con crear día a día un dominio en el que nosotros y los que nos rodean profundicemos nuestra comprensión de la realidad y seamos capaces de participar en la formación del futuro [...]. Una 'escucha' colectiva a lo que quiere emerger en el mundo y después tener el coraje necesario para hacer lo que haga falta".

> La valentía se muestra frente a la emergencia, el error, la frustración, la inoperancia, la violación de las reglas estipuladas y la falta de efectividad.

Ser valiente es

- estar dispuesto tanto a construir como a destruir;
- animarse a avanzar, sin tener claro el camino;
- poner límites claros, precisos y firmes;
- tener presencia e imprimir respeto;
- poder actuar a pesar de las críticas;
- aceptar el fracaso.

Es muy difundida esta frase que se atribuye a Henry Ford: "Por cada uno que se anima a emprender algo nuevo hay por lo menos diez críticos dispuestos a señalar sus errores".

Ser valiente es decir: "Persista en la maniobra". "No lo haga." "¡Hágalo!" "¡Basta!" "¡Ahora o nunca!" "Debería cambiarlo." "Detenga la operación." "Quédese quieto." "Arriésguese." "Empiece otra vez." "¡Cuente conmigo!" "¡Decídalo!" "Pruebe..." "Revise." "No está bien hecho."

Ryusaku Tsunoda, en *Sources of Japanese Tradition,* refiriéndose al liderazgo dice: "[...] externamente, el líder permanece preparado para acudir frente a cualquier llamada al servicio y por dentro lucha por realizar el camino [...]. Dentro de su corazón se adhiere al sendero de la paz, pero por fuera mantiene sus armas preparadas".

> Es un imperativo importante para la generación venidera recuperar el sentido de lucha en la gestión. Encarar nuevos proyectos, conducir los equipos en crisis, decir la verdad aunque duela, enfrentar engaños y defender el orden de los valores.

Dice Anselm Grün en *Dirigir con valores*: "La fortaleza tiene que ver con la perseverancia. El fuerte no ataca, sino que resiste el ataque [...] el fuerte no se deja derribar tan fácilmente. Tiene una posición firme. Demuestra aguante. No tiene un punto de vista rígido e incuestionable, sino un punto de vista por el que lucha".

Virtudes que activan la valentía

El líder con valentía empuja la persistencia. Persistencia es el arte de insistir para recibir alguna respuesta. Intentar una y otra vez hasta conseguir lo deseado. También incita a la paciencia, que es tomar los sucesos de la vida con constancia para seguir adelante.

> El que avanza firme hace que su persona sea más grande que su problema. No tiene miedo a sí mismo. Está preparado para ser modelo de conducta para los demás, por su fuerza para luchar cuando es necesario. Sabe decir "no" en forma precisa y clara.

En el liderazgo estas virtudes son interdependientes

Valentía
↑
Persistencia
↓
Paciencia

Se sustentan en estos valores:

• Libertad
• Responsabilidad
• Integridad
• Justicia
• Honestidad

Son las condiciones para generar innovación y cambio sustentable

El líder con valentía, persistencia y paciencia, mantiene en sus acciones:

• La posición: —Estoy en mi puesto y desde allí pienso, digo y hago.
• La presencia: —Estoy presente para lo que sea.
• La comunicación: —Comunico en forma clara y precisa lo que es necesario comunicar.

Son las condiciones esenciales para avanzar y ser respetado

La acción del líder que tiene en cuenta estas virtudes y valores da el mejor ejemplo a sus seguidores y logra que estos hagan lo que deben.

▶ Para el lector

☞ ¿Cuál debe ser mi aporte?
☞ ¿Qué hábito negativo tengo que modificar?

Propuestas para liderar con creatividad

1. El trabajo del líder es encontrar las mejores soluciones creativas para su grupo y comunidad

Para lograr tal propósito, el líder *debe* buscar informaciones precisas y veraces, tanto de las oportunidades como de los obstáculos que se presentan en el día a día. Recabar datos de lo que ha sucedido y de lo que puede llegar a suceder en su área y en su comunidad. Luego, generar soluciones e ideas novedosas, oportunas, sustentables.

Relato oriental significativo

Cuentan que varios hombres y su maestro habían quedado encerrados por error en una oscura caverna, donde no podían ver. Pasó algún tiempo, y uno de ellos logró encender una pequeña vela. Pero la luz que esta daba era tan escasa que aun así no se podía ver nada. Al hombre, sin embargo, se le ocurrió que esa luz podía sugerir que si alguno de los demás tenía alguna vela, la prendiera. Al compartir la llama con los otros, la caverna se iluminó, disminuyeron los miedos, y todos se pusieron a trabajar para sobrevivir.

Uno de los discípulos preguntó al maestro:

—¿Qué nos enseña, maestro, este relato?

El maestro contestó:

—Que nuestra luz sigue siendo oscuridad si no la compartimos con el prójimo. También enseña que al compartir nuestra luz, ella no se desvanece, sino que por el contrario crece mucho más.

> **Si sabemos realmente lo que somos y tenemos, podemos llegar a lo que deseamos con la ayuda de los demás.**

- ¿Cómo podemos ayudar a los inundados del barrio?
- ¿Qué conductas de tal supervisor podrían indicar su ascenso?
- ¿En qué situación se produjo el accidente? ¿Por qué? ¿Cómo? ¿Qué podemos hacer?
- ¿Se consideró "la venta de prendas por consignación" para los que la pidieran?
- ¿Conviene o no venderle a ese cliente? ¿Por qué sí? ¿Por qué no?
- ¿Cuáles son las tres posibles soluciones al problema de las faltas del personal?
- En esta emergencia, ¿cómo podemos ayudar a los empleados que viven lejos?
- ¿Por qué se quejan los vecinos de al lado?

Relato de un recorrido positivo

Buenos Aires. Estaba trabajando para una reconocida empresa de ropa de mujer *prêt-à-porter*, conducida por tres gerentes de entre 30 y 35 años. De pronto, la empresa entró en una fuerte crisis: no llegaba a lograr el punto de equilibrio. El grupo comercializaba sus productos a través de cuatro locales propios, y la venta minorista y mayorista en fábrica.

Para detectar lo que ocurría, se hizo rápidamente un diagnóstico de la situación en los sectores clave de la empresa: comercialización, administración y producción. Finalmente, fueron estudiadas las ventas en cada área y sus relaciones con el mercado.

Las ventas habían bajado. Era imperativo incrementarlas. Se revisó la producción, para ver si podía aumentarse. Había dificultades. Se hicieron ajustes para resolverlas. Fue analizada la administración para confirmar si estaba en condiciones de hacer un mejor manejo del stock, la facturación y la relación con proveedores y clientes. Se constató la capacidad financiera para crecer. Luego se consideró oportuno incrementar la venta mayorista, donde precisamente se daba la mejor rentabilidad. Para mejorarla, se hicieron nuevos estudios de mercado, campañas publicitarias y capacitación del personal. Se modificaron las políticas de precios, teniendo muy en cuenta los costos, el mercado y el posible incremento de ventas. Se aumentaron las comisiones. La reducción de precios rápidamente posicionó las ventas en niveles más altos, lo que trajo aparejado un volumen de compra mayor, que permitió negociar mejor los precios y plazos de pago de las materias primas.

Fueron revisados y subsanados los errores reales y posibles, en diferentes sectores. El momento crítico alarmó, pero ninguno de los líderes de la empresa había perdido la calma. Fijaron nuevas estrategias que comprometieron a los empleados, sin diferencia de puesto, enseñándoles a unirse para salir de la crisis. Entre todos, hicieron que el proceso de crecimiento fuera retomado rápidamente. Hoy esta empresa tiene una posición destacada en el mercado.

Con información veraz y pertinente, sentido de la oportunidad y vocación de servicio, el conductor puede promover maniobras creativas como: anular, destruir, construir, reconsiderar, volver a probar, reconocer errores, derivar, delegar, ayudar, sacrificar, etc. Luego, entre todos planean los cambios necesarios para cada situación y los ejecutan en los tiempos previstos.

La efectividad de las soluciones a los problemas depende del grado de conocimiento y valentía que tenga quien dirige. Debe encarar con la verdad lo que sucede, sea esto positivo o negativo.

> Los engaños e informaciones inexactas conducen a una considerable pobreza creativa. Los datos a procesar ingresan viciados a la computadora del pensar. Tampoco aportarán los mejores resultados para el grupo y la comunidad en el mediano plazo.

Relato de un recorrido negativo

Una pareja de empresarios jóvenes hacían artículos de decoración. También eran cónyuges. Tenían problemas para vender su producción.

Las estrategias puestas en práctica para abordar el tema habían fracasado. Una de las razones era que no consideraban sus productos en relación con el mercado. Estaban "enamorados" de sus supuestas cualidades. No podían aceptar debilidades. Vivían encerrados con su propia creación.

Aproximarlos a la verdad con un simple estudio de mercado era casi imposible. No aceptaban críticas ni comparaciones. Los análisis sobre costo-beneficio y su relación con la competencia los realizaban según lo que "deseaban" más que por lo que en realidad sucedía. Perdían objetividad. Decían que los productos no eran comparables solo por ser muy originales. No querían ver la realidad por miedo a que esta contradijera la imagen que tenían de sí mismos y de sus productos. Hacían los artículos como ellos querían, sin considerar posibles clientes y sus necesidades. Fue un fracaso hacerlos reflexionar.

Muchas veces, algunos líderes quieren mantener sus ilusiones a toda costa, sin consultar o medir riesgos. Hasta desdibujan las estadísticas, pierden dinero, prestigio, tiempo y esfuerzos. Mantener las expectativas altas generalmente lleva a la desilusión, el desaliento o la negación.

Eclesiastés 4, 13: "Más vale un muchacho pobre y con buen criterio que un rey viejo y tonto que no sabe pedir consejos".

Algunos conductores se basan en la memoria de confusos rendimientos o tal vez de éxitos pasados, y sobre esa base planean nuevas acciones que luego resultan ineficaces. Agrandar o achicar datos y hechos, agregarles intensidad o sacársela, son inhibiciones o barreras para producir cambios donde realmente es necesario hacerlos. A veces los cambios son indicados o sugeridos por personas externas al grupo o la organización. Hay que escucharlos y aceptarlos si son constructivos. Sirven para pensar y analizar.

Dice John Heider en *El tao de los líderes*: "El líder también sabe que la existencia es un todo. Por lo tanto, es un observador neutral que no toma partido. El líder no puede ser seducido por ofrecimientos ni amenazas. El dinero, el amor, la fama –perdida o ganada– no mueven al líder de su centro. La integridad del líder no es idealista, sino que descansa en un conocimiento pragmático de cómo funcionan las cosas".

> El que dirige debe conocer hechos, personas y escenarios en forma clara, precisa y actualizada. Esto le permite transformar eficientemente diferentes realidades en pos del beneficio común.

2. El líder tiene que tomar decisiones y hacerse responsable

Tomar una decisión es una elección. Se prefiere un camino, mientras otros son abandonados o dejados de lado. La ruta elegida, además de ser una pista de aprendizaje, debe tener los mejores rendimientos.

El líder debe decidir de acuerdo con:

Tiempo: mínimo.
Costo: mínimo.
Ganancia: máxima.
Riesgo: menor.

Primero **debe indagar en forma fehaciente sobre los datos pertinentes referidos a los problemas o proyectos sobre los que tiene que decidir.** Una vez comprobada su veracidad o conveniencia, se le impone diseñar soluciones. El fracaso viene si el líder se da por vencido, no se hace responsable, no tiene visión global, no está actualizado, evita tomar decisiones y le da la autoridad de decidir a otro que no lo merece.

Dice el Papa Francisco en la misma entrevista antes citada: "Yo desconfío de las decisiones tomadas improvisadamente. Desconfío de mi primera decisión, de lo primero que se me ocurre hacer cuando debo tomar una decisión. Suele ser un error. Hay que esperar, valorar internamente y tomarse el tiempo necesario. La sabiduría de discernir nos libra de la necesaria ambigüedad de la vida".

Si el tiempo lo permite, es muy importante reflexionar antes de decidir. Luego, el conductor tiene que **insistir y persistir sobre los posibles objetivos a lograr.** La persistencia vence la resistencia. Esto ayuda a todo el equipo a sostener las más variadas ideas creativas. Va enseñando un camino disciplinado para apuntalar las fortalezas. Con ellas se enfrentan los múltiples obstáculos que cualquier proceso presenta antes de llegar al resultado.

El líder **debe ser responsable de la decisión tomada.** Debe afrontarla con sus talentos y habilidades, y responder por ella hasta las últimas consecuencias.

Se le adjudica a Napoleón esta enseñanza ejemplar: cuando un asesor le advirtió que la decisión que estaba por tomar sería impopular, él respondió: "No nací para ser amado".

Algunas decisiones son crueles, a pesar de ser oportunas. Tal vez ellas sean valoradas con posteridad, pero no en el momento en que fueron tomadas. En cualquier caso, el líder debe sostenerlas sin miedo, hasta tener la evidencia de que el mejor camino no era el elegido.

> Un líder vale por la suma de las decisiones y responsabilidades que toma cada día.

En su camino, debe tolerar las frustraciones que implican algunas decisiones. Se trata de una fortaleza imprescindible en el ejercicio del liderazgo. Especialmente hoy, en el terreno de los negocios, donde la tendencia es valorar el éxito rápido y castigar muy duramente los fracasos y errores.

Reconocer los errores, repararlos y corregirlos es la ruta óptima para tolerar frustraciones y mejorar los rendimientos. Sobre todo en situaciones de cambio rápido como las que se presentan hoy en los diferentes escenarios.

Adoptar la actitud del vencido es perder la partida. Lamentarse es atrasar los cambios.

Tanto la globalización como el extraordinario avance de las comunicaciones han llevado necesariamente a practicar un modelo de pensamiento ágil, para tomar decisiones rápidas y flexibles. Hay que "tener cintura" creativa para considerar hoy un logro lo que ayer era un fracaso, y viceversa.

El líder tiene que pasar, en un tiempo óptimo, de la decisión a la acción. En algunas oportunidades, sus decisiones pueden resultar insólitas, bruscas, rápidas, inesperadas, según lo requiera la situación. Unas veces serán realizadas con el consenso de su grupo, y otras no. Especialmente en estos últimos casos tendrá que hacer gala de su autoridad mediante la persuasión, el convencimiento y la acción.

Los intentos de cambio e innovación únicamente son efectivos en la acción. Hoy es imprescindible tener la fuerza para "programar la prueba piloto" en forma rápida. Luego, evaluarla para ver si se continúa o no con la idea o el cambio propuesto.

Dice Peter Drucker en *Los desafíos de la administración en el siglo XXI:* "Es necesario que todo lo mejorado o lo nuevo se experimente, en principio, en pequeña escala, esto es, en una 'prueba piloto'. Si la prueba piloto es un éxito, el riesgo del cambio es, por lo común, muy pequeño. Y en general resulta muy claro dónde introducir el cambio y cómo hacerlo".

Muchas veces la decisión se demora por causa de interminables conversaciones que no permiten pasar a la acción. No se concretan las maniobras necesarias para producir los cambios o mejoras. Cuando esto ocurre, se generan graves problemas en cualquier grupo o equipo.

> Un líder creativo administra los talentos de su grupo en la toma de decisiones. En forma personal, asume relativamente pocas decisiones. Por lo general delega, y se responsabiliza por lo delegado, llevando adelante la acción con coraje.

3. El líder debe tener flexibilidad para conducir cambios e ideas innovadores

El líder tiene que sostener la visión global de un problema o idea creativa para poder manejar la mayor y mejor cantidad de opciones. Mostrar disponibilidad para ampliar constantemente las informaciones y estar dispuesto a aceptar diferentes puntos de vista sobre los más variados problemas y soluciones.

Efectuar cualquier cambio de ruta cuando se está ante un problema o un proyecto, muchas veces no condice con los números, ni está claramente definido y clasificado en los estándares. Sin embargo, seguro que ese cambio es conveniente desde un punto de vista que tal vez aún no se haya considerado, y debe apoyarlo.

La percepción y la intuición otorgan al liderazgo una gran fuerza innovadora. Activan la sensibilidad ante datos que muchas veces resultan borrosos, no suficientemente claros o ambiguos. Detrás de ellos puede encontrarse una idea genial. Lo llevan a atender informaciones que los demás no quieren ver o escuchar. Ellas pueden llegar a señalar rumbos importantes en la conducción.

A propósito, John Heider, en *El tao de los líderes*, dice: "Cuando te asombre algo que veas o escuches, no luches por entender. Retírate un momento en ti mismo y cálmate. Cuando una persona está en calma, lo complejo se hace simple. Sabe qué ocurre y no empuja. Abrir y estar atento. Mirar sin clavar la vista. Escuchar con más quietud que agudeza. Usar la intuición y la reflexión en lugar de descifrar. Mientras más te liberes de tu empeño, y más abierto y receptivo estés, con más facilidad sabrás lo que está ocurriendo".

Un líder flexible y creativo debe "tener olfato" acerca de lo que está sucediendo o sucederá. Algunas señales tienen más valor que leer los números, manejar los sistemas o estudiar el mercado.

Entrar en la oficina y ver que los empleados suspenden la conversación, salir de viaje por tres días y encontrar la oficina revuelta, sospechar que en los almuerzos se bebe alcohol cuando está prohibido, olfatear que la recepcionista marca mal los ingresos de algunos empleados, sospechar de un probable ataque de la competencia, intuir un malestar colectivo, todos son datos importantes para consignar. Con ellos puede actuar más certeramente en el momento necesario u oportuno.

Percibir es intuir o predecir los acontecimientos. Por eso es importante tener buenos informantes, hacer observaciones periódicas, registrar y controlar la marcha del grupo o de la organización de las más diversas formas y en diferentes tiempos.

Es importante entrenar la capacidad de ver, escuchar, mirar, oír y apreciar coincidencias y diferencias, así como vislumbrar o aceptar puntos de vista e ideas nuevas para encarar problemas o proyectos. Estas habilidades hacen al manejo flexible de una gestión eficaz, en una empresa, una familia o una organización.

> El líder debe amar las diferencias. Le dan una visión más amplia de ideas, proyectos y problemas. Esta visión es la que permitirá contar con flexibilidad en los avances y retrocesos del plan de acción que proponga.

Relato de una experiencia en Colombia

Durante un tiempo trabajé en Cali, Colombia, para Nora Rubio, una mujer muy innovadora. Ella dirige una organización educativa con más de 1.500 alumnos, desde hace más de 25 años. Sus éxitos son notables en la conducción de equipos.

Observé en su predio que los jefes de área tenían muy buenos despachos. En cambio, el de ella era solo una minúscula habitación en un lugar bastante alejado de todo. Me llamó la atención esa distribución de los despachos, y le pregunté a qué se debía.

Ella respondió más o menos algo así:

—No tengo un lugar fijo, por lo general trabajo mientras camino. Cuando necesito hacer una reunión o conversar con alguien, uso distintos escenarios, como el parque, las salas, las canchas, las oficinas. Infinidad de lugares sirven para hacer encuentros, observaciones o entrevistas. No quiero perder la oportunidad de ver y escuchar lo que sucede en la institución durante los diferentes momentos del día. Al recorrerlo todo puedo comparar, indicar, controlar, recordar, ajustar, o directamente cambiar lo que sea necesario. Todos esperan mi visita, a pesar de que casi nadie sabe cuándo va a suceder. Esto me ha resultado interesante y económico. Es una manera de dirigir. Pienso que "el movimiento genera más movimiento".

Ella ha desarrollado una capacidad extraordinaria de "dirigir en movimiento". Eso le permite tener una visión global de su organización en acción, día a día, y la lleva a estar bien informada, ser más flexible y ejecutar en forma segura y rápida.

Ser sensible a los datos que aportan los diferentes sectores de una organización es una cuestión imprescindible para un líder que piense con amplitud. Eso le hace generar planes de acción coherentes y tomar decisiones acertadas.

Para ser flexible, el líder debe tener todo el conocimiento y la información que le corresponde, por su presencia, posición y autoridad en la organización. Puede modificar la cadena de mando, la distribución de puestos y funciones, aspectos de su propia gestión o la marcha de planes cuando lo crea necesario.

En algunos gerentes de empresa se observa una falta de flexibilidad para encaminar cambios rápidos provocada por la resistencia a abandonar ideas anteriores que hoy ya no son efectivas.

Otros ejecutivos se comunican por medio de los recursos que ofrece la moderna tecnología: e-mails, messenger, celulares, o simplemente por vía del cadete que lleva los mensajes, mientras que ellos ni conocen el rostro de quienes los reciben. La comunicación utilizada es rápida, pero desaprovecha los datos de la relación "cara a cara", tan imprescindibles para diagnosticar e implementar cambios o soluciones eficaces.

Muchas veces nos apegamos a supuestos sobre cómo hacer las cosas, o nos entusiasmamos tanto con lo nuevo que perdemos de vista la situación real global de problemas y soluciones.

> Abandonar formas de trabajo del pasado que no resultan productivas en el presente es una tarea prioritaria para cualquier líder creativo.

Antes de la globalización, los gerentes funcionaban como entrenadores de fútbol. Eran poderosos directores técnicos, que con anticipación acordaban posiciones, funciones, reemplazos e incluso las jugadas. Ahora, si no quieren naufragar en el mar de la oferta y la demanda, deben cambiar los estilos de conducción de acuerdo con la situación. Tienen que entrenarse tanto para jugar "un doble de tenis", como un "partido de golf", "un torneo de básquet", "dirigir una orquesta" o "conducir un barco en alta mar".

Se trata de administrar con flexibilidad los talentos y recursos para caminar hacia los objetivos, y luego controlar los rendimientos. Entonces, la tarea será mejor ejecutada.

El líder tiene que poner en las canchas jugadores elásticos, alertas y con buenas capacidades para poder intercambiar roles, complementarse y tomar decisiones rápidas. Es decir, que sean flexibles frente a los vertiginosos cambios que aún se esperan.

> Para conducir eficazmente los equipos, es esencial la propia flexibilidad del líder. Él es el espejo donde se miran sus seguidores.

Su flexibilidad es importante tanto en el grupo interno como en el externo. Productos, invenciones, decisiones, investigaciones, precios, planes y programas de países como Alemania, Estados Unidos, India, China, Inglaterra o Brasil brindan una visión más amplia de los planes de acción.

El mundo está cambiando rápidamente. Ahora casi todos tienen los ojos puestos en Asia. Esto puede modificar la comprensión política y económica, y no sabemos quiénes serán mañana los actores principales. El mayor esfuerzo de la conducción debe estar centrado en la renovación y el cambio continuos de la capacitación de los recursos humanos.

> El conocimiento y la comunicación llevan a tener mayor flexibilidad en la conducción. Estimulan la situación de prueba y los avances sobre nuevos territorios. Cuando la gente se comunica de esta manera, también bajan los costos.
>
> Para mantener flexibilidad, es necesario recordar que es más fácil aprender conocimientos nuevos que borrar los antiguos. Desaprender es tan importante como aprender y, por lo general, es más difícil de lograr.

4. El líder debe ser hábil para manejar lo insólito

Hoy se impone que el líder tenga buen entrenamiento frente a un problema insólito y que también pueda generar respuestas insólitas.

¿Qué es insólito? Lo que no es común dentro de la organización. Lo desacostumbrado, las opciones que no han sido consideradas, lo imprevisto, las emergencias. Son situaciones habituales en el mundo actual. La ambigüedad y la incertidumbre se han convertido en algo cotidiano y hasta esperado.

Aprender a manejar una respuesta insólita exige alto grado de flexibilidad y valentía.

Si un local de venta de ropa no consigue vender las prendas que fabrica, puede probar con la inclusión de prendas de empresas con líneas de diseño diferentes. Luego de un período razonable, evaluar. **Se impone la prueba piloto y su posterior evaluación**.

Muchas empresas, frente a la hipercompetitividad del mercado, deberán abandonar productos y procesos de producción, comercialización y ventas antes de que ellos comiencen a declinar. Es imprescindible efectuar las pruebas que necesiten.

Frente a lo insólito, el flujo creativo lleva a una propuesta insólita.

El cambio es una actitud que se aprende. Hay que entrenarla y cultivarla. Exige visión global, flexibilidad, repetidas acciones de prueba y buen manejo de lo insólito.

Muchas veces hay que dirigir a ciegas, asumiendo riesgos controlados.

Lo importante es hacerse responsable.

5. El líder tiene que delegar diariamente todo lo que pueda

El líder debe empeñarse para promover en su equipo la innovación y el cambio. Para lograrlo es imprescindible que delegue todo aquello que otro pueda hacer.

De esta manera estará disponible para crear lo nuevo, pensarlo, planificarlo y controlarlo. Debe usar el tiempo para pensar, revisar, enseñar, organizar, inventar, corregir y modificar estrategias de acción.

Para tomar decisiones importantes, es necesario que tenga momentos de **aislamiento y reflexión**. Ellos generan los mejores análisis, las más productivas síntesis y las ideas más novedosas. Para cuidar esos tiempos personales, el líder debe aprender a delegar las tareas que pueden ser delegadas y no lo han sido. No delegar significa una gran pérdida de tiempo y esfuerzos de todo tipo.

Dice Peter Drucker en *El líder del futuro*: "Los líderes eficaces delegan muchas cosas o de lo contrario se ahogarían en trivialidades. No delegan lo que solo ellos pueden hacer con excelencia, lo que hará que cambien las circunstancias, lo que fijará normas, aquello por lo que quieren ser recordados".

Cuestiones básicas de la delegación

- ¿Qué se delega?
- ¿A quién se delega?
- ¿Por qué se delega?
- ¿Por cuánto tiempo se delega?
- ¿Cuándo debe ser terminada la tarea?
- ¿Para qué se delega?
- ¿Cuándo se delega?
- ¿Dónde se delega?
- ¿Qué responsabilidad se autoriza para tomar decisiones?
- ¿Qué resultados espera de lo delegado?

Si no están claras estas cuestiones básicas, aparecen errores en la delegación. Sucede también que quien delega no ha sido claro y preciso en sus mensajes, y por lo tanto lo delegado no se hace bien. El que delega puede sentir que nadie lo hace tan bien cómo él, entonces no cree demasiado en la delegación, y quien la recibe carece de estímulo. Puede ser que la persona a la que se confió un trabajo haya interpretado mal las indicaciones o no las haya entendido, se olvidó o supuso algo que no era. Por eso es importante seguir y controlar el resultado de lo delegado.

> La delegación se aprende. Es un proceso. Se trata de invertir tiempo hoy en aprenderla, para ganar más tiempo mañana al practicarla.

Ideas fijas que obstaculizan la delegación

1. No tengo tiempo para delegar.
2. Puedo hacer el trabajo muchísimo mejor que ellos.
3. Disfruto haciendo esas tareas.
4. No delego porque es parte de la política interna.
5. Los empleados no están capacitados para hacerse cargo.
6. Están muy ocupados y no pueden recibir más tareas.
7. Si delego más, pierdo poder.
8. No dispone de la información necesaria para tomar la decisión.
9. Me cuesta más controlar que hacerlo yo mismo.
10. En este rubro no hay gente formal, capacitada o confiable.
11. Prefiero hacerlo yo, antes que hacerme mala sangre.
12. No se me ocurrió que podía hacerlo tal o cual persona.
13. El tema del dinero no es bueno que lo maneje otro.
14. No le encargo el trabajo, a ver si cree que yo no lo sé hacer.
15. No está capacitado para hacer eso.

Frente a estas ideas lo que se impone es aprender a delegar con precisión y luego controlar lo delegado. Esto se puede hacer si el conductor conoce sus inseguridades, puede llegar a modificarlas y tiene claro el objetivo.

Un líder debe impartir a sus colaboradores indicaciones claras y precisas.

- Estudie el problema. Mañana me lo trae y vemos las soluciones que encontró.
- Deme las alternativas para llegar a terminar mañana las prendas prometidas al cliente, inclusive con las dos máquinas de planchado rotas. Consulte con todos los del sector y tráigame las propuestas dentro de una hora.
- Prepare un plan de acción para resolver el problema, pero no lo haga hasta que lo hablemos. Lo espero mañana a las 14 horas.
- Proceda con la negociación. Comuníquese conmigo solo si tiene que modificar los precios de los abrigos y sacones.
- Haga el acuerdo sin consultarme. Recuerde que deben respetarse a rajatabla los tres puntos que acordamos ayer: precio, tiempo y cantidad.

> Delegar no es "desligarse". Es encargar a otros que conduzcan o hagan bien alguna tarea.

Estar presente en un trabajo no significa solo presencia física. Es también hacer recordar los objetivos, normas y pautas, habladas o escritas, que nacen de la visión y fines que tiene cada compañía. Ellos guían las formas de delegar y controlar diariamente.

Delegar implica que cada integrante se hará cargo de la tarea que le corresponde y de la relación que tiene esta con las tareas de los demás.
El líder puede generar creatividad en la delegación, cuando conoce las necesidades, los recursos y rendimientos de cada sector y del grupo humano total.

Para tener esta percepción no necesita recorrer muchos kilómetros. Puede delegar en forma adecuada "a distancia", a partir de que cuente con información veraz y precisa de los problemas y necesidades. Luego actuará en consecuencia. Así, podrá administrar y controlar los procesos y rendimientos más diversos y complejos. Autorizará modificaciones importantes en emergencias o cambios bruscos con relativamente pocos esfuerzos personales.

Un líder delega con eficiencia cuando está seguro de sí mismo y de la comunicación que logra establecer con los demás. También cuando sabe apreciar las limitaciones y posibilidades de su equipo, de la situación y del objetivo. Puede hasta desconectarse de su organización con la certeza de que la mayoría de los problemas se resolverán con eficacia en el tiempo mediato, bajo sus expresas indicaciones, pedidos o encargos.

Consejos prácticos para delegar con eficiencia

1. Decida qué tarea concreta va a delegar.
2. Evalúe la importancia, urgencia y prioridad de la tarea a delegar.
3. Seleccione a quien considere que pueda llevar a cabo la tarea eficientemente.
4. Oriente o enseñe sobre el trabajo a realizar y cómo hacerlo.
5. Proporcione la información necesaria para concretar la tarea delegada.

6. Pregunte si fueron comprendidos los datos proporcionados y el encargo a realizar.

7. No suponga nada. Sea claro y conciso en su mensaje.

8. Señale el plazo y las condiciones del trabajo indicado.

9. Controle que la tarea se esté realizando según sus expectativas.

10. Haga, durante la delegación, las correcciones que sean necesarias.

11. Evalúe los resultados junto con la persona a quien delegó la tarea.

> Delegar eficazmente una tarea significa un importante reconocimiento para los seguidores. Inspira a la acción con resultados.

6. El líder debe detectar y aprender de los errores propios y de los ajenos. También reconocer los aciertos

Los momentos críticos siempre exigen cambios, pero no todos los que se hacen son los adecuados. Aparecen errores, y es posible que se repitan si no se reconocen y arreglan.

Hay empresas que año tras año se encuentran con la misma situación difícil. Es evidente que el líder no aprendió lo necesario de los errores cometidos en situaciones pasadas. La situación difícil puede preverse, siempre que en las ocasiones anteriores se hayan descubierto las causas que la provocaron. Si estas son tapadas o se ocultan, el error reaparece.

El camino del acierto está sugerido en el error cometido. Para encaminar con certeza un recorrido hay que ver, aceptar, analizar y corregir los errores cometidos.

Breve relato histórico

Se cuenta que, para complacer a un funcionario, en cierta ocasión Abraham Lincoln firmó el traslado de determinados regimientos. El secretario de Guerra, coronel Stanton, convencido de que el presidente había cometido un error gravísimo, rehusó dar curso a esa orden y, como si fuera poco, dicen que hasta llegó a decir:

—¡Lincoln está loco!"

Cuando lo sucedido llegó a oídos de Lincoln, este dijo:

—Si Stanton ha dicho que estoy loco, debo estarlo, porque casi siempre tiene razón. Tendré que hablar con él y estudiar la cuestión más detenidamente.

El coronel Stanton convenció al presidente de que la orden era un error, y Lincoln se apresuró a revocarla. Todo el mundo sabía que una parte de la grandeza de Lincoln residía en su manera llana de aceptar críticas y errores.

> Al reconocer sus errores el líder se pone "a la par" de sus seguidores. Reconoce y se hace cargo de lo sucedido. Otorga mayor grado de confianza a su gestión. Colabora para producir identificación y sinergia positiva hacia el objetivo.

Dice Joseph Campbell en *Reflexiones sobre la vida* : "Donde tropiezas, allí está tu tesoro".

Frente al desaliento que acarrean los fracasos, suele aparecer la necesidad de encontrar un culpable. Esto puede retrasar la detección de las verdaderas causas, demorar las soluciones y los cambios necesarios. Saber quién tiene la culpa es solo un dato a tener en cuenta, dentro de los muchos que necesita un conductor para hacer un buen diagnóstico y llegar a la solución del problema.

Un líder creativo tiene que estar atento también a los éxitos que va logrando su grupo. Los aciertos son merecidas recompensas al esfuerzo. Deben ser marcados y concienciados en el momento en que suceden. Pero no es menos cierto que si se exagera la euforia del éxito, luego se produce un letargo que suele ser improductivo. Esto se observa fácilmente en los equipos deportivos. A menudo, frente a rendimientos muy resaltados, los jugadores disminuyen la intensidad de su entrenamiento. Pierden el tono alerta frente al desafío de ganar al adversario o a la dificultad.

El verdadero éxito consiste tanto en anotarse más puntos que el adversario, como en generar la tranquilidad interior de saber que uno ha hecho lo mejor que pudo en la contienda. Lo positivo es que el líder fomente esta regla ancestral del proceso de competir para lograr mejores resultados.

Debe promover en sus seguidores la actitud de "tener la cabeza en alto" ante los fracasos y derrotas. Esta actitud funciona como alerta del conocimiento inteligente. También es importante señalar a los subordinados sus fortalezas antes que sus errores.

- **Señalar aciertos y errores.** Son hitos necesarios en el camino hacia el resultado. Benefician el aprendizaje del grupo y los resultados.
- **El fracaso genera desaliento y una necesidad imperiosa de encontrar al culpable.** Retrasa los desempeños esperados. Se debe retomar rápidamente la tarea, recordar el objetivo buscado y reforzar la visión positiva.
- **El acierto es una recompensa al esfuerzo.** Por lo tanto, debe ser reconocido y, si es posible, en forma inmediata.
- **El error debe ser objeto de exhaustiva reflexión** para evitar que se repita y poder encontrar el camino del cambio necesario.
- **Las sanciones y los premios son parte importante del aprendizaje grupal.** Actúan como contenedores para conseguir una acción con resultados.

▶ Para el lector

- ✎ ¿Dónde consiguió resultados que marcaron una diferencia?
- ✎ ¿Cuáles fortalezas usó para lograrla?

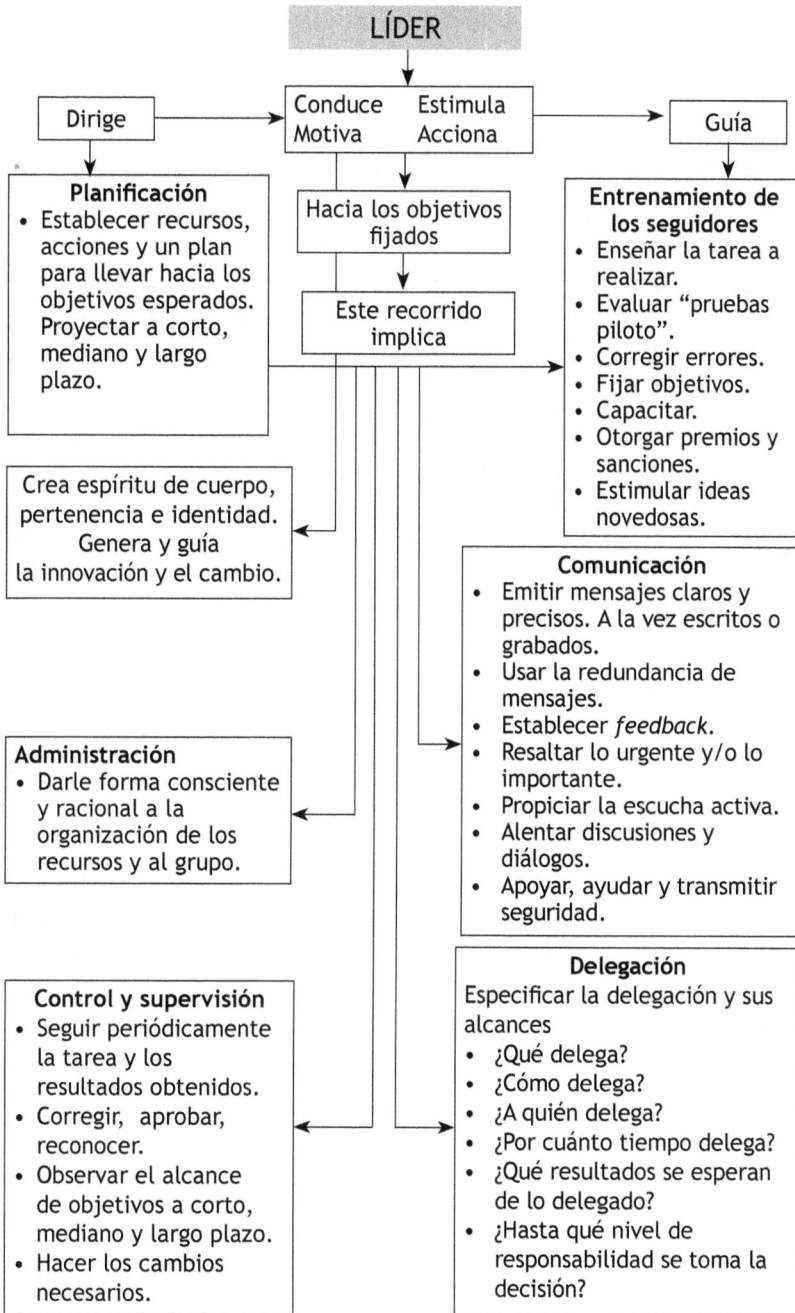

LÍDER

Dirige → Conduce Motiva Estimula Acciona → Guía

Planificación
- Establecer recursos, acciones y un plan para llevar hacia los objetivos esperados. Proyectar a corto, mediano y largo plazo.

Hacia los objetivos fijados

Este recorrido implica

Entrenamiento de los seguidores
- Enseñar la tarea a realizar.
- Evaluar "pruebas piloto".
- Corregir errores.
- Fijar objetivos.
- Capacitar.
- Otorgar premios y sanciones.
- Estimular ideas novedosas.

Crea espíritu de cuerpo, pertenencia e identidad. Genera y guía la innovación y el cambio.

Comunicación
- Emitir mensajes claros y precisos. A la vez escritos o grabados.
- Usar la redundancia de mensajes.
- Establecer *feedback*.
- Resaltar lo urgente y/o lo importante.
- Propiciar la escucha activa.
- Alentar discusiones y diálogos.
- Apoyar, ayudar y transmitir seguridad.

Administración
- Darle forma consciente y racional a la organización de los recursos y al grupo.

Control y supervisión
- Seguir periódicamente la tarea y los resultados obtenidos.
- Corregir, aprobar, reconocer.
- Observar el alcance de objetivos a corto, mediano y largo plazo.
- Hacer los cambios necesarios.

Delegación
Especificar la delegación y sus alcances
- ¿Qué delega?
- ¿Cómo delega?
- ¿A quién delega?
- ¿Por cuánto tiempo delega?
- ¿Qué resultados se esperan de lo delegado?
- ¿Hasta qué nivel de responsabilidad se toma la decisión?

7. El líder debe fomentar un clima de confianza

La confianza es el pegamento que junta a las personas y extiende su acción a todos los ámbitos sociales. Se basa en el ejercicio de la verdad. "Verdad" proviene del griego *aletheia,* que significa "realidad manifiesta, sin velos". Consiste, simplemente, en no crear ilusiones sobre la realidad.

La confianza también se basa en la necesidad que tenemos de los otros: hacer con el otro, contar con el otro, planear con el otro. Producir, innovar y cambiar en compañía.

Dice un proverbio popular: "La verdad padece pero no perece". Ella permanece a través del tiempo, a pesar de los diferentes obstáculos que deba atravesar.

Al decir la verdad no se pierde tiempo en recordar lo falso para poder avanzar. La mentira lleva mayor gasto de tiempo y energía. Un dicho popular lo resume a la perfección: "La mentira tiene patas cortas", poniendo en evidencia su gran vulnerabilidad.

Desde un vínculo de confianza es mucho más fácil ordenar los otros valores éticos. Si existe confianza, la bondad, la justicia, la honestidad y la libertad adquieren un tono de fluidez que hace avanzar hacia los objetivos en forma fácil y efectiva.

Si las personas creen en su líder, por extensión confiarán los unos en los otros. Así es como se unen y generan las condiciones necesarias para enfrentar los cambios más difíciles.

La confianza se refiere: a uno mismo, a los otros y a la circunstancia.

La fidelidad es la respuesta a la confianza mostrada. La fidelidad requiere que se cumpla con lo que ha sido prometido al otro. Hoy es frecuente prometer mucho y cumplir poco, lo que ocasiona inseguridad y desconfianza.

Un líder que dice la verdad genera confianza en sus seguidores: "le creen". Esta actitud, sin duda, aumenta la creatividad del grupo y su capacidad de dar y recibir.

La confianza une a las personas. Cuando el líder la inspira, produce rápidamente una fuerte sinergia hacia los objetivos. Une en torno a todos los compromisos implicados en la tarea. Es el centro alrededor del cual todos giran, se benefician y ordenan.

Si el líder miente o tiene doble discurso no produce confianza y fomenta innecesarias luchas internas.

Si el líder genera confianza mutua	Si el líder genera desconfianza o sospechas
↓	↓
Aumenta la sinergia positiva hacia los objetivos propuestos	Produce persecuciones, choques, divisiones, peleas, favoritismos. Aumentan las dificultades para llegar a los objetivos
↓	↓
UNE	DISGREGA

El líder debe proveer los límites y acuerdos que lleven a la gente a confiar. De allí a querer colaborar hay un solo paso. La confianza refuerza la autoridad del liderazgo.

> La confianza mutua se articula alrededor de un líder que hace lo mismo que piensa y dice. Muestra integridad.

La confianza se logra con:

1. Constantes búsquedas
2. Reconocimiento del otro
3. Coherencia
4. Perseverancia

La **confianza** lleva a la **fidelidad**

Las ideas creativas que produce un grupo están relacionadas con el grado de libertad que exista en él. Esto se logra sobre la base de un clima de confianza mutua.

La confianza se teje en la relación de unos con otros mediante un trabajo efectivo de creación, seguimiento y control. En él se perciben y canalizan los miedos básicos de todos. Miedo a no ser aprobado, considerado, aislado o descalificado.

A veces, en las organizaciones el conductor pierde coherencia cuando se expresa con dobles discursos. Dice que no hay dinero para pagar a los empleados y se va de viaje con su familia por el mundo. Pregona que tiene buena comunicación con todos y hace meses que no pisa el depósito. Afirma que hay que cuidar la salud mientras exige cada vez más esfuerzos físicos a sus seguidores. Asegura que no va a haber más despidos, y estos continúan.

Relato para imitar

Un discípulo le preguntó a Confucio:

—¿Cuáles son los ingredientes indispensables para un buen gobierno?

Confucio le respondió:

—Alimentos, armas y la confianza del pueblo.

El discípulo siguió preguntando:

—Si tuvieras que prescindir de uno de esos tres, ¿cuál escogerías?

—Las armas –le respondió el maestro.

—¿Y si tuvieras que prescindir de uno de los otros dos?

—De los alimentos.

—¡Pero el pueblo sin alimentos moriría! –exclamó el discípulo.

—Morir es el destino de todos los hombres. Pero un pueblo que no confía en sus gobernantes está verdaderamente perdido.

La confianza hace al buen uso de la libertad, sobre todo en la toma de decisiones. Creer unos en los otros es la base indispensable de cualquier unión productiva. Esto debe estar asegurado para poder avanzar sin sospechas y deslealtades en los planes de acción.

El Papa Francisco, en la entrevista antes mencionada con el padre Antonio Spadaro, dice: "Cuando confío algo a alguna persona, me fío totalmente de esa persona. Debe cometer un error grande para que la reprenda [...]. La gente está cansada del autoritarismo".

Para las generaciones venideras queda el compromiso de dar más y mejores espacios a las mujeres para liderar. No pasa por confiar en un modelo machista con polleras, sino por un reconocimiento profundo de sus extraordinarias habilidades. Donde se tomen decisiones importantes deben estar las mujeres despertando confianza con sus diálogos constructivos, sus capacidades de persistir y convencer, su paciencia y su eterna esperanza de unir y reunir.

Líder que dirige hacia los objetivos

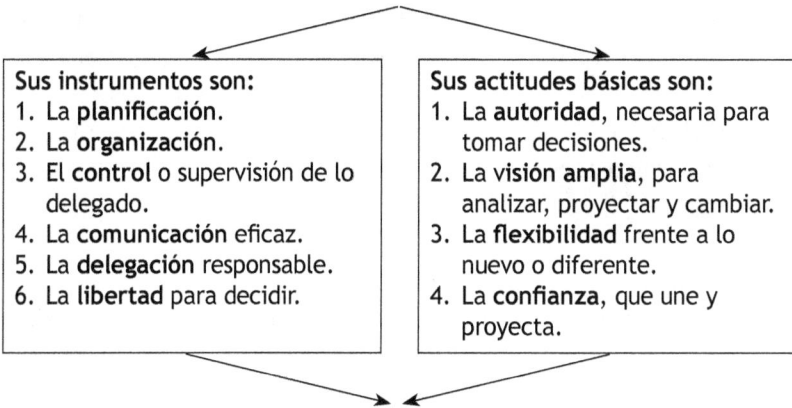

Sus instrumentos son:	Sus actitudes básicas son:
1. La **planificación**.	1. La **autoridad**, necesaria para tomar decisiones.
2. La **organización**.	2. La **visión amplia**, para analizar, proyectar y cambiar.
3. El **control** o supervisión de lo delegado.	3. La **flexibilidad** frente a lo nuevo o diferente.
4. La **comunicación** eficaz.	4. La **confianza**, que une y proyecta.
5. La **delegación** responsable.	
6. La **libertad** para decidir.	

Elementos esenciales para generar innovación y cambio inteligente en la gestión.

Saber conducir con valores y resultados tangibles es la competencia clave para "los nuevos tiempos". Será el desafío ético de mayor envergadura que deberán encarar las generaciones más jóvenes, si quieren aprovechar y consolidar los cambios que prepararán el nacimiento de un mundo más justo.

▶ **Para el lector**

∾ ¿Cuál es el mayor desafío que tiene hoy como líder?

∾ ¿Asumió alguna vez el papel de víctima al liderar un grupo o equipo?

∾ ¿Qué debe sacrificar hoy para abandonar ese hábito dañino?

Modelos de liderazgo

Considerar los modelos de liderazgo en los diferentes escenarios es un recurso óptimo para promover creatividad y eficacia en la gestión.

Son maneras de comportamiento ancestralmente utilizadas por los líderes en relación con sus seguidores. Fueron reconocidas en una investigación realizada en 1939 por Ronald Lippitt y Ralph K. White en Estados Unidos, donde comprobaron, en diferentes grupos de niños, los efectos del uso de los tres modelos de liderazgo para guiar y conducir.

La creatividad de un líder y su efectividad se miden por la fluidez y la flexibilidad que tenga en el uso de los tres modelos, teniendo en cuenta la situación que están liderando.

Ellos son:

- Liderazgo con autoridad.
- Liderazgo liberal o *laissez faire*.
- Liderazgo democrático.

Liderazgo con autoridad

- Hace cumplir sus propias pautas y decisiones.
- No fomenta el disenso ni la discusión.
- Se ocupa permanentemente de lograr el objetivo.
- Ordena y planifica con pautas claras y precisas.

- Sanciona y premia sin titubear.
- Controla la eficiencia.
- Fija directivas sin participación del grupo.
- Indica los pasos a seguir en la ejecución de las tareas.
- Determina cuál es la tarea que cada uno debe ejecutar.
- Elogia y critica el trabajo de cada miembro.
- No tolera la incertidumbre.

Liderazgo liberal o *laissez faire*

- Da pautas básicas y flexibles.
- No le molesta la incertidumbre, la dispersión, la ambigüedad.
- No planifica.
- No existen objetivos claros y precisos.
- Promueve un clima de gran libertad.
- La conducción es anárquica.
- Da completa libertad en las decisiones. Su participación es mínima.
- Su inclusión en el debate es limitada. Solo hace algunas indicaciones.
- La división de las tareas queda a cargo del grupo.
- No evalúa o regula el curso de los acontecimientos. Solo formula comentarios.

Liderazgo democrático

- Hace participar hasta poder consensuar.
- Alienta la discusión y el diálogo.
- Escucha, espera, consulta.
- Da pautas claras y consensuadas.
- Es flexible para los acuerdos.
- Arregla de acuerdo con lo que dice la mayoría.
- Hace cumplir lo consensuado por el equipo.
- Tiene presentes el plan y el objetivo.

- Las decisiones son debatidas por el grupo y avaladas por él.
- El propio grupo esboza los pasos a seguir y las técnicas para alcanzar el objetivo.
- Se pide consejo técnico al líder solo cuando es necesario.
- La división de las tareas queda a criterio del grupo.
- Busca ser un miembro más del grupo, sin encargarse mucho de las tareas.
- Es objetivo y se limita a los "hechos", tanto en las críticas como en elogios.

Los grupos sometidos frecuentemente a un **liderazgo con autoridad** producen mejores resultados en cuanto a la cantidad de trabajo realizado. La producción está más organizada, pero puede haber tensión en las relaciones. También suelen plantearse situaciones de rivalidad. En el **liderazgo liberal**, los resultados disminuyen en calidad y cantidad, pero favorecen la aparición de ideas creativas y mejoran las relaciones. En cuanto al **liderazgo democrático**, existen mejoras en la calidad y aumenta la creatividad, pero es necesario contar con seguidores específicamente entrenados en el diálogo y en manejo del conflicto.

Dice el Papa Francisco, en la misma entrevista citada: "Yo creo que consultar es muy importante. Pero esta consulta debe ser verdadera y activa. Hace falta darle una forma poco rígida. Deseo consultas reales, no formales".

Un líder creativo con flexibilidad y valentía usa los tres estilos según la situación. Cuáles y cuántas son las personas que conduce y cuál, dónde y cómo es la tarea a realizar. De acuerdo con estos criterios puede hacer cumplir órdenes, consultar o no antes de tomar una decisión, sugerir determinadas tareas, inventar, programar, ordenar con mayor o menor energía.

▶ **Para el lector**

∞ ¿En cuál de los tres estilos se siente más cómodo?
∞ ¿Cuál de los tres le cuesta más desempeñar?

La creatividad del líder, la consideración del objetivo buscado y la situación son factores esenciales que llevan a cambiar el tipo de liderazgo cuando la situación lo requiera.

No es fácil saber que se logrará el objetivo si se aplica tal o cual estilo a un determinado proceso, en qué circunstancia y en cierto tiempo disponible. Se necesita entrenamiento y la posibilidad de revisar los modelos mentales desde los cuales surgen las ideas, normas, indicaciones, decisiones, sanciones o premios a los demás.

Solo la práctica continua, el estudio de los errores y aciertos, y el reconocimiento de las propias fortalezas y debilidades y las de los subordinados habilita para probar los tres modelos, y a veces en pocos minutos.

La dificultad principal en el ejercicio del liderazgo es saber cuándo aplicar tal o cual modelo, con quién, en qué circunstancias y en qué tareas por desarrollar.

Tips para ser un líder reconocido

- Confirme sus fortalezas y valórelas a cada minuto.
- Cambie los hábitos negativos que inhiban su potencial para conducir.
- Asuma las responsabilidades en forma clara y precisa.
- Escuche las necesidades y propuestas de los demás.
- Planifique y controle el trabajo.
- Respete su intuición para "dirigir a ciegas".
- Delegue y otorgue libertad a los demás.
- Nunca pierda de vista los objetivos.
- Reconozca periódicamente las fortalezas de sus seguidores.

- Ordene sus decisiones según una escala de valores.
- Planifique sus negociaciones.
- Ocúpese de su propio marketing.
- Elija siempre por prioridades.

Peter Drucker, en *Los desafíos de la administración en el siglo XXI*, dice: "En cualquier institución tiene que haber una autoridad final; es decir, un jefe. Alguien que pueda tomar la última decisión y al que luego se le obedezca. En una situación de peligro colectivo, la supervivencia de todos depende de un mando claro. Cuando la nave se está hundiendo, el capitán no convoca a una reunión, da una orden".

Bibliografía

Albrecht, K. y Albrecht, S.: *Cómo negociar con éxito*. Granica, Buenos Aires, 1994.

Arrien, A.: *Las cuatro sendas del chamán*. Gaia Ediciones, Buenos Aires, 1999.

Auster, P.: *Mr. Vértigo*, Anagrama, Barcelona, 2004.

——: *Experimentos con la verdad*. Anagrama, Barcelona, 2003.

Bennis, W.: *Conducir gente es tan difícil como arrear gatos*. Granica, Buenos Aires, 2001.

Boff, L.: *El águila y la gallina*. Trotta, Madrid, 1998.

Bohn, D.: *La totalidad y el orden implicado*. Kairós, Barcelona, 1998.

Campbell, J.: *Reflexiones sobre la vida*. Emecé, Buenos Aires, 1995.

Campoamor, Ramón de. *Doloras y humoradas*. Biblioteca Virtual Miguel de Cervantes, Alicante, 2000.

Cañeque, M.: *Aprender a liderar*. UADE, Buenos Aires, 2011.

Carlin, J.: *La sonrisa de Mandela*. Editorial Debate, Buenos Aires, 2013.

Cerini, S.: *Manual de negociación*. Educa, Buenos Aires, 2002.

——: *Negociación sin vicios*. Educa, Buenos Aires, 2005.

Da Vinci, L.: *El tratado de la pintura*. Editorial Edimat Libros, Madrid, 2006.

Davis, G. y Scott, J.: *Estrategias para la creatividad*. Paidós, Buenos Aires, 1976.

De Mello, A.: *Un minuto para el absurdo*. Sal Terrae, Santander, 2000.

Diament, Mario: "El misterio del dedo de Wendy's", *La Nación*, Buenos Aires, 22 de abril de 2005, sección Exterior, pág. 4.

Drucker, P.: *El líder del futuro*. Ediciones Deusto, Barcelona, 1996.

——: *La innovación y el empresariado innovador*. EDHASA, Barcelona, 1986.

——: *Los desafíos de la administración en el siglo XXI*. Sudamericana, Buenos Aires, 1999.

——: *The Age of Discontinuity: Guidelines to Our Changing Society*. Harper & Row, New York, 1969.

Eastman, C.: *Recuerdos de infancia de un indio sioux*. Ohiyesa, Illinois, 2006.

Entel, A.: *Teorías de la comunicación, cuadros de época y pasiones de sujetos*. Hernandarias, Buenos Aires, 1994.

Fadiman, J.: *Cómo suprimir las limitaciones y disfrutar de tu vida*. Obelisco, Barcelona, 1997.

Fellini, F.: *Hacer una película*. Paidós Ibérica, Barcelona, 1999.

Fritjof, C.: *El punto crucial.* Estaciones, Nueva York, 1996.

Fundación Drucker: *De líder a líder.* Granica, Buenos Aires, 2007.

Goethe, W. J.: *Fausto.* Alianza Editorial, Buenos Aires, 2006.

Grün, A.: *Dirigir con valores.* Sal Terrae, Santander, 2003.

——: *Límites sanadores.* Editorial Bonum, Buenos Aires, 2005.

——: *Si aceptas perdonarte, perdonarás.* Ágape, Madrid, 2005.

Heider, J.: *El tao de los líderes.* Editorial Nuevo Extremo, Buenos Aires, 2008.

James, W: *Principios de psicología.* FCE, México, 1989

Jaworski, J.: *Sincronicidad: el camino hacia el liderazgo.* Berrett Koehler, San Francisco, 1999.

Jung, C.: *Símbolos de transformación.* Paidós, Buenos Aires, 1982.

Keen, S.: *El lenguaje de las emociones.* Paidós, Buenos Aires, 1992.

Kübler-Ross, E.: *Lecciones de vida.* Vergara Editor, Barcelona, 2002.

Longaker, C.: *Afrontar la muerte y encontrar esperanza,* Grijalbo, Barcelona, 1998.

Lowen, A.: *La experiencia del placer.* Paidós Ibérica, Barcelona, 2010.

Maslow, A.: *La personalidad creadora.* Kairós, Barcelona, 1994.

May, R.: *El hombre en busca de sí mismo.* Editorial Central Argentina, Buenos Aires, 1976.

——: *La valentía de crear.* Emecé, Buenos Aires, 1977.

Meztner, R.: *Las grandes metáforas de la tradición sagrada.* Kairós, Buenos Aires, 2003.

Najdorf, L.: *Najdorf por Najdorf.* Editorial Galerna, Buenos Aires, 1999.

Nietzsche, F.: *El crepúsculo de los ídolos.* Editorial Alianza, Madrid, 2004.

Ortega y Gasset, J.: *Obras completas.* Revista de Occidente, Madrid, 1961.

Papa Francisco: Entrevista realizada por el padre Antonio Spadaro, director de la revista *Razón y Fe,* en agosto de 2013.

Ramonet, I.: *Un mundo sin rumbo. Crisis de fin de siglo.* Temas de Debate, Madrid, 1997.

Rimpoché, Sogyal: *El libro tibetano de la vida y de la muerte.* Círculo de Lectores, Barcelona, 1994.

Roth, Gabrielle: *Enseñanzas de una chaman urbana.* Planeta, Buenos Aires, 1992.

Roure, J.: *Negociación: resolución de problemas y creación de valor.* Navarra: Publicación del IESE, Universidad de Navarra, España, 1997.

San Agustín: *Confesiones.* Gaia, Buenos Aires, 2002.

Saint Exupéry, A.: *El Principito.* Editorial Emecé, Barcelona, 2010.

Saramago, J.: *Ensayo sobre la ceguera*. Punto de lectura, Barcelona, 2006.

Schopenhauer, A.: *El mundo como voluntad y representación*. Editorial Akal, Madrid, 2005.

——: *Los dos problemas fundamentales de la ética*. Siglo XXI, Buenos Aires, 2010.

——: *Parerga y paralipómena*. Madrid, Trotta, 2 vols., 2006 y 2009.

Schlemenson, A.: *La estrategia del talento*. Paidós, Buenos Aires, 2002.

Schnitman, D. y Schnitman, J.: *Resolución de conflictos*. Granica, Buenos Aires, 2000.

Tzu, Sun: *El arte de la guerra*. Distal, Buenos Aires, 2012.

Thich Nhat Hanb, *Construir la paz*. Editorial del Nuevo Extremo, Buenos Aires, 2005.

Tsunoda, Ryusaku: *Sources of Japanese Tradition*. Columbia University Press, 1964.

Ury, W.: *Alcanzar la paz*. Paidós, Buenos Aires, 1999.

——: *Supere el No*. Editorial Norma, Buenos Aires, 2006.

Watzlawick, P.: *¿Es real la realidad?* Herder, Barcelona, 1994.

Whitman, W.: *Hojas de hierba*. Espasa Libros, S.L.U., Barcelona, 1999.

Wilber, K.: *Gracia y coraje*. Gaia Ediciones, Colección Conciencia Global, Madrid, 2005.

ACERCA DE LA AUTORA

Hilda Cañeque es licenciada en Ciencias de la Educación y en Psicología.

Publicaciones
* Autora de seis libros de su especialidad publicados en las editoriales Kapelusz, Paidós, El Ateneo, Pearson Education. También ha escrito más de 100 publicaciones en diarios y revistas argentinos y extranjeros.

Experiencia laboral
* Profesora Titular U.N.S Carrera Psicología cátedra Psicología Educacional.
* Jefa de Trabajos Prácticos en la UBA, Carrera Ciencias de la Educación, cátedra Psicología de niñez y adolescencia.
* Entrenadora de la Universidad UCEMA del MBA en las cátedras de Negociación y Liderazgo.
* Profesora en Cátedra Abierta "Competencias claves para generar innovación y cambio en tiempos de incertidumbre", Universidad Empresarial Siglo XXI, Córdoba, Argentina, año 2008.
* Asociada en Pasantías de la U.S.A.L. Carrera Psicopedagogía, catedra Práctica. Facultad de Psicopedagogía, Buenos Aires, de 1997 a 1999.
* Docente de la cátedra "Creatividad" en la maestría en Gestión Turística de la Facultad de Ciencias Económicas de la Universidad Nacional de La Plata, 2010.
* UADE, Cátedra "Liderazgo y negociación 2011". Conferencias sobre Liderazgo creativo.
* UCA, Asociado Programa "Pharus" para Brinks Argentina "Escuela de liderazgo", 2012.
* Seminarista sobre los temas de creatividad y consultoría empresarial en los siguientes países: Brasil, Colombia, Bolivia, Cuba, Ecuador, Uruguay, España, México, Paraguay y Chile.
* Miembro consultor transitorio de UNESCO, UNICEF y OMEP, en temas sobre creatividad y juego.

- Psicopedagoga en los Servicios de psicopatología del Hospital Nacional de Clínicas de Buenos Aires, del Hospital A. Alfaro de Lanús y del Hospital Nacional Santa Teresita de Rawson, Chubut.
- Fundadora de Hilda Cañeque consultora de creatividad, única organización en la Argentina que desde 1975 se dedica a la docencia, investigación y práctica de la creatividad, el juego y el liderazgo gerencial.
- Jurado en las universidades argentinas de Tandil, La Plata, del Sur, Patagonia y Mar del Plata.
- Panelista en la Feria Internacional del Libro de Buenos Aires en los años 1991, 1994, 1998 y 1999.
- Participante en más de 40 jornadas y congresos sobre creatividad, patrocinados por instituciones dedicadas a la psicología, la educación, el deporte y la empresa realizados en diferentes ciudades de la Argentina y el exterior.

Reconocimientos y premios
- Premio al Desempeño en el ejercicio de la libertad de la Fundación Doctora Alicia Moreau de Justo, año 1982.
- Premio a la Trayectoria profesional, otorgado por el Consejo Profesional de Ciencias Económicas de la Ciudad Autónoma de Buenos Aires y la Secretaría de la Mujer A.F.I.P año 2001.

Algunas de las organizaciones para las que ha trabajado o trabaja
Fundación Kellogs Argentina, T y C Sports, ABB Medidores, Esso Exxon, CEADEL, Capacitación para el Liderazgo, Grupo BRABO, ID Consultores, Probelt S.A, Asterisco S.A, Instituto Educativo Aletehia, AFIP Capital Federal, Obra Social Luis Pasteur, OSDE, Manuchar Argentina, Daniel Helados, Cargill S.A.C.I., Acerbrag S.A., Piero S.A.I.C., Blaisten S.A., Pharus Consultora Gerencial, Brinks Argentina, Clínicas Fitz Roy, Laboratorios Sandoz.

Capacitación en otros países
- PH. Angeles Arrien: "Creatividad, tiempo y espacio", Phoenix, Arizona, EE.UU., 1990 – 1992.
- Dr. James Fadiman: "Hacia un encuadre antropológico de la creatividad", Berkeley, California, EE.UU., 1993 – 1994.
- PH. Angeles Arrien: "Los cuatro caminos del liderazgo: el guerrero, el curador, el maestro y el visionario", San Francisco, EE.UU., 2012.
- Ph. D. Angeles Arrien y Dr. Patrick O' Neill: entrenamiento en "Creatividad aplicada" sobre el tema: "Comunicación y resolución de conflictos", Instituto Stillheart, Woodside, EE.UU., 2013.